Wilfried Reifarth · Das Enneagramm

Wilfried Reifarth

Das Enneagramm

Idee – Dynamik – Dimensionen

Ein Lernbuch

Mit Illustrationen von Elisabeth Holz

Eigenverlag des Deutschen Vereins
für öffentliche und private Fürsorge e.V.
Berlin

Eigenverlag des Deutschen Vereins
für öffentliche und private Fürsorge e.V.
Michaelkirchstraße 17/18, 10179 Berlin
www.deutscher-verein.de

Umschlaggestaltung:
Wilfried Reifarth, unter Verwendung von Zeichnungen von Elisabeth Holz

Technische Gesamtherstellung:
Druckerei Joh. Walch GmbH & Co. KG
Im Gries 6, 86179 Augsburg

Printed in Germany 2008
ISBN 978-3-7841-1907-6

Veröffentlicht mit Förderung durch das Bundesministerium
für Familie, Senioren, Frauen und Jugend (BMFSFJ)

Inhalt

Vorwort

Wir steigen in denselben Fluß und doch nicht in denselben;
wir sind es und wir sind es nicht. Auch ein sterbliches Wesen kann man daher nicht zweimal in demselben Zustand antreffen.
(Heraklit, griech. Philosoph, um 550 – ca. 480 v. Chr.)

Jede menschliche Natur steht immer zwischen Werden und Vergehen; sie zeigt sich immer nur als ein Bild, als eine wechselhafte Ahnung ihrer selbst.
(Plutarch, griech. Philosoph, 50 – 125 n. Chr.)

Die Erforscher des Wandels mußten lernen, daß die Evolution komplexer Systeme sich nicht im kausalen Detail verfolgen läßt, weil solche Systeme ganzheitlich sind: alles beeinflußt alles. Um sie zu verstehen, muß man in ihre Komplexität hineinschauen.
(J. Briggs, F. D. Peat, Chaostheoretiker, 1989 n. Chr.)

‚Nature or nurture' – angeboren oder erworben? Diese Frage beschäftigt die Gemüter der Menschen seit mindestens zwei Jahrtausenden. Mit anderen Worten: Ist das, was wir *Persönlichkeit, Charakter* oder *Wesen* eines Menschen nennen, ein eher festgelegtes oder eher der Beeinflussung von außen zugängliches Ensemble von Eigenschaften?
Für alle, die direkt mit Menschen arbeiten und auf sie Einfluß nehmen wollen oder sollen, verliert diese Frage sehr schnell ihre akademische Beliebigkeit. Entsteht doch auf dem Fundament einer so oder andersherum ausfallenden Antwort ein ganz verschieden aussehendes Gebäude von Konsequenzen für die tägliche Arbeit.
Wahrscheinlich ist es nicht falsch, wenn man behauptet, daß es in den vergangenen zwei bis drei Jahrzehnten einen Pendelausschlag zugunsten von ‚nurture' gegeben hat: *Aufbruch, Veränderung, anything-goes* – das lag in der Luft, geisterte durch die Zeit, erfüllte die Herzen, setzte (manchmal unheimlich) vieles in Gang. Fast ebenso vieles davon ist inzwischen in die Jahre gekommen. Je größer die Leidenschaft war, je heißer das (Veränderungs-) Herz schlug, desto spürbarer und sichtbarer ist unterdessen die Ernüchterung, die allmählich als Summe vieler Enttäuschungen entstanden ist.
Heute scheint es eine Pendelbewegung in die andere Richtung zu geben: Eine gewisse Resignation wird von der Ahnung genährt, wie wenig eigentlich nur der Veränderung zugänglich ist. Wieviel hingegen bereits irgendwie festgelegt ist, und mit welch bescheidenem Ergebnis Versuche der Einflußnahme oftmals enden. Und scheint es nicht Gründe über Gründe für diese Sichtweise zu geben, in kleinen wie in großen Zusammenhängen? Vermutlich liegt die Wahrheit auch bei dieser Kontroverse nicht in der Mitte – wie es seit *Aristoteles* für gewöhnlich heißt –, sondern irgendwo zwischen den Extremen.

Die *Idee des Enneagramms,* wie sie in diesem Buch ausgebreitet werden soll, läßt sich im Ergebnis so skizzieren: Jeder Mensch ist ganz gewiß einmalig und besonders. Der genaue und sorgfältige Blick auf ihn rechtfertigt jedoch die Annahme eines *Musters,* welches einen erheblichen Teil des Fühlens, Denkens und Verhaltens dieses Menschen exakt und zutreffend beschreibt. Ent-Wicklung kann nur innerhalb dieses *Musters* stattfinden. Wird diese Entwicklung von einem Menschen angestrebt und ernsthaft gewollt, sind die Ergebnisse dieser Bemühungen so verschieden, daß zwischen Ausgangspunkt und Entwicklungsziel – subjektiv gesehen – buchstäblich Welten liegen können. Einem außenstehenden Beobachter werden diese Unterschiede aber vermutlich gar nicht so gewaltig vorkommen. Anders gesagt: Keiner von uns kann aus seiner Haut; gleichwohl sind innerhalb dieser „Haut“ unendlich viele Entwicklungsvariationen möglich und vorstellbar. Das Grundmuster bleibt bei alledem jedoch identisch; es ist der Charakter (griech. *charássein*) – das (in die Seele) Eingeritzte.
Die Annahmen und Aussagen dieses Buches stützen sich zum einen auf Gedanken und Ideen aus mittlerweile über zwanzig Buchveröffentlichungen im deutschsprachigen Bereich. Die meisten von ihnen sind Übersetzungen aus dem anglo-amerikanischen Sprachraum. Ich stehe auf den Schultern all dieser Autorinnen und Autoren und sehe eine verwirrend komplexe und differenzierte geistige Landschaft vor mir ausgebreitet. Da jede dieser Autorinnen ihrerseits und jeder dieser Autoren seinerseits – der Theorie gemäß – einem Grundmuster zugehört, nimmt es nicht wunder, daß ihre jeweiligen Akzentuierungen und Schwerpunktsetzungen manchmal erheblich voneinander abweichen. Diese Fülle und Vielfalt bedeutet mir jedoch eher Reichtum als Verwirrung.
Zum anderen habe ich mehrjährige Anwender-Erfahrungen in Fort- und Weiterbildungen, in Supervisionen, in Team- und Organisationsberatungsprozessen gesammelt. Im Ergebnis betrachtet, haben diese Erfahrungen meine Achtung vor der Erklärungstiefe und Wirkmächtigkeit der Enneagramm-Idee kontinuierlich gesteigert.
Und schließlich habe ich Erfahrungen *am eigenen Leib:* was es bedeutet, meinen *geistigen Heimathafen* kennenzulernen, den qualvollen und schmerzhaften inneren Kampf zwischen dem Stolz, der nahelegt zu glauben, daß ich so auf keinen Fall bin, und der besseren Einsicht, daß es doch wohl so ist, auszuhalten. Mich der Konfrontation mit dem eigenen *Schatten* zu stellen, die damit verbundenen Ent-Täuschungen hehrer Selbstbildnisse zu verwinden und am Ende vielleicht den Lohn davonzutragen: versöhnlicher mit mir selbst, mit meiner alltäglichen Umwelt, mit eigenen und fremden Unzulänglichkeiten, mit eigenen und fremden geistigen Engführungen und Zwängen, mit der Relativität der eigenen Sichtweise, der Über-

triebenheit der emotionalen Begleitmusik, den katastrophischen Hochrechnungen, die sich zwischen meinen eigenen Ohren abspielen, umgehen zu lernen.
Und – als Fazit – und wohl als das Wichtigste: eine schier nie versiegenwollende Quelle für Heiterkeit entdeckt zu haben, indem es mir gelingt, mich ab und zu beim Denken, Fühlen und Handeln selbst zu beobachten und wieder mal eines der unzähligen Fettnäpfchen, die mir mein Geist in höchst raffinierter Weise vor die Füße stellt, vermieden statt betreten zu haben.

Vorwort zur Neuauflage

Fast zwölf Jahre liegen zwischen der Erstveröffentlichung und dieser Neuauflage. Zwischenzeitlich hat sich die Ennea-Theorie erfreulich weiterentwickelt. Und was mindestens ebenso wichtig ist: Eine große Zahl von Menschen rund um den Globus hat sich mit dieser Idee beschäftigt und ihre metakulturelle Gültigkeit geprüft und unter Beweis gestellt. Dank der Möglichkeiten des Internet liegen die Erfahrungen, die unterdessen gesammelt wurden, buchstäblich nur ein paar Tastenklicks voneinander entfernt. Ihre Übereinstimmung lässt hoffen, dass unterhalb der kulturell sehr verschieden geprägten Oberflächen Muster verlässlich sichtbar werden, die eine zwischenmenschliche Orientierung leichter möglich machen. Sie reduzieren die Komplexität der Erscheinungsformen menschlicher Verschiedenheit auf ein angemessenes und produktives Maß.
Eine große Zahl neuer Publikationen ist unterdessen hinzugekommen und hat das Thema differenziert und bereichert. Wie nicht anders zu erwarten, stammen diese überwiegend aus dem amerikanischen Sprachraum. Die meisten Veröffentlichungen beziehen sich – zumindest implizit – auf die Originalarbeiten von Oscar Ichazo und Claudio Naranjo. Ebenfalls „auf den Schultern" von Naranjo stehend, darf ich registrieren, dass meine damaligen Akzentuierungen und Interpretationsansätze auch heute keiner grundlegenden Revision bedürfen.
Die Darstellung der Fülle neuer Einsichten und Weiterentwicklungen braucht einen eigenen Rahmen. Sie ist meines Erachtens am besten in einem neuen Buch aufgehoben, das auf das vorliegende aufbaut. Es wird unter dem Titel: „Wie anders ist der Andere? Enneagrammatische Einsichten" erscheinen.

Berlin, im Dezember 2008

Wilfried Reifarth

Anmerkungen zum inneren Gefüge dieses Buches

Es gibt – um im Bild der geistigen Landschaft zu bleiben, die in den bereits existierenden Büchern dargestellt wird – in diesem Buch Landkarten in unterschiedlichen Maßstäben.

Im *Einführungsteil* beträgt der Maßstab – sagen wir – ungefähr 1:500000. Diese Sichtweise soll es ermöglichen, einen Überblick zu bekommen. Sie soll wesentliche Strukturmerkmale aufzeigen und einen Ausblick auf die Umgebung ermöglichen, in der sich das zu beschreibende Gebiet befindet. Hier und da werden auch Mutmaßungen angestellt, wie diese Landschaft entstanden sein könnte.

Im *zweiten Teil,* dem Hauptteil des Buches, wird der Maßstab erheblich verkleinert, bis hin zu Detailvergrößerungen. Dabei werden wiederum Mutmaßungen angestellt, wie es unterhalb bestimmter Partien der jeweiligen vergrößerten Oberfläche aussehen könnte. Und welche Kräfte dort am Werke sein könnten.

Um diesen Einblick zu ermöglichen, werden – neben der vertrauten Darstellungsform – als Anschauungsmaterialien Geschichten und Illustrationen verwendet. Die Geschichten sollen vordergründig das veranschaulichen und vertiefen, was im jeweiligen Zusammenhang mit erklärenden Sätzen gesagt wird.[1] Darüber hinaus aber sollen sie noch etwas von der Melodie, der spezifischen Energie, der besonderen Machart, der eigentümlichen Beschaffenheit und dem besonderen Geschmack übermitteln, der in dem jeweils in Rede stehenden Zusammenhang *auch noch* enthalten ist. Viele der Geschichten sind so beschaffen, daß sie den Intellekt gleichsam zwingen, um die Ecke zu denken. Manche von ihnen sind darüber hinaus mit einer Art geistigem Widerhaken versehen.

Diese Geschichten entstammen unterschiedlichen Quellen. Sie sind so eine Art geistige Fundsachen, zunächst absichtslos gefunden, dann gezielt gesucht. Keine der Geschichten ist von den Autoren (bzw. den Übermittlern oder Nacherzählern) in den Zusammenhang, in dem sie hier Verwendung finden, gestellt worden, geschweige denn für diesen Zweck „gemacht" worden. Die Verantwortung dafür, ob sie treffen oder danebenzielen, liegt ausschließlich bei mir. Einige der Geschichten habe ich geringfügig verändert, sei es, um die Lesbarkeit zu verbessern, sie dem Kontext besser anzupassen oder auch nur, um die Pointe sicherer zu machen.

---

1 Über den Einsatz von Geschichten in Beratungs- und Fortbildungsprozessen habe ich langjährige Erfahrungen sammeln können. Vgl. hierzu: Der Elefant. Texte für Beratung und Fortgbildung. Gesammelt und zusammengestellt von *W. Reifarth* und *M. Scherpner.* Frankfurt am Main 1993[3] (Eigenverlag des Deutschen Vereins für öffentliche und private Fürsorge).

Die Illustrationen von *Elisabeth Holz* und die von ihr dazu verfaßten Erläuterungen sind die zweite Eigentümlichkeit dieses Buches. Es handelt sich hierbei um Originalarbeiten, die die Künstlerin für dieses Buch entworfen hat. Diese Bilder wollen die Augen öffnen für die phantastisch-subtilen Dynamiken in den jeweiligen Mustern. Sie laden zum kontemplativen Umgang geradezu ein: Wer den verschlungenen Strukturen und den damit symbolisierten, einzigartigen Wechselspielen geistiger Kräfte im jeweiligen Muster genauer nachspüren möchte, für den eignen sich diese Bilder wahrscheinlich gut als Objekte für Meditation und Kontemplation.
Im *dritten Teil* des Buches wird der Maßstab wieder vergrößert: Aus einer Weitwinkelperspektive werden die Muster in ihrem Zusammenspiel untersucht. Es wird nach Verwandtschaften, Ähnlichkeiten und Gegensätzen gefragt, und diese Beziehungen werden erkundet. Dem geneigten Leser, der bis dahin den Entdeckungsweg mitgegangen ist, wird ein Überblick über eine Landschaft ermöglicht, die er bereits vom Durchwandern her kennt, wozu es aber *Abstand* braucht, um subtile Zusammenhänge erkennen zu können.
Im *vierten Teil* wird ein Blick *hinter den Horizont* versucht: Was könnte uns dort erwarten, wenn wir das bei der Wanderung Erfahrene auch *erlernen* würden? Vermutbare Konsequenzen für die Bereiche Erziehung, Therapie, Helfen und Veränderbarkeit im allgemeinen werden skizziert.
Im *fünften Teil* des Buches werden Handreichungen gegeben, wie jemand sein Muster bzw. seine mögliche geistige Heimat finden kann. Dazu gibt es für jedes Muster zwanzig Fragen, die ehrlich mit Ja oder Nein beantwortet werden können. Die Anregungen für diese Fragen stammen wiederum aus verschiedenen Quellen oder sind eigenes Werk. Jede einzelne Formulierung wurde solange überarbeitet, bis sie möglichst unmißverständlich und trennscharf geworden war. Die Trennschärfe wurde sowohl im Hinblick auf das jeweilige Muster als auch auf Aspekte anderer Muster angestrebt. Der Fragenkatalog ist vielfach und zu unterschiedlichsten Anlässen ausprobiert worden. Die Rückmeldungen, die dabei entstanden, wurden in die jeweils neuere Fassung eingearbeitet. Diese Fragen dienen einem weiteren Zweck: Sie können zugleich als eine kurze Inhaltsangabe der Charakteristika des jeweiligen Musters gelesen werden.
Den *Abschluß des Textteils* bilden zehn Vorschläge, wie mit den Enneagramm-Ideen umgegangen werden sollte, damit deren Wirkung umweltverträglich wird. Für die suchenden Leserinnen und Leser könnte das Ende des Buches zum Anfang einer längeren Reise zu sich selbst werden: Das vermeintliche Ende würde dann zum eigentlichen Beginn.

Erste Nachbemerkung: Allen Weggefährtinnen und Weggefährten danke ich aufrichtig für ihre Geduld, ihre Kritik, ihre Anregungen und insbesondere für ihre Irritationen. Ohne all dies wäre der Entstehungsprozeß des Buches weit weniger erfreulich gewesen. Ohne ihr Engagement wären viele Veränderungen, die im Ergebnis nach meiner Einschätzung Qualitätsverbesserungen sind, nicht zustande gekommen. Die eine oder andere Suchrichtung, die sich im nachhinein als Sackgasse erwies, hätte – ohne ihre konstruktiven Ermutigungen – auch zum Abbruch der Entdeckungsreise führen können. Mein besonderer Dank gilt Frau *Bettina Hellmuth:* Mit unermüdlicher Geduld und großem Geschick hat sie alle Um- und Abwege des Entstehungsprozesses begleitet und sie mit Hilfe ihres PC's zum Ausdruck gebracht.

Zweite Nachbemerkung: Aus sprachlichen Gründen habe ich mich durchgängig für die männliche Sprachform entschieden. Ich bitte die Leserinnen um Nachsicht.

Einführung

Vor einiger Zeit hielt *Helen Palmer,* eine renommierte amerikanische Psychologin, in Frankfurt am Main einen Vortrag zum Enneagramm.
Sie sprach davon, daß es wohl richtig sei, davon auszugehen, daß wir als Menschen nicht mehr als 40° von den insgesamt verfügbaren 360° der Wirklichkeit bevorzugt wahrnehmen würden und daß es demgemäß neun verschiedene Blickwinkel auf die Welt gäbe. Und daß die ganze Sache dadurch verkompliziert würde, daß uns dieser von uns jeweils bevorzugte Blickwinkel so selbstverständlich sei, daß wir dafür überhaupt kein Bewußtsein hätten. Und daß man ohne weiteres mehrere hundert Sitzungen bei einem Therapeuten verbringen könne, ohne auch nur ein einziges Mal auf diesen spezifischen Blickwinkel aufmerksam geworden zu sein. Und daß sich das Gebiet, mit dem sich die traditionelle Psychologie und die (davon abgeleitete) Psychotherapie beschäftigen, mit dem Geschehen auf einer Bühne vergleichen lasse. Und daß man dabei keineswegs wisse, was sich in und hinter den Kulissen abspiele, wer das Publikum sei, wer der Autor und wer der Regisseur. Und davon, was in ihnen vorgehe, sei ganz zu schweigen. Die Scheinwerfer würden ja schließlich nur das unmittelbare Geschehen auf der Bühne beleuchten.
Die Dimensionen des Enneagramms hingegen bezögen all diese Stationen und Orte mit ein und seien dadurch in ihrer Intelligenz, Reichweite und Komplexität den traditionellen (psychologischen) Sichtweisen bei weitem überlegen.
Als sie am Ende des Vortragsabends gefragt wurde, ob diese Strukturen denn „erworben" oder „angeboren" seien – also: „nature or nurture" – antwortete sie, fast ein bißchen kokett, ob der Frager wirklich glaube, daß sie darauf eine Antwort wisse. Als dieser bejahte, sagte sie: Wenn sie in Hongkong oder Singapur einen Vortrag über das Enneagramm hielte, würde sie am Ende fast immer mit der Frage konfrontiert, ob es „nature or nurture" sei. Sie gäbe die Frage an die Zuhörer zurück. Ein Teil der Zuhörer entschiede sich dann für „nature", ein anderer Teil für „nurture". Nach einer Weile würde jemand rufen: „Oh, it's reincarnation!", und alle würden dann befreit und wissend lachen. Glückliches Asien! Mehr war an Antworten von ihr nicht zu bekommen.

Wäre dies meine erste Begegnung mit dem Enneagramm gewesen – ich weiß nicht, welche Tendenz als Ergebnis des Vortragsabends stärker gewesen wäre: meine Neugier oder meine Skepsis.
Hätte die Skepsis überwogen, wären meine Ohren vermutlich schon während des Vortrages so verstopft gewesen, daß ich viele der subtilen Hinweise gar

nicht erst wahrgenommen hätte. Im übertragenen Sinne hätte ich möglicherweise (voll innerer Ablehnung) in den ausgestreckten Finger gebissen, der mir doch eigentlich nur etwas zeigen wollte...
Durch mehrjährige Beschäftigung mit den Ideen des Enneagramms war ich glücklicherweise vorbereitet und konnte *Helen Palmers* Vortrag genießen. Ihre Versuche, ein Auditorium auf den Geschmack der Erkenntnis dieser Idee zu bringen, konnte ich mit fortbildnerischen und quasi-kollegialen Sinnen nachvollziehen. Und nebenbei die Wirkung ihrer vorgeschlagenen Schritte – im wesentlichen waren es „Phantasiereisen" – am eigenen Leib registrieren.

Ich erinnere mich noch genau an die heftigen Vorbehalte und die starke innere Ablehnung, die ich während des Psychologiestudiums gegen Typenlehren empfunden habe, die z. B. vom Körperbau auf den Charakter schließen wollten oder die mit Hilfe raffinierter statistischer Methoden stabile Merkmalsgruppen herausgefunden haben wollten, durch die wir Menschen uns unterscheiden. Damals war mein „Gefühl", daß diese Erkenntnisse viel zu grob und undifferenziert seien, um der komplexen Wirklichkeit gerecht werden zu können, und ich wollte mich für immer hüten, Menschen mit diesen Augen zu sehen und zu kategorisieren. (Wenn ich mich nicht sehr über mich selbst täusche, ist das bis heute so geblieben.)
Was mich wirklich für das Enneagramm eingenommen hat, war – nach Monaten heftigen Haderns und Sträubens gegen die Erkenntnis unangenehmer und desillusionierender Wahrheiten meines eigenen Musters – eine fortbildnerische Erfahrung. In der 2. Woche eines Seminars zum Thema „Führen und Leiten" ging es um die Frage, ob und wie die Persönlichkeit eines Menschen und sein Führungs- und Leitungsverhalten zusammenhingen. Falls es einen solchen Zusammenhang wirklich gäbe, wäre damit die gängige Kategorisierung von Führungsstilen (z. B. in *autoritär, demokratisch* und *laissez-faire*) viel zu grob und holzschnitthaft. Es würde sich nicht lohnen, sich überhaupt ernsthaft damit zu beschäftigen. Denn dann müßte man mit so vielen verschiedenen Führungsstilen rechnen, wie es Persönlichkeiten gibt, die Führung und Leitung innehaben.
Irgendwie war es uns im Seminar gelungen, die Teilnehmerinnen und Teilnehmer für die „Neun-Grundmuster-Idee" des Enneagramms zu interessieren und ihnen mit Hilfe eines „Tests",[2] der zu der Zeit gerade neu auf den Markt gekommen war, eine Ahnung von ihrer möglichen geistigen Heimat zu vermitteln. Wir schlugen ihnen vor, sie sollten sich, gewissermaßen als Selbsthilfe-(Arbeits)gruppe, mit weiteren Angehörigen ihres Musters zu-

2 *M. Becker:* Enneagramm Typen-Test, München 1992².

sammentun und sich über ihre Führungs- und Leitungserfahrungen und/oder Probleme, die ihnen außerdem wichtig seien, miteinander austauschen. Nach anderthalb Stunden sollten alle wieder zurück in die Großgruppe kommen. Die Rückberichte aus den Selbsthilfe-Gruppen klangen ungefähr so:

Die Menschen vom Muster EINS:
„Also wir haben sofort unseren Gruppenraum gefunden, haben die zur Verfügung stehende Zeit – es ist ja vorher solange im Plenum gequatscht worden, daß uns ja faktisch schon zehn Minuten von der vereinbarten Zeit verlorengegangen sind – also die noch verbleibende Zeit haben wir eingeteilt in die Themen, die wir bearbeiten wollten. Dann haben wir uns schnell auf jemanden geeinigt, der die Moderation machen sollte und haben zügig losgelegt. Etwa zehn Minuten vor der verabredeten Zeit waren wir mit der Arbeit fertig. Wir sind dann zurück in die Großgruppe gegangen, waren pünktlich dort und – kein Mensch war da! Und dafür strengt man sich nun an und bemüht sich, alles ordentlich zu machen, und kein Schwein hält sich an die Abmachungen. Also sowas finden wir nicht in Ordnung, und ihr als die Leiter hättet ruhig ein bißchen Druck machen können, daß es wenigstens hier im Kurs mal so läuft, wie es verabredet war. Es ist ja hier wie zu Hause!“

Die Menschen vom Muster ZWEI:
„Wir waren ja leider nur zu dritt. Wir haben dann schließlich auch noch einen Raum gefunden für uns, war zwar ein bißchen klein, aber war uns auch nicht so wichtig. Jedenfalls hatten wir auf Anhieb ein sehr gutes Gesprächsklima. Wir waren sehr schnell vom Thema ‚Leitung‘ weg und haben – es weiß eigentlich keiner wieso – Kindheitserlebnisse ausgetauscht. Das hat uns dann doch sehr berührt, wieviele Parallelen es zwischen uns gibt. Irgendwann guckte einer von uns mal auf die Uhr, und wir stellten fest, daß die Zeit ja schon rum war, und dabei waren wir gerade mal beim Übergang vom Kindergarten auf die Grundschule. Also, wir hätten noch stundenlang so weitermachen können. Es war eine tolle Atmosphäre. Wir fühlten uns total verstanden.“

Die Menschen vom Muster DREI:
(Sie weigerten sich, als Dritte zu berichten, sondern wollten erst die Berichte der anderen abwarten. Ihr Bericht wird also hier „vorgezogen“, tatsächlich würde er ans Ende gehören.)
„Also ehrlich gesagt, wir konnten mit dem Ganzen wenig anfangen. Wir haben dauernd versucht, den Nutzeffekt zu erkennen oder was das Ganze überhaupt bringen soll – wir haben nichts gefunden. Ja und dann haben wir

überlegt, was wir statt dessen machen sollen, und plötzlich waren wir in einem ganz spontanen Gespräch über so'n paar Projekte, die einige von uns am Laufen haben. Das war wirklich sehr gut, da war'n jede Menge neue Ideen drin. Und irgendwie fanden wir's alle ganz toll, was das für spannende Leute in unserer Gruppe sind."

Die Menschen vom Muster VIER:
„Wir sind ja nur zu zweit gewesen. Wir haben erst so ganz allmählich den Einstieg gefunden, weil wir schon ein bißchen enttäuscht waren, daß wir nur zu zweit gewesen sind. Wenn's mehr Leute gewesen wären, hätten wir's doch einfacher gehabt. Es ging uns beiden am Anfang gar nicht so gut dabei. Das hat natürlich jeder vom anderen sofort gespürt. Aber dann ging's doch irgendwie. Wir haben uns dann darüber unterhalten, wie wir solche Situationen sonst so erleben – irgendwie kommt uns das alles bekannt vor, weil wir ja in dieser Beziehung sowieso öfter Pech haben. Aber eigentlich haben wir uns sehr gut verstanden. Wir konnten uns endlich mal über'n paar Sachen aussprechen, über die man im großen Kreis doch nicht reden kann, weil sich ja niemand dafür interessieren würde. Irgendwie ist es uns richtig schwergefallen, hier wieder herzukommen, weil – so 'ne Verständigungsbasis haben wir hier einfach nicht miteinander."

Die Menschen vom Muster FÜNF:
„Wir haben uns getroffen und mal rumgefragt, ob jemand schon mal was über das Enneagramm gelesen hat. Es war keiner dabei, der genau Bescheid wußte. Und da hatten wir die Idee, erst mal in eure tolle Bibliothek zu gehen und uns mal ein paar Bücher über das Enneagramm anzugucken. Wir hatten dann in der Kartei auch jede Menge Bücher gefunden, aber die war'n alle ausgeliehen. Die wären beim R. im Büro. Jetzt wußten wir erst nicht, ob da jemand von uns hingehen sollte und mal nachgucken, aber das war uns dann doch zu blöd. Wir haben's dann gelassen. Ja, also eigentlich können wir jetzt zu dem Enneagramm nichts sagen, weil – wie gesagt – die Bücher war'n ja alle ausgeliehen. Tut uns irgendwie leid, aber..."

Die Menschen vom Muster SECHS:
„Wir haben uns mit der Aufgabe sehr schwer getan. Eigentlich kommt uns ja das ganze Seminar sowieso ein bißchen merkwürdig vor. Irgendwie fällt's schwer, den roten Faden zu finden. Man hat ja hier doch öfter das Gefühl, ganz schön manipuliert zu werden. Und da paßt das Enneagramm doch genau rein. Es wird eigentlich immer unklarer, was das Ganze überhaupt soll. Wir hatten Probleme, so richtig ins Gespräch zu kommen. Irgendwie

wußte keiner von uns so recht, wie weit wir da gehen können. Im Nachbarraum, die waren auch so laut, daß man jedes Wort von denen mithören konnte. Also, irgendwie kommt uns das Ganze nicht so richtig geheuer vor. Aber wir ham's auf jeden Fall mal probiert, und insofern könnt ihr uns keinen Vorwurf machen."

Die Menschen vom Muster SIEBEN:
„Also Leute, uns ist ja was Irres passiert, also Wahnsinn! Als wir in die Gruppen gehen sollten, da hatten wir alle die Schnauze so voll von dem ganzen Zahlenkram und den Typen und dem ganzen Gedöns, also keiner von uns hatte noch Bock auf Kleingruppe.
Und da haben wir uns ruckzuck verständigt, daß wir das einfach nicht mehr mitmachen. Und jeder ist weggegangen, in sein Zimmer oder raus oder was weiß ich sonstwohin. Also bei mir war der Frust so schlimm, daß ich gedacht hab: gehst jetzt erst mal ins Zentrum und guckste mal, ob's nicht was Leckeres gibt, 'n Eis oder 'n Cappucino oder 'n Stück Kuchen oder so. Also ich geh los und stellt Euch vor, was passiert: Ich sitz also kaum in dem Eiscafé drin, da kommt eine aus unserer Gruppe da auch rein. Großes Hallo! Und was soll ich euch sagen, nach 'ner Viertelstunde war unsere ganze Gruppe in dem Eiscafé versammelt. Da war was los! Das war ja derart irre, eine sagenhafte Stimmung. Könnt ihr euch das vorstellen? Also wir ham beschlossen: Heut' abend im Keller machen wir weiter!"

Die Menschen vom Muster ACHT:
„Wir verstehen die ganze Aufregung hier nicht. Wo soll denn da überhaupt ein Problem sein? Wir haben uns einen Gruppenraum genommen, der uns gefiel, es waren ja genug da am Anfang, ham uns hingehockt und einfach losgelegt. ‚Wieviel Leichen hast du oder du oder du im Keller?' Das ham wir sauber durchdekliniert und noch so'n paar Jokes der Firma erzählt, und dann war's das. Wir waren uns im Prinzip schnell einig: Wo gehobelt wird, da fallen Späne! Noch keine Stunde und da war'n wir fertig. Also Freunde, wo liegt das Problem? Wie manche von euch sich da einen abbrechen und gottweißwie anstellen, das ist ja schon fast jämmerlich. Also was is Sache? Die Klamotten auf'n Tisch gepackt und fertig! Was'n sonst?"

Die Menschen vom Muster NEUN:
„Tja, irgendwie ham wir wahrscheinlich die Aufgabe nicht richtig mitgekriegt. Wir waren irgendwie noch ganz damit beschäftigt, ob wir nun 'ne NEUN sind oder was anderes, und dann gab's da so 'ne Hektik mit den Gruppenräumen. Wir wußten jetzt auch gar nicht so genau, wer alles so zu unserer Gruppe

gehören soll. Auf einmal war'n zwei von uns weg, vielleicht zur Toilette oder was, ich weiß es nicht. Jedenfalls saßen und saßen wir dann da und ham gewartet. Ja und irgendwann kamen die ersten von euch ja plötzlich auch schon wieder, ich glaub' die ACHTer war'n das und ham einfach Tischtennis gespielt. Irgendwie hat sich's dann auch nicht mehr gelohnt, noch mal anzufangen. Also, wir können jetzt eigentlich gar nichts Genaues zu der NEUN sagen. Wir brauchen einfach noch'n bißchen mehr Zeit!"

Den Leserinnen und Lesern entgeht durch diese, auf bloße Worte reduzierte Darstellung zwangsläufig all das, was im unmittelbaren Erleben die Überzeugungskraft ausmachte: Sprechtempo, Dynamik und Modulation der Rede, mimische Kommentierung durch die übrigen Gruppenmitglieder, Energieniveau beim Sprechen und – da das Ganze sich prozeßhaft und in Wechselwirkungsschleifen entwickelte – auch der Lernprozeß, den die Zuhörer beim Zuhören durchliefen. Spätestens ab dem dritten Bericht entwickelten sie ein Gefühl für die Unterschiede. Im weiteren Verlauf der Darstellung bekamen sie immer deutlichere Ahnungen von der Typik und Spezifik des jeweiligen Musters. Bis sich gegen Ende der Gruppenberichte die Fähigkeit des Unterschiede-Hörens so herausgebildet hatte, daß diese sich fast spontan in einem mit Erkenntnis erfüllten Lachen Luft machte.
Sollten sich bei den Leserinnen und Lesern beim „Schmecken" der neun Berichte zumindest Schmunzeltendenzen eingestellt haben, dann ist vielleicht schon an dieser Stelle eine scherzhafte Übertreibung erlaubt (gemäß der Zen-Weisheit, daß der Scherz das Loch ist, durch das die Wahrheit pfeift): Greift man den Selbsthilfegruppen-Gedanken auf – das weltweit bekannteste Beispiel hierfür sind die Anonymen Alkoholiker- und spielt ein bißchen mit ihm, könnte folgendes dabei herauskommen:

Muster EINS:	*Anonyme Grollschieber*
Muster ZWEI:	*Anonyme Beziehungssüchtige*
Muster DREI:	*Anonyme Ruhmsüchtige*
Muster VIER:	*Anonyme Emotionale*
Muster FÜNF:	*Anonyme Anonyme*
Muster SECHS:	*Anonyme Zweifelsüchtige*
Muster SIEBEN:	*Anonyme Unersättliche*
Muster ACHT:	*Anonyme Zupacker*
Muster NEUN:	*Anonyme Aufschieber*

Wie gesagt, eine scherzhafte Überzeichnung der Tendenzen, die für die einzelnen Muster charakteristisch sind.

Eine faszinierende Steigerung dieses Muster-Erkennens kam im weiteren fortbildnerischen Umgang mit dem Enneagramm hinzu, als wir die Teilnehmer baten, diesen Selbsthilfe-Gruppenprozeß öffentlich, also im Innenkreis einer Großgruppe und damit für alle Anwesenden erlebbar zu machen. Es verblüffte dabei, wie Menschen, die äußerlich höchst verschieden waren, allmählich anfingen, einander ähnlich zu werden. Dieses Ähnlicherwerden bezog sich auf ihre Körperhaltung, aber auch auf ihre Emotionalität, auf die Spannung in ihren Körpern bzw. ihre Entspanntheit – kurz: auf eine ganz spezifische Energie, die sich immer weiter verdichtete, je länger der Prozeß dauerte, und die schließlich den ganzen Raum erfüllte.

Das *Neue* dieses Eindrucks, dem sich die übrigen Anwesenden nicht entziehen konnten, kommt einerseits vermutlich daher, daß es im „richtigen" Leben Gruppierungen in solcher Reinkultur nicht gibt, und daß sich die spezifischen Energien der einzelnen Muster normalerweise gegenseitig eher neutralisieren oder eine energetische Gemengelage schaffen. Hier hingegen entsteht diese Energie in ihrer reinsten und klarsten Form. Andererseits rührt der Eindruck des Neuen daher, daß man um die Muster wissen muß, um sie erkennen zu können; getreu dem *Baedeker*-Motto: „Man sieht nur das, was man weiß."

Der Prozeß des Ähnlicherwerdens drückt sich auch in biographischen Details aus: in Vorlieben und Abneigungen, in Stationen des Scheiterns oder Gelingens, in Visionen und Resignationen und in der Art und Weise, wie dies alles empfunden und bewertet wird. Am augenfälligsten wird es aber, wenn einer der Beteiligten einen Satz beginnt und ein anderer fühlt sich wie von innen heraus „gezwungen", ihn seinerseits zu vollenden.

Der Eindruck ist so stark, daß sich ihm kaum jemand entziehen kann. Gäbe es den Begriff *Geistesverwandtschaft* noch nicht, zur Kennzeichnung dieser Erfahrung müßte er erfunden werden. Oder anders gesagt: *Das Muster, das verbindet,* gibt es erfahrbar und wirklich.

Und damit gibt es zwangsläufig auch sein Gegenteil: *das, was mich vom anderen trennt.* Durch den sorgfältigen und genauen Blick auf die Eigentümlichkeit dieser bestimmten Art, die Welt zu sehen – oder besser: in der Welt zu sein –, wird das Trennende in einer Deutlichkeit sichtbar und spürbar, daß es mich manchmal regelrecht schockiert und ich mich frage, wie bei so grundlegender Verschiedenheit Verständigung und echte Begegnung überhaupt möglich sein sollen und sein können. (Die existentielle Bedeutung des *Buberschen* Begriffs von der ‚Anderheit des Anderen' ist mir noch nie so deutlich geworden, wie in diesen Momenten.) „Wir leben Seite an Seite in verschiedenen Welten." (*M. Frings Keyes,* S. 17)

Nüsse

Eine Katze sagte zu einem Eichhörnchen: „Wie wunderbar es doch ist, daß du so unfehlbar die vergrabenen Nüsse ausfindig machen kannst und dich damit den Winter hindurch ernährst!" Das Eichhörnchen entgegnete: „Für ein Eichhörnchen wäre ein Eichhörnchen bemerkenswert, das so etwas *nicht* tun könnte." (G1)[3]

Und:

Körner

Ein Huhn bekam seinen Wunsch erfüllt und wurde auf wundersame Weise in einen Fuchs verwandelt. Dann stellte es fest, daß es Körner nicht verdauen konnte. (G2)

Eine andere Einsicht gehört auch noch an diese Stelle: Die Blickwinkel in die Welt sind grundverschieden und dennoch gleichwertig. Es gibt auch nicht im entferntesten einen Anlaß, eines der Muster als ‚besser' oder ‚schlechter', ‚wertvoller' oder ‚weniger wert' als ein anderes Muster anzusehen. Im Gegenteil: *Jedes dieser Muster ist eine vollgültige und in sich absolut schlüssige Form der Existenz.*
Jedes Muster hat seine ihm eigenen Stärken und Schwächen, seine eigenen Fallen, Tücken und Verstrickungen, aber auch seine eigenen Wachstums- und Entwicklungsmöglichkeiten. Vermutlich ergibt die Summe der positiven und negativen Möglichkeiten in jedem Muster jeweils Null. Kein Grund also, so zu sein, wie es den Pharisäern, wahrscheinlich fälschlicherweise, nachgesagt wird: „Ich danke DIR, daß ich nicht so bin wie dieser da!" oder, in der Sprache *Eugen Roths:*

3 G1 bis G60: Unter diesen Nummern sind die Fundstellen der Geschichten am Ende des Buches verzeichnet.

Ein Mensch betrachtete einst näher
die Fabel von dem Pharisäer,
der Gott pries voller Heuchelei
dafür, daß er kein Zöllner sei.
„Gottlob!“ rief er in eitlem Sinn
„daß ich kein Pharisäer bin.“

Hingegen entsteht eine bis dahin nicht gekannte Differenzierung und Genauigkeit der Ausformung dessen, was die ‚Anderheit des Anderen‘ wirklich ausmacht und meint, was also Toleranz am Ende wirklich kostet.

Die implizite Annahme, die sich durch den Bauplan des gesamten Buches zieht, lautet also: Der Weg zum wirklichen Verständnis des Anderen kann nur über die genaue Kenntnis des eigenen Musters geschehen. Diese Erkenntnisse wollen integriert werden, und das braucht seine Zeit. Aus der Versöhnung mit dem persönlichen So-Sein erwachsen die Neugier und die Energie, das Anderssein des Andern sorgfältig und wirklich zur Kenntnis zu nehmen. Erst von hier aus wird eine Begegnung, die den anderen wirklich meint, möglich.
Und hier liegt möglicherweise die Begründung, weshalb mir im Umgang mit dem Enneagramm der Gedanke mittlerweile so abwegig vorkommt, jemand anderen damit in eine „Kiste zu packen“ oder in eine „Schublade zu stecken“ oder zu „typologisieren“. Nach meiner Erfahrung und Beobachtung ist das sorgfältige Sichvertrautmachen mit diesen Ideen – paradoxerweise – die beste Therapie gegen die allzu menschliche Tendenz, jemanden zu kategorisieren, um damit dessen Komplexität und Differenziertheit auf ein stapelbares Format zu reduzieren. Und warum das so ist? Weil mir – häufiger, als mir lieb sein kann – vor Augen geführt wird, wie gründlich ich mich täuschen kann. Die hieraus entstehende Beschämung fördert einen eher zurückhaltenden Umgang mit diesen Erkenntnissen.
Wie steht es mit den sonstigen „Gefahren“ der Anwendung? Die allgemeine Lebenserfahrung lehrt, daß keine noch so intelligente, aber auch keine noch so unschuldige Idee davor gefeit ist, verhunzt zu werden, will sagen: in mißbräuchlicher oder destruktiver Absicht Verwendung zu finden. Mit den Ideen des Enneagramms verhält es sich m. E. wie mit einem hochwirksamen Medikament. Hier gilt: Je höher die Wirksamkeit, desto wahrscheinlicher sind Nebenwirkungen. Dennoch käme kaum ein vernünftiger Mensch auf die Idee, zur *Vermeidung der Nebenwirkungen* auf die Wirkung zu verzichten, wenn diese als heilungsfördernd eingeschätzt wird.

Das sprechende Messer

Ein Mann entdeckte auf seinem Spaziergang etwas Glitzerndes am Straßenrand. In der Hoffnung, es sei Silber, hob er es auf. Aber es war nur ein Messer, das jemand verloren hatte.
„Ich werf dich weg, weil du mich getäuscht hast, und zwar in den Fluß, wo du zu Tode rosten sollst!" schrie er es an.
Doch es war ein sprechendes Messer, und es versuchte, sein Leben zu retten, indem es sagte:
„Guter Mann, warum behaltet Ihr mich nicht? Ich könnte Euch nützlich sein, Euer Brot zu schneiden!"
„Wohl kaum!" rief der Mann, „denn du könntest auch von jemandem benutzt werden, mir die Kehle durchzuschneiden!" (G3)

Was ist ein Enneagramm?

Der Name ist zusammengesetzt aus den griechischen Wörtern *ennéa* = neun und *grámma* = Zeichen/Figur: das „Neunerzeichen" also; ein neunzackiger Stern, der Bestandteil einer alten mystischen Tradition des Islam ist, und die Sufi-Mystik genannt wird. Wer sind die Sufis?[4] Anstelle einer Antwort, die ich ohnehin nicht geben könnte, hier eine Geschichte:

Die Zeit, da es Seelen gab, aber noch keine Körper

Diese Zeit dauerte nur ein paar Jahre, aber jedes dieser Jahre war so lang wie eines unserer Jahrtausende.
Die Seelen wurden alle in einer Reihe aufgestellt. Man zeigte ihnen die Welt. Neun von zehn Seelen liefen auf sie zu.
Dann zeigte man den übrigen das Paradies. Neun von zehn unter ihnen liefen darauf zu.
Den übrigen Seelen brachte man die Hölle zu Gesicht. Voll Schrecken liefen neun von zehn vor ihr davon.
Dann waren da nur noch wenige Seelen, jene, die nichts von alledem berührt hatte. Weder die Erde noch das Paradies konnte sie locken, noch hatten sie die Hölle gefürchtet.
Die Himmlische Stimme sprach zu diesen Übriggebliebenen: „Ihr närrischen Seelen! Was ist es dann, was ihr wünscht?"
Die Seelen antworteten mit einer Stimme: „Allwissender, Du weißt, daß Du es bist, den wir uns wünschen, wir wollen uns nicht aus Deiner Gegenwart entfernen."
Die Stimme sprach zu ihnen: „Der Wunsch nach Uns ist riskant und bringt Mühsal und zahllose Gefahren."
Die Seelen antworteten ihr: „Freudig werden wir alles auf uns nehmen um des Zusammenseins mit Dir willen, und wir werden alles verlieren, um alles zu gewinnen." (G4)

---

4 Als Standardwerke über den Sufismus gelten: *Idries Shah:* Die Sufis. Düsseldorf, Köln 1980 und *Annemarie Schimmel:* Mystische Dimensionen des Islam. Die Geschichte des Sufismus. Köln 1985.

Sufis, so könnte man vermuten, sind jene „närrischen Seelen“, die alles auf sich nehmen um des Zusammenseins mit *IHM* willen. Das mag für unsere Ohren befremdlich und merkwürdig klingen. Leichter zugänglich sind uns ihre höchst differenziert ausgearbeitete Psychologie und ihre Erkenntnisse darüber, wie der menschliche Geist beschaffen ist, wie er arbeitet und lernt. Diese Einsichten sind unseren heutigen (wissenschaftlichen) Erkenntnissen weit voraus.
Die meisten der in diesem Buch verwendeten Geschichten sind sufischen Ursprungs, atmen also diesen Geist. Und ich habe die Hoffnung, daß sich über das Vertrautwerden mit den Geschichten auch eine deutlichere Ahnung herausbildet, was das Eigentümliche dieser geistigen Tradition ausmacht, in der ja – wie man annimmt – das Enneagramm seinen Ursprung hat. Dessen Ziel und Zweck sind sehr eindrucksvoll in einem Sufi-Sprichwort zusammengefaßt: *„Werde der, der du warst, bevor du warst, mit der Erinnerung und dem Verständnis dessen, der du geworden bist!“*
Das will mindestens zweimal gelesen werden, denn es ist allein sprachlich schon eine harte Nuß, vom inhaltlichen Verständnis ganz zu schweigen. Vielleicht könnte man es so umschreiben: „Finde zurück zu deiner Ursprungsidee (deiner wesensmäßigen Natur/deinem wahren Selbst), lerne, die Verzerrungen und Verbiegungen zu erkennen und zu beseitigen, die du „erlernt“ hast (deine „Persönlichkeit“); behalte diese aber im Bewußtsein.“
Würde jemand diesen Auftrag ernstnehmen, gäbe es in seinem Leben ab sofort alle Hände voll zu tun, und wahrscheinlich würde eine Lebensspanne ganz damit ausgefüllt sein. Immerhin hätte es den Vorteil, daß die Fehler und Schwächen der Anderen, mit denen sich unsere „Persönlichkeit“ ja bevorzugt und am liebsten beschäftigt, an Anziehungskraft verlören.

Und wo läge der Hebel? Wo müßte jemand ansetzen, um eine Ahnung von seiner Ursprungsidee, von seinem wahren oder höheren Selbst zu bekommen?

Zunächst einmal wäre der Mut aufzubringen, ein gedankliches Wagnis einzugehen: es für möglich zu halten, daß viele seiner Gedanken und Gefühle *keine* genaue Abstimmung auf das sind, was momentan wirklich passiert, sondern etwas Schablonenhaftes, Gewohnheitsmäßiges, Vergröbertes an sich haben. Oder um es in einem technischen Bild auszudrücken: Es ist so, als würde ein Auto mit eingeschalteter Automatik fahren. Und wir würden hier behaupten, daß es nicht ausreichend sei, sich von der Automatik chauffieren zu lassen. Vielmehr müßte der Fahrer genau wahrnehmen, wie die äußeren Umstände der Fahrt (Straßenzustand, Verkehrsdichte, Steigung oder Gefälle, Wetterverhältnisse usw.) sind und wie sich die Automatik verhält, um „klug“ und gut angepaßt auf sie zu reagieren. Im Kopf des Fahrers müßte parallel dazu „ein Film“ laufen, der dieselbe Fahrt „ohne Automatik“ durchführt. Und diese beiden „Erfahrungen“ müßten verglichen werden: Wann arbeitet die Automatik genau, wann zu grob? Wie wäre die bessere Alternative? Wenn unserem Fahrer das alles greifbar vor Augen stünde, dann hätten wir einen Zustand erreicht, um den es hier gehen soll.

In den verschiedenen spirituellen Traditionen heißt dieser Vorgang: einen *inneren Beobachter* oder einen *inneren Zeugen* schaffen. Diese Erfahrung ist an zwei Voraussetzungen geknüpft: erstens, daß ich es grundsätzlich für möglich halte, im Normalfall eher automatisch und zwanghaft auf eine gegebene Situation zu reagieren. Und zweitens, daß ich neugierig darauf bin, wie eine bessere Alternative dazu aussehen könnte. Schon die erste Voraussetzung ist eine Attacke auf den gesunden Stolz eines normalen Menschen und baut damit eine erste von vielen Hürden auf, die es auf diesem Weg zu nehmen gilt.

Wer sich aber darauf einläßt, wird bemerken, daß sich die eigenen Gedanken und Gefühle zwar zunächst ein bißchen fremd anfühlen, und daß eine etwas komisch anmutende Irritation darüber entsteht, wie es in mir denkt und fühlt. Allmählich wächst jedoch die Fähigkeit, hierin Zusammenhänge zu erkennen: von welchen Situationen oder Merkmalskonstellationen welche Gefühle und Gedanken hervorgerufen werden, wie blitzschnell diese Verbindungen entstehen und was geschieht, wenn ich sie absichtlich am Entstehen hindere. Anfänglich treten wieder Irritationen und ein bißchen Angst auf, später eine Art Glücksgefühl darüber, das „Gefährt“ selbst gefahren zu haben und nicht nur gefahren worden zu sein.

Und – wie bereits an früherer Stelle erwähnt – viele Gelegenheiten zu bekommen, über sich selbst zu schmunzeln: wenn die Diskrepanz zwischen gewohnheitsmäßig-zwanghaftem Reagieren, das mir bis dahin nicht bewußt war, und einer Alternative in Freiheit deutlich gespürt wird. Voraussetzung für all dies ist jedoch eine genaue Selbstbeobachtung, oder anders gesagt: die Bereitschaft, den inneren Zeugen zu stärken.

Gehen wir noch einmal in die Erfahrungswelt der Selbsthilfegruppen zurück und schauen uns an, wie ein auf Automatik geschaltetes Leben dort aufgefaßt wird. Man spricht vom „Sich-Einrichten im gemütlichen Elend“ – will sagen: Alles ist so vertraut und geschieht so absolut gewohnheitsmäßig. Man kennt sich aus und hat sich mit allem so arrangiert, daß der eigentlich elendige Zustand einen Hauch von Gemütlichkeit bekommt. Aber eben nur wegen der Gewöhnung. Es bleibt Elend.

Eine andere Qualität hingegen tritt uns vor Augen, ein Ort der Sehnsucht nach dem erhabeneren Leben, den *Martin Buber* meint, wenn er schreibt:

> *„Die meisten von uns gelangen nur in seltenen Augenblicken zum vollständigen Bewußtsein der Tatsache, daß wir die Erfüllung des Daseins nicht zu kosten bekommen haben, daß unser Leben am wahren erfüllten Dasein nicht teilhat, daß es gleichsam am wahren Dasein vorbei gelebt wird. Dennoch fühlen wir den Mangel immerzu, in irgendeinem Maße bemühen wir uns, irgendwo das zu finden, was uns fehlt. Irgendwo in irgendeinem Bezirk der Welt oder des Geistes, nur nicht da, wo wir stehen, da, wo wir hingestellt worden sind – gerade da und nirgendwo anders aber ist der Schatz zu finden."*[5]

Im zweiten Teil des Buches wird der Versuch unternommen, genauer auszuführen, was das ‚erhabenere Leben' innerhalb unseres jeweiligen 40-Grad-Segments bedeuten könnte.

5 *Martin Buber:* Der Weg des Menschen nach der chassidischen Lehre. Heidelberg 1981[8], S. 45.

Ursprung und Grundidee des Enneagramms

Der Ursprung des Enneagramms liegt im Dunkeln. Verschiedene Autoren äußern Mutmaßungen, seit wann es diese Idee gäbe (die weitestgehende Annahme nennt 5.000 Jahre), woher sie stamme (Babylonien, Altägypten, Sarmoun-Bruderschaft[6] u. ä.), auf welchen Kanälen oder Wegen diese geistige Tradition weitergegeben und durch welche kulturellen Einflüsse sie bereichert oder verformt worden sei. Wie gesagt: Mutmaßungen über Mutmaßungen. Wir wissen es noch nicht. Die Forschungslage hierüber ist zur Zeit eher dürftig.

Einigkeit besteht unter allen Autoren, daß der Einfluß der Sufis groß gewesen sei. (Was wiederum das Alter der Enneagramm-Idee nicht auf die Geschichte des Islam verkürzt, denn manche Autoren des Sufismus behaupten, daß es die Sufis schon lange vor der Entstehung des Islam gegeben habe.)

Und Einigkeit besteht weiterhin unter allen Autoren darüber, daß es im wesentlichen zwei Personen waren, die in unserem Jahrhundert die Enneagramm-Ideen *geoutet* haben – wie man es zeitgenössisch ausdrücken würde –, das heißt, die diese Ideen aus der (esoterischen) Verborgenheit in das Licht der (exoterischen) Öffentlichkeit gezerrt haben: *Georg Iwanowitsch Gurdjieff* in Europa und *Oscar Ichazo* in Chile.

Bis dahin, so vermuten viele Autoren übereinstimmend, wurde die Enneagramm-Lehre vom eingeweihten Lehrer an seine Schüler mündlich und unter Geheimhaltungsverpflichtung weitergegeben. Und manche Autoren vermuten darüber hinaus, daß dem Schüler nur der ihn betreffende Teil des Wissens weitergegeben wurde; daß also der Gesamtüberblick „Herrschaftswissen" des Meisters geblieben sei.

Sowohl *Gurdjieff* als auch *Ichazo* hielten sich darüber bedeckt, wer ihre Lehrer gewesen sind. Ihre Schüler *Peter Demianowitsch Ouspensky* und *Claudio Naranjo* übernahmen wesentlich die Popularisierungsarbeit. Das Ganze wäre eigentlich nur für Insider von Interesse, gäbe es von diesen beiden Boten aus der Welt des Verborgenen nicht zwei sehr verschiedene Deutungen davon, was das Enneagramm wirklich sei.

Der eine *(Gurdjieff)* sieht im Enneagramm eine universale Chiffre, ein kosmologisches Symbol, das alle Prozesse des Lebendigen erfaßt und umfaßt, „eine intelligente Zusammenfassung einer Einsicht in die Funktion des Universums" *(Blake)*; vielleicht also eine Art Weltformel oder den lange gesuchten Stein der Weisen.

---

6 Ein Vorläufer späterer Sufi-Orden.

In den Augen der Anhänger dieser Tradition macht sich die *Ichazo-Naranjo*-Linie einer Art Ketzerei schuldig, indem sie die kosmologische Dimension und Reichweite der Enneagramm-Idee auf eine seelisch-geistige Typenlehre verkürze. Der Streit, der angesichts der von keiner der beiden ‚Traditionen' bezweifelten Wirkmächtigkeit der Idee nach meinem Geschmack Züge von Kleinkariertheit aufweist, wird vermutlich weitergehen.
Beiden „Ur-Boten" war die Überzeugung gemeinsam, daß die Enneagramm-Idee ein sehr wirksames Instrument darstelle, die seelisch-geistige Eigenart eines Menschen genauer, als bis dahin möglich, zu verstehen, und daß jeder Mensch durch eine bestimmte Haupteigenschaft gekennzeichnet sei, die er selbst nicht wahrnehme, die für seine Mitmenschen jedoch oftmals offenkundig sei.

In den USA fand die Enneagramm-Idee eine große Verbreitung. Zu den frühen Schülern von *Oscar Ichazo* und *Claudio Naranjo* gehörten Angehörige des Jesuiten-Ordens. Sie nahmen diese Ideen auf, paßten sie christlichem Gedankengut an und entwickelten sie weiter. Sie dienten und dienen ihnen als Werkzeuge für die geistige Begleitung und Menschenführung, als Leitfaden für ihre ‚Exerzitien' genannten geistlichen Übungen. Die Enneagramm-Ideen ließen sich in effektivierender und präzisierender Weise mit den Ideen des Ordensgründers, *Ignatius v. Loyola,* verbinden.
Vertreter der humanistischen und transpersonalen Psychologie, die ebenfalls unter den Schülern von *Ichazo* und – später – *Naranjo* waren, griffen ihrerseits diese Ideen auf. Für sie waren diese Ideen sozusagen „gefundenes Fressen" als Antworten auf ihre Bemühungen, den Menschen in seinem existentiellen Ringen um Sinn und bei der Suche nach wahrem Sein besser zu verstehen.
J. M. Sebuat weist vermutlich in die richtige Richtung, wenn er über das Enneagramm schreibt: „Es ist Teil des spirituellen Erbes der Menschheit. Das Enneagramm ist nichts, das jemand für sich beanspruchen könnte. Es wäre ein Irrtum anzunehmen, daß es von einer ganz bestimmten Sekte oder Tradition stammt. Es wurde uns durch Tausende von Forschern quer durch die spirituelle Geschichte der Menschheit überliefert. Seinem Wesen nach ist es dynamisch und in ständiger Entwicklung." (in: *E. Jaxon-Bear,* S. 255)

Null, Drei, Sechs, Neun
Über den Bauplan des Enneagramms

Die Enneagramm-Idee unterscheidet sich von allen bisher bekannten Typologien dadurch, daß es sich bei ihr um ein dynamisch-dialektisches Modell handelt: Die untereinander bestehenden Verbindungen und Wechselwirkungen treiben die verhältnismäßig überschaubare Zahl von neun Unterscheidungsmerkmalen rasch in Dimensionen von hoher Komplexität und subtiler Vernetzung. Das Enneagramm-Symbol ist aus einem Kreis, einem gleichseitigen Dreieck und einer sechseckigen Figur (Hexagramm) aufgebaut:

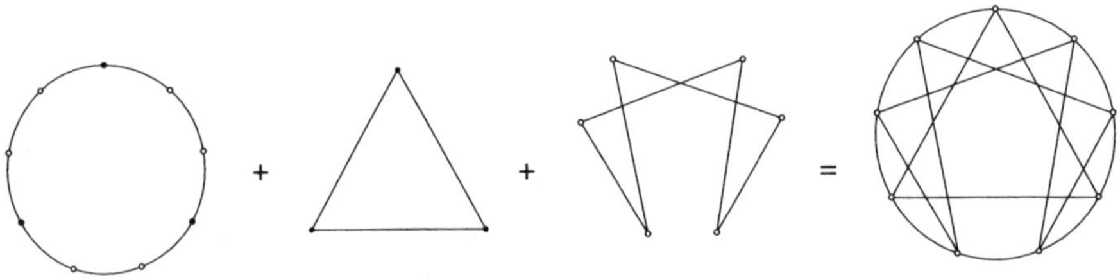

Der Kreis (die Null) ist das Symbol für die Vollkommenheit. Es ist der Rahmen, innerhalb dessen die Prozesse und Entwicklungen des Lebendigen ablaufen. Die gesamte Vielfalt der Erscheinungsformen des Lebendigen ist hierin enthalten.
Das Dreieck symbolisiert die Grundkräfte des Lebendigen: Bejahung, Verneinung und Verbindung (in *Hegels* Begriffen: These, Antithese und Synthese). Diese Grundkräfte sind es, die für die unendliche Vielfalt der Erscheinungsformen des Lebendigen verantwortlich sind. In der Mythologie der Griechen gab es bereits eine ähnliche Auffassung: *Harmonia* (griech. *Eintracht*) wurde als die Tochter des Kriegsgottes *Ares* und der Liebesgöttin *Aphrodite* angesehen. Im 42. Abschnitt des *Tao-te-king*, dem Klassiker der chinesischen Philosophie, heißt es hierzu:

das Tao gebar das eine
das eine gebar die zweizahl
die zweizahl gebar die dreizahl
aus der dreizahl wurde die vielzahl
der dinge vielzahl
getragen vom Yin, umfangen vom Yang
geeint werden sie durch den allumfassenden krafthauch[7]

7 *Laudse:* Daudedsching. Übers. v. Ernst Schwarz. München 1988³, S. 92.

Oder in einer popularisierten Version:

> *Das Urprinzip ist kein Gegenstand. Bezeichne es als Null.*
> *Das in die Tat umgesetzte Urprinzip bildet die Gesamtheit der Schöpfung. Diese Gesamtheit ist ein einziges Ganzes.*
> *Bezeichne es als Eins.*
> *Schöpfung besteht aus zwei Polaritäten. Bezeichne dies als Zwei.*
> *Die beiden Polaritäten werden schöpferisch, sobald sie aufeinander wirken. Ihre Wechselwirkung bildet das dritte Element.*
> *Bezeichne es als Drei.*
> *Ein Mann und eine Frau sind zwei. Ihre Wechselwirkung, das dritte Element, bringt Kinder hervor. Das ist ein schöpferischer Vorgang. Auf diese Weise verhält sich die gesamte Schöpfung.*[8]

Eindrucksvoll zeigt sich dieser Vorgang bereits in der Embryonalentwicklung des Menschen. Einige Zellen ordnen sich zu einer *zweiblättrigen* Keimscheibe, dem *Ektoderm* und dem *Entoderm*. Zwischen ihnen bildet sich das *Mesoderm*, das dritte Keimblatt. Aus diesen drei Keimblättern entwickeln sich die Anlagen für alle Organe des menschlichen Körpers.

Das *Gesetz der Drei* gibt es als zentrale Metapher in vielen Kulturtraditionen: in der christlichen Dreifaltigkeitslehre (Vater, Sohn, Heiliger Geist); als geistige Säulen des Christentums (Glaube, Hoffnung, Liebe); in der Schöpfungstrinität des Hinduismus mit Vishnu (Bejahung), Shiva (Verneinung) und Brahma (In-Einklang-Bringen); im Freimaurertum (Weisheit, Stärke, Schönheit); im Taoismus (wie oben zitiert); im Buddhismus als die „Drei Wurzeln" (ethisch-asketische Zucht, Versenkung und erlösende Erkenntnis); aber auch im modernen Demokratieverständnis seit *Montesquieus* Lehre von der Gewaltenteilung (Gesetzgebung, vollziehende Gewalt und Rechtsprechung). Die Beispiele ließen sich mühelos vermehren.
Im Sufismus symbolisiert das Dreieck die Seele, das Einmalige und Unverwechselbare im Menschen (verstanden als die je einmalige Gestalt der Wechselbeziehung von Ich-Du-Gott).

Das *Sechseck* (Hexagramm) symbolisiert im Sufismus den Körper, oder allgemeiner gesagt: die Ver-Körperung einer Idee, die Manifestation einer Vorstellung, denn jede Idee benötigt zu ihrer Verwirklichung „Materie". Das

---

8 *John Heider:* Das Tao der Führung, Basel, 1993[3], S. 101.

Prinzip des Werdens und Vergehens wird durch die Wirkung dieser drei Grundkräfte hervorgerufen. Bezeichnend hierfür ist *Gurdjieffs* Beschreibung des Sechsecks im Enneagramm. Er nennt es: „Die-Linie-des-Laufes-der-Kräfte,-die-fortwährend-gebrochen-wird-und-deren-Enden-sich-wieder-vereinigen."[9] Damit sind die Idee der „ewigen Wiederkehr" und der Periodizität im Ablauf des Lebendigen ebenfalls angedeutet.

Das *Neuneck* des vollständigen Enneagramms besteht also aus einem gleichseitigen Dreieck, auf das ein unregelmäßiges Sechseck aufgelegt ist. Beide zusammen werden von einem Kreis umschlossen.
Die Zahl *Neun* ist in verschiedenen Kulturtraditionen mindestens genauso bedeutungsträchtig wie die Zahl Drei. Hierzu nur einige Beispiele:

- Neun Monate braucht ein Mensch, um im Mutterleib heranzuwachsen.
- Die Neun repräsentiert das Neue; ‚neu' und ‚neun' hängen in vielen Sprachen eng zusammen.
- Die ‚Jakobsleiter' hat neun Stufen.
- Im christlichen Angelus-Läuten wird die Glocke neunmal angeschlagen.
- In der Kabbalistik (der jüdischen Zahlenmystik) wird die Neun der ‚Horizont der Zahlen' genannt: womit man sie auch immer multipliziert oder potenziert, sie bleibt in ihrer Quersumme erhalten.
- Neun Körperöffnungen hat der Mensch.

Ganz praktisch kann man ein Enneagramm-Symbol entstehen lassen, indem man – mit dem ‚Nordpol' beginnend – einen Kreis in neun gleiche Abschnitte einteilt. Dem ‚Nordpol' ordnet man die Zahl ‚9' zu. Im Uhrzeigersinn folgen die Zahlen 1 bis 8. Die Verbindung der Punkte 9-3-6 bildet das gleichseitige Dreieck. Die noch offenen Punkte (1-2-4-5-7-8) werden in der Reihenfolge 1-4-2-8-5-7 miteinander verbunden. (Entstanden aus 1:7 = 0,142857∞ oder: das Ganze geteilt durch die Siebenzahl.)[10]

---

9 Zitiert nach *Klausbernd Vollmar:* Arbeitsbuch zum Enneagramm, München 1994, S. 47.

10 Eins geteilt durch Sieben ergibt als Quotienten die sich wiederholende Dezimale 0,142857. Im symbolischen Kontext des Enneagramms wird dies als Hinweis auf die Idee angesehen, daß die Einheit eines Entwicklungsprozesses sinnvoll in sieben Schritte aufzuteilen ist. (Zählt man Ausgangspunkt und Endpunkt dazu, kommt man auf die 9 Zahlen des Enneagramms.) Die ‚Siebenfaltigkeit' tritt in vielen anderen Zusammenhängen auf: Sieben Schöpfungstage kennt die jüdisch-christliche Genesis; mit anderen Worten: Sieben Stufen durchläuft ein Prozeß bis zur Vollendung. Sieben Stufen hat eine Oktave, also der Abstand der Töne auf der Tonleiter bis zur Verdoppelung der Schwingungszahl, den unser Gehör als „natürlich" empfindet. Die Anthroposophie *Rudolf Steiners* kennt einen siebenjährigen Entwicklungszyklus des Menschen usw.

Wird die noch offene Verbindung zwischen 7 und 1 geschlossen, ist das *Sechseck* vollendet:

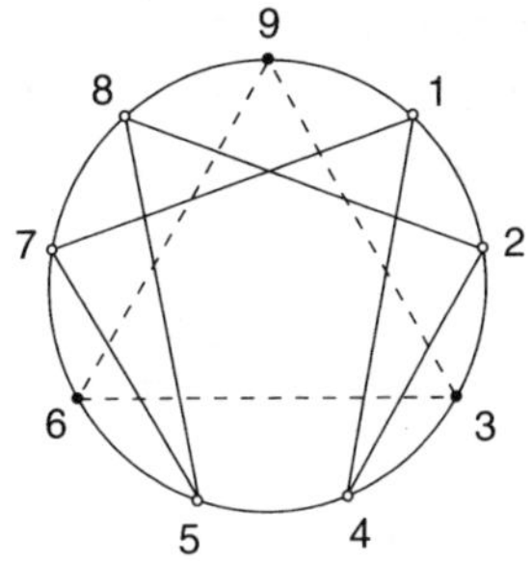

Im vollständigen Enneagramm-Symbol gibt es also außer an den Schnittpunkten keine Verbindung zwischen dem Dreieck und dem Sechseck. Das hat für die weitere Betrachtung erhebliche Folgen: die Punkte des Dreiecks (3-6-9) symbolisieren – wie gesagt – die Urkräfte des Lebendigen. Da die Punkte des Sechsecks sich um die Dreieckspunkte herumgruppieren, sich also an ihnen orientieren, könnte man sie als deren Ableitungen oder Differenzierungen ansehen. Mit anderen Worten: sie als Kräfte von abgeleiteter Qualität einstufen.

In der *Gurdjieff*-Tradition wird das Enneagramm als das Grundmuster der Entwicklungsprozesse alles Lebendigen angesehen. Diese Prozesse durchlaufen die Stufen 1 bis 9. Die Punkte 3-6-9 werden hier als „Schockpunkte" aufgefaßt: An diesen Stellen finden innerhalb einer Entwicklung „plötzliche und teilweise sprunghafte Veränderungen statt, sie werden als kritischer Übergang zu einer neuen Stufe des Prozesses angesehen" (*Vollmar,* S. 49).

Warum aller guten Dinge drei sind
Über die Wirkkräfte des Enneagramms

Die ‚Schockpunkte' bilden zusammen mit ihren rechten und linken Nachbarpunkten Triaden, manche Autoren reden auch von ‚Zentren', so z.B. vom Denk-, vom Fühl- und vom Handlungszentrum.

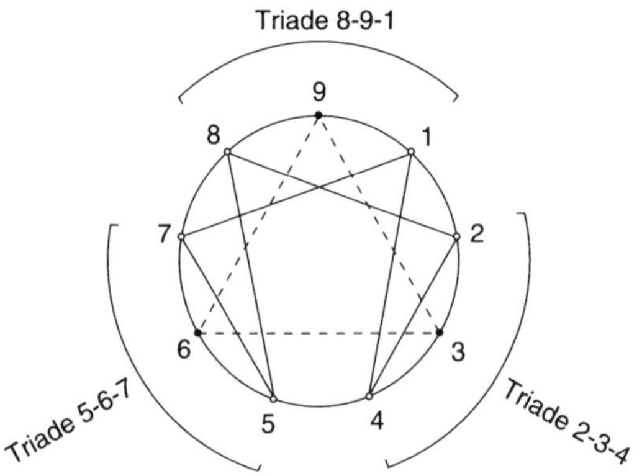

Betrachtet man eine solche Triade genauer, ergibt sich ein interessanter Zusammenhang: Der Schockpunkt, also der Mittelpunkt der Triade, ist zwar der Namensgeber für alle drei Punkte, hat aber die Qualität, der er den Namen gibt, nicht zur Verfügung. Sie ist neutralisiert (±). So ist z.B. die Fähigkeit, klar zu denken, bei Menschen vom Muster SECHS häufiger als bei anderen durch Angst blockiert.
Der (im Uhrzeigersinn) rückwärtige Nachbarpunkt verkörpert die Qualität im Übermaß (+). So neigen z.B. Menschen vom Muster FÜNF dazu, Situationen zu „zerdenken". Der andere Nachbarpunkt hat die Qualität im Untermaß (-): Menschen vom Muster SIEBEN verwenden z.B. ihre Denkkraft oft dazu, ihr Vergnügen zu planen. Jeweils drei Punkte des Enneagramms stehen also zueinander in einer dialektischen Beziehung. Sie verhalten sich zueinander wie These, Antithese und Synthese. Oder einfacher gesagt: Was der linke Nachbar zuviel hat, hat der rechte zuwenig; der in der Mitte hält es, aus Gründen, die später detailliert erläutert werden, „unter Verschluß". In der Gesamtfigur ergeben sich also folgende Verteilungen:

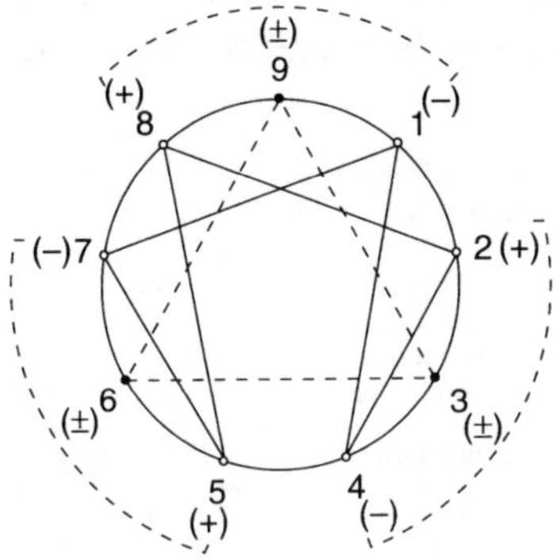

Diesem dialektischen Zusammenhang sind wir bereits bei der Erläuterung des „Gesetzes der Drei“ begegnet. Und es wurde – wie Sie sich erinnern werden – gesagt, daß die drei Grundkräfte ebenfalls in dieser dialektischen Spannung miteinander stehen. Mithin tun dies also auch die drei Triaden untereinander. Das gesamte System steht also unter „Spannung“.

Und noch etwas wird offenkundig: Wird eine dieser Triaden-Qualitäten bevorzugt, geht dies zu Lasten der beiden anderen. *Gesund* oder *heil* ließe sich somit als Ausgewogenheit bezüglich der drei Grundkräfte definieren.

Ein Beispiel macht das leicht deutlich. Einmal angenommen, die drei Triaden *Denken, Fühlen* und *Handeln* seien zentrale Entwicklungsfelder eines Menschen. Es leuchtet unmittelbar ein, daß ein Mensch, der alle diese Qualitäten entwickelt hat, der also denkstark, handlungsstark und empfindungsfähig ist, unserem Idealbild ziemlich nahe kommt. Oder salopp ausgedrückt: Er kommt unserem Idealbild jedenfalls näher als der „Eierkopf“ mit den berüchtigten zwei linken Händen, der denkstark, aber verhaltensschwach ist; auch näher als der „Elefant im Porzellanladen“, der seine Handlungsstärke mit Empfindungsblindheit bezahlt. Und auch näher als die (emotionalen) „Sumpfhühner“, denen man, bösartigerweise, Empfindungsstärke und Denkschwäche nachsagt.

In der Enneagrammliteratur werden die Bezeichnungen für die drei Triaden unterschiedlich gewählt, wie die folgende Übersicht zeigt:

Triade 2-3-4	**Triade 5-6-7**	**Triade 8-9-1**	**Autor(en)**
Herz-Zentrum	Kopf-Zentrum	Leibmitte-Zentrum	M. Beesing u.a.
„Die Programme: Unterwerfung/Depression“	„Die Programme: Angst und Flucht“	„Die Programme: Wut und Kampf“	M. Frings Keyes
Herzenergiemuster	Kopfenergiemuster	Bauchenergiemuster	Gallen/Neidhardt
Image-Punkte (hysterische P.)	Angst-Punkte (paranoide P.)	Zorn-Punkte (zwanghaft-besessene P.)	E. Jaxon-Bear
Affektives Zentrum	Theoretisches Zentrum	Effektives Zentrum	Hurley/Dobson
Hysteroide Gruppe	Schizoide Gruppe	‚Epileptoide‘-Gruppe	C. Naranjo
Was fühle ich? Gefühlstypen	Angst Mentale Typen	Zorn Bauchtypen	H. Palmer
Herzzentrum	Kopfzentrum	Bauchzentrum	Rohr/Ebert
Gefühlstriade	Handlungstriade	Beziehungstriade	D. R. Riso
Emotionales Zentrum	Bewußtseinszentrum	Bewegungszentrum	K. Vollmar

Wie also auch immer die Bezeichnungen für die Triaden gewählt werden: Allen gemeinsam ist die besagte dialektische Qualität. „Das Wesen der dialektischen Struktur bildet einen Teil der Denkstruktur selbst ab. Gäbe es nur einen einzigen Grund, aus dem das Enneagramm funktioniert, so wäre es dieser.“ (*Riso* 1989, S. 485)

Oh Streß laß nach – wo find' ich Trost? **Über die Dynamik von Streß- und Trostpunkten**

Eine weitere dynamische Dimension des Enneagramms, die die Verbindung, Vernetzung und Wechselwirkung der neun Punkte untereinander illustriert, ist im Enneagramm-Symbol selbst angelegt.

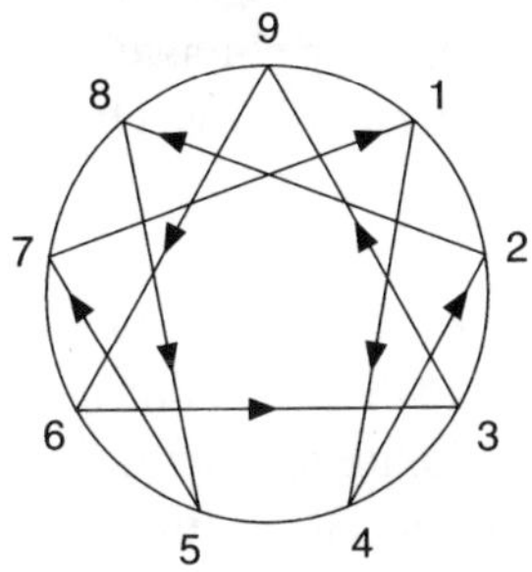

Betrachten wir zunächst das Dreieck 3-6-9. Die Richtung der Pfeile markiert eine Bewegung gegen den Uhrzeigersinn: 3 →9 →6.
Die Konstellationen im Sechseck sind (nach der Pfeilrichtung): 1 →4 →2 →8 →5 →7 →1. Der Punkt, auf den der Pfeil zeigt, wird von vielen Enneagramm-Autoren als *Streßpunkt* bezeichnet. Die Richtung gegen den Pfeil (im Dreieck: von 3 nach 6, von 6 nach 9 und von 9 nach 3 und im Sechseck: 1 nach 7, 7 nach 5, 5 nach 8, 8 nach 2, 2 nach 4 und 4 nach 1) bezeichnet das Gegenteil von Streß. Entsprechend wird sie von verschiedenen Autoren als *Trostpunkt* oder *Entlastungspunkt* beschrieben. Synonym dazu werden die Bezeichnungen:
- *Desintegrationspunkt vs. Integrationspunkt (Riso)*
- *Intensivierung der Hauptabhängigkeit vs. Neutralisation der Hauptabh. (Hurley/Dobson)*
- *Streßpunkt vs. Sicherheitspunkt (Palmer)*
- *Selbstverstrickungsspirale vs. Entwicklungsspirale (Gallen/Neidhardt)*
- *Aktionsrichtung vs. Therapie- und Heilungsrichtung (Vollmar)*

verwendet.
Allgemein formuliert bedeutet die Bewegung *mit* dem Pfeil, daß sich eine Verschlechterung einer gegebenen Qualität einstellt; die Bewegung *gegen* die Pfeilrichtung hat hingegen eine Zustandsverbesserung zur Folge. Anders gesagt: Geistiges Wachstum erfordert es, gegen den Strom zu schwimmen.
Betrachtet man das Enneagramm als charakterologisches Modell (wie es die *Ichazo-Naranjo*-Tradition tut), dann wird die dynamische Komponente besonders bedeutsam und zugleich augenfällig. Sie beschreibt, wie sich ein

Mensch mit einem bestimmten Charakter verhält, wenn es für ihn *eng* wird, er also in Streß- oder Konfliktsituationen gerät. Zunächst werden sich seine Abwehrmechanismen aktivieren. Den körperlichen Immunreaktionen vergleichbar, sollen diese die seelische Stabilität eines Menschen aufrechterhalten. Wenn er damit die Spannung nicht mehr bewältigen kann, wird sich der Mensch so verhalten, wie es sein *Streßpunkt* normalerweise tut. Und das bedeutet für den Menschen meistens eine Zustandsverschlechterung, weil jetzt der Anteil zwanghafter Reaktionen ansteigt. Auf diese Verschlechterung weisen ja auch die Begriffe: *Verstrickung, Desintegration, Verstärkung der Hauptabhängigkeit* hin.

Der *Charme des Enneagramms* besteht jedoch im Gegensatz zu fast allen herkömmlichen Persönlichkeitstheorien darin, daß es sich nicht nur um ein Modell seelischer Verstrickungen handelt, sondern daß die positive, die Wachstums- oder Integrationsrichtung genauso präzise aufgezeigt wird. Hinsichtlich dieser Präzision, sowohl der negativen als auch der positiven Dimensionen menschlicher Entwicklungen, ist das Enneagramm beispiellos.
Will also ein Mensch über seinen Zustand hinauswachsen – und ohne die bewußte Intention wird dieser Prozeß gar nicht erst in Gang kommen –, dann werden ihm vom Enneagramm hierfür präzise und maßgeschneiderte Antworten gegeben. Es gilt, die Reaktionsmöglichkeiten seines *Trostpunktes* zu erlernen. Mit anderen Worten: Gerät ein Mensch in Streß, übernimmt gleichsam die ‚Automatik' das Fahren. Ohne zu überlegen, reagiert er spontan so, wie sein Pfeilrichtungs-Verwandter sich normalerweise verhält. Und wenn jemand unter Daueranspannung leben muß, wird dieses eigentlich ‚geborgte' Verhalten vorübergehend so gewohnheitsmäßig, daß der Mensch es für sein ‚natürliches' Verhalten hält. Setzt er sich zufällig in dieser Phase mit der Identifizierung seines Enneagramm-Typs auseinander, kann es zu einer (sehr plausiblen) Fehleinschätzung kommen: Er hält sich für seinen ‚Streß-Typ'.
Den *Entlastungs-Typ* spüren wir normalerweise als eine Sehnsucht. Irgendwie – ohne daß wir wissen warum – übt der Entlastungstyp eine seltsame Attraktion auf uns aus. Und manchmal ist diese Anziehung mit gleichzeitiger Abstoßung vermischt. Dennoch: Überwiegend geht von ihm eine *ziehende* Kraft aus. Im Lichte der Enneagramm-Idee wird es deutlich: Dieser Typ verkörpert im Übermaß das, was mir fehlt, um ‚heil' zu werden, mich mit mir selbst besser zu fühlen, mich ‚vollständiger' zu erleben.
So weit – so allgemein. An späterer Stelle werden diese Erkenntnissse für jeden Typ genauer beschrieben. Die Vielfalt der von den Autoren für den-

selben Sachverhalt verwendeten Begriffspaare ist gewiß Ausdruck und Folge der hochkomplexen Zusammenhänge, die hier aufscheinen.
Mich stellt keines der Begriffspaare so richtig zufrieden. Ich schlage statt dessen vor, von **Verwicklungspunkten** und **Entwicklungspunkten** zu reden und werde im weiteren Teil des Buches diese Begriffe verwenden. Sie decken m. E. sowohl die Beschreibung der momentanen Befindlichkeit wie auch die darin enthaltene (positive) Wachstumsdimension und die (negative) Verstrickungsdimension ab.
Die dialektische Beziehung zwischen Verwicklung und Entwicklung illustriert die folgende Geschichte:

Der Lahme und der Blinde

Ein Lahmer betrat eines Tages ein Wirtshaus und setzte sich neben einen Mann, der dort schon saß. „Nie werde ich am Festschmaus des Sultans teilnehmen können", seufzte er, „denn durch mein Gebrechen kann ich nicht schnell genug laufen".
Der andere Mann hob den Kopf und sagte: „Auch ich bin eingeladen, aber meine Lage ist noch schlimmer als deine. Ich bin blind und kann den Weg nicht sehen."
Ein Dritter, der ihr Gespräch mit angehört hatte, sagte: „Begreift doch, daß ihr beide zusammen euer Ziel erreichen könnt. Der Blinde kann, mit dem Lahmen auf dem Buckel, gehen. Du kannst dich der Füße des Blinden bedienen, und dich können die Augen des Lahmen führen."
Auf diese Weise konnten die beiden das Ende der Straße erreichen, wo das Fest sie erwartete.
Sie machten jedoch auf ihrem Wege in einem anderen Wirtshaus halt, um sich auszuruhen.
Dort erklärten sie zwei anderen Männern, die trostlos beisammen saßen, ihre Lage. Von diesen beiden war der eine taub, und der andere war stumm. Auch sie waren beide zu dem Fest geladen. Der Stumme hatte es gehört, aber es war ihm nicht möglich, es seinem Freunde, dem tauben Manne, zu erklären. Der Taube konnte sprechen, aber wußte nichts.
Weder der eine noch der andere kam zum Fest; denn diesmal war kein Dritter da, ihnen zu erklären, daß es eine Schwierigkeit gäbe, – geschweige denn, wie man sie lösen könnte. (G5)

Wenn ich ein Vöglein wär …
Über Flügel- und Tendenztypen

Ähnlich divergierend wie bei den ‚Triaden' oder den ‚Ver- und Entwicklungspunkten' sind die Ansichten verschiedener Autoren zu den *Flügeltypen* oder *Tendenztypen*.
Gemeint ist, daß ein Enneagrammpunkt von seinem rechten und linken Nachbarpunkt irgendwie beeinflußt werde, daß sich etwas von der spezifischen Energie oder Qualität des Nachbarn in das eigene Muster einmische. Und je nachdem, wie groß der Anteil der Nachbarenergie sei, verändere sich mein Typ hin zu einem Mischtyp.
Die hieraus entstehenden, unendlich vielen feinen Abstufungen tragen – zumindest theoretisch – zur Feindifferenzierung des Charakters einer Persönlichkeit bei. Und damit wird der Erfahrung Rechnung getragen, daß kein Mensch einem anderen Menschen wirklich gleicht; daß also zwei Menschen, die demselben Typ angehören, dennoch nicht identisch sind.

Eine andere Auffassung vertreten Autoren, die den Begriff der ‚Flügel' nur auf den rechten und linken Enneagrammpunkt einer ‚Triade' beziehen. Deren Mitte ist der ‚Gleichgewichtspunkt'. Besonders pointiert vertreten *Hurley/Dobson* diese Auffassung. Ihnen zufolge „*hat* kein Muster Flügel, sondern jedes ist entweder eine *Flügelzahl* oder ein *Gleichgewichtspunkt*" (S. 162).
Sie schlagen statt dessen vor, sich an der Heimat-Triade (sie nennen es „Primärzentrum") zu orientieren und die Energiemuster der verbleibenden Triaden („Sekundärzentrum" bzw. „Tertiärzentrum") zu betrachten. Die Triade, die sich zu einem gegebenen Enneagrammtyp am nächsten befindet, ist demnach das Sekundärzentrum. Die ‚unterdrückte' oder am weitesten entfernte Triade ist das Tertiärzentrum. Die Folgen dieser Sichtweise werden von ihnen differenziert ausgearbeitet. Deren Darstellung würde in diesem Rahmen jedoch zu weit führen.[11]

Meine Erfahrungen im Umgang mit dem Enneagramm lassen mich der ‚Flügel-Diskussion' gegenüber eher zurückhaltend sein. Ich habe nicht wenige Menschen kennengelernt, die große Stücke darauf hielten, ein So-und-so-Typ mit einem So-und-so-Flügel zu sein. Bei näherer Betrachtung und genauerer Analyse zeigte sich, daß ihnen bestimmte Wahrheiten ihres Grundmusters zu unangenehm oder noch zu unverdaulich waren. Sie mußten

11 Vgl. hierzu *Hurley/Dobson*, S. 156 – 158.

sich gleichsam dieser Selbsttröstung bedienen und das Ausweichen in die Unbestimmtheit des Flügel-Mischtyps als Strategie der Schmerzlinderung benutzen. Mit zunehmender Zeit und wachsender Fähigkeit zur Integration entfiel das Beharren auf den Flügeleigenschaften.

Eine andere Erfahrung zeigt mir, daß Menschen, die am Anfang der persönlichen Auseinandersetzung mit dem Enneagramm stehen, oft ganz sicher sind, ein ‚Mischtyp' zu sein, und zwar eine Mischung aus nicht benachbarten Typen. Wenn es sich hierbei um die Verbindung zu *Verwicklungs-* und *Entwicklungspunkten* handelt, ist das relativ plausibel und unproblematisch – es macht ja Sinn.
Wenn es sich hingegen um eine *Wunsch*kombination handelt, ist es interessant, die Menschen einige Monate später noch einmal zu befragen. Den meisten ist es dann erfahrungsgemäß gelungen, Frieden mit ihrem Typ zu schließen – der Raupe vergleichbar, die angesichts eines über sie hinwegfliegenden Schmetterlings ausruft: „In so ein Gefährt wird mich niemand hineinkriegen."

Ein mehr sachbezogenes Unbehagen läßt mich außerdem fragen, wem diese Feindifferenzierung am Ende wirklich nützt. Ist es nicht vielleicht so, wie manchmal in der Schulmedizin zu beobachten, daß eine subtile Differentialdiagnose gestellt wird, mangels adäquater Therapeutika dann aber doch nur ein Breitband-Antibiotikum verabreicht werden kann? Vielleicht verhält es sich, im übertragenen Sinne, so wie im Volkslied: „Wenn ich ein Vöglein wär, und auch zwei Flügel hätt', flög ich zu dir. Weil's aber nicht sein kann, weil's aber nicht sein kann, bleib ich allhier."

Die Frucht

Es waren einmal drei Menschen, die alle Früchte wollten, obwohl keiner von ihnen je welche gesehen hatte, weil diese in ihrem Land selten waren.
So geschah es, daß alle drei sich auf die Reise nach diesem fast unbekannten Ding begaben, das sie Frucht nannten. Und es geschah auch, daß jeder von ihnen ungefähr zur gleichen Zeit seinen Weg zu einem Baum mit Früchten fand.

Der erste Mensch war ein unaufmerksamer Mensch. Er erreichte den Baum, aber er hatte so viel Zeit damit zugebracht, über die Richtungen nachzudenken, daß er die Früchte gar nicht wahrnahm. Seine Reise war umsonst.
Der zweite Mensch war ein Narr, der Dinge sehr buchstäblich nahm. Als er sah, daß alle Früchte am Baum ihren besten Zustand schon überschritten hatten, sagte er:
„Ja, ich habe nun Früchte gesehen, aber ich mag keine verfaulten Sachen, damit ist das mit den Früchten für mich beendet."
Er zog weiter, und seine Reise war umsonst.
Der dritte Mensch war weise. Er hob einige von den Früchten auf und untersuchte sie. Nach einigem Nachdenken und Kopfzerbrechen, um sich alle Möglichkeiten dieser ungenießbaren Köstlichkeit ins Gedächtnis zu rufen, entdeckte er, daß sich im Innern einer jeden Frucht ein Stein befand.
Sobald er wußte, daß dieser Stein ein Samen war, brauchte er ihn nur noch einzusetzen, sich um das Wachstum zu kümmern und – auf die Früchte zu warten. (G6)

Und:

Das Gelübde

Es war einmal ein Mensch, der große Sorgen hatte.
Er gelobte daher, wenn seine Probleme sich lösten, werde er sein Haus verkaufen und den ganzen Erlös den Armen geben.
Es kam die Zeit, da er sein Gelübde erfüllen mußte. Aber er wollte so viel Geld nicht wegschenken und suchte daher einen Ausweg.
Er bot das Haus für ein Silberstück zum Kaufe an. Zum Hause aber gehörte eine Katze. Der Preis, den er für dieses Tier forderte, betrug zehntausend Silberstücke.
Jemand kaufte das Haus und die Katze dazu. Der Verkäufer gab das eine einzige Silberstück den Armen, die zehntausend sackte er für sich selber ein. (G7)

Unser leidenschaftlicher Dämon
Über Haupteigenschaften und vorherrschende Leidenschaften

Heraklit, der mit seiner „Alles-fließt"-Idee bereits im Eingangsmotto vertreten ist, hat für unseren Zusammenhang eine weitere, sehr interessante Aussage gemacht: „Des Menschen Ethos ist sein Daimon."[12] ‚Ethos' wird hier in der Bedeutung von ‚Charakter' verwendet, und ‚Daimon' meint dasselbe wie unser christlich-orientalischer Begriff „Dämon", ist jedoch wertfrei gemeint. Der „Daimon" – so *Orthbandt* – bezeichne „den individuellen, auch mythisch in irgendeiner Gestalt vorstellbaren Ratgeber unserer geistig-seelischen Individualität, der uns in höherem Auftrag sagt, was zu tun ist (...); oder er ist gleichsinnig mit der uns von Zarathustra her bekannten Daena, also dem höheren Ich des Einzelmenschen; oder er ist das Gewissen und zugleich ein privater Gottesgeist." (a.a.O., S. 127 f.)

Machen wir einen Sprung von knapp tausend Jahren, und uns begegnet der Dämon wieder, diesmal im (un-)christlichen Gewand.[13] Die ersten Mönche des Christentums (etwa 3. – 6. Jahrhundert) berichteten ausführlich davon, daß sie mit Dämonen zu kämpfen hatten. Diese hätten sie auf Schritt und Tritt belästigt und angefochten und sie daran zu hindern versucht, ihren Weg zu Gott zu gehen.

Wohlgemerkt: Diese Berichte (insbesondere von *Evagrius Ponticus*) sind mehr als anderthalb Jahrtausende vor der wissenschaftlichen Psychologie entstanden. Und deshalb ist es nicht verwunderlich, daß die Mönche Dämonen am Werke wähnten, wenn sie sich ihrer Wünsche, Triebe und Motivationen bewußt wurden. Im Lichte heutigen Wissens ist es faszinierend und verblüffend zugleich, wie tief und genau die alten Mönche das Wirken und die von ihren seelisch-geistigen Widersachern verwendeten Techniken beschrieben und verstanden haben. Im Lichte unserer enneagrammatischen Entdeckungsreise ist dies eine geradezu aufregende Übereinstimmung.

Über die Natur des Dämons hat man sich damals nicht allzuviele Gedanken gemacht; hatte man doch mit seiner Bekämpfung bereits genug zu schaffen. Den wenigen Aussagen, die hierzu existieren, ist zu entnehmen, daß man die Dämonen für von Gott abgefallene Engel hielt, die nun folgerichtig versuchten, die Menschen zum Bösen zu verleiten. Neben den Engeln erkannte man

12 Diese Aussagen orientieren sich an *E. Orthbandt:* Die großen Philosophen. München 1970.

13 Diese Ausführungen beziehen sich auf *A. Grün:* Der Umgang mit dem Bösen. Münsterschwarzach 1980.

die Dämonen und die Menschen als vernunftbegabte Wesen. Diesen drei Kategorien vernunftbegabter Wesen wurden drei Seelenkräfte zugeordnet: den Engeln der Geist (griech.: *nous*), den Dämonen die Emotionen (griech.: *thymos*) und den Menschen die Begierde (griech.: *epithymia*). (Auch hier begegnen wir dem *Gesetz der Drei*.) Die Dämonen wurden gleichgesetzt mit dem erregbaren Teil der Seele, mit den heftigen Emotionen wie Zorn, Haß und Eifersucht beispielsweise. Der Dämon herrschte also, indem er die Seele in Erregung und Verwirrung versetzte. Dem blinden Zorn widmete *Evagrius Ponticus* folgende Beschreibung: „Kein Laster läßt den Verstand so zum Dämon werden wie der Zorn, da er den emotionalen Teil der Seele in Aufruhr versetzt (...) Glaube nicht, daß der Dämon etwas anderes ist als der durch Zorn verwirrte Mensch.“[14]

Die Mönche hatten eine sogenannte *Achtlasterlehre* entwickelt. Diese acht Laster wurden von den auf diese Bösartigkeiten spezialisierten Dämonen hervorgerufen: *Zorn, Stolz, Ruhmsucht, Traurigkeit, Habsucht, Völlerei, Unzucht* und *Acedia*. Die meisten dieser Laster bedürfen keiner Erläuterungen, sind sie doch deckungsgleich mit den bekannten sieben christlichen Todsünden.[15] Erklärungsbedürftig ist hingegen die Bezeichnung des Dämons der Acedia, der auch der Mittagsdämon genannt wurde. Seinen Namen hat er von dem Gefühl der Trägheit, das einem zur Mittagszeit als Folge eines zu reichlich genossenen Mahles beschleicht. „Voller Bauch macht träge“, heißt es so treffend.
Diese Trägheit erstickt den Verstand, macht lustlos und beraubt die Seele jeder Spannkraft. Sie treibt den (armen) Mönch entweder in den Schlaf oder läßt ihn in die blinde Betriebsamkeit flüchten. Der Dämon legt sich – und darin liegt seine Gefährlichkeit – gleichsam wie eine Krake über die Seele und flüstert ein: „Laß alles bleiben, es hat ja doch keinen Sinn!“
Man hatte es also hier, im Gegensatz zu den klar umrissenen feindlichen Absichten der übrigen Dämonen, mit einem Gegner zu tun, der nicht faßbar ist. Und seine Heimtücke bestand darin, daß er dann angriff, wenn man nicht mehr damit rechnete: wenn alle anderen Dämonen besiegt waren und man – in wohlverdienter Entspannung – alle Viere von sich strecken mochte. Sein Teufelswerk bestand darüber hinaus noch darin, daß er alle vorher ergriffenen Anstrengungen im nachhinein entwerten konnte.

14 Zitiert nach. *A. Grün*, S. 10.

15 *Naranjo* weist darauf hin, daß man bis zur Zeit des Papstes *Gregor d. Gr.* (von 590 bis 604 n.Chr. im Amt) die *Eitelkeit* (vanagloria) zu den Hauptsünden gezählt habe, und daß in der Zeit danach der Stolz (superbia) und die Eitelkeit „gewöhnlich unmittelbar nebeneinander gestellt werden. Dies wird nahegelegt durch die häufige Darstellung des Stolzes, bei dem eine Frau in den Spiegel blickt.“ (S. 179)

Was sich die alten Mönche bezüglich der Technik, mit der diese Dämonen ihr zerstörerisches Werk taten, ausgedacht haben, ist im einzelnen so interessant und raffiniert, daß es in der späteren detaillierten Darstellung der Enneagramm-Muster Erwähnung finden wird.

Machen wir einen weiteren Zeitsprung: ein Jahrtausend weiter. Im 14. Jahrhundert entsteht Dantes „Göttliche Komödie". Inferno (Hölle), Purgatorio (Fegefeuer) und Paradiso (Paradies) sind die Stationen, die ein menschliches Bewußtsein auf seinem Entwicklungsweg zu durchlaufen hat. Der Weg des Menschen geht nach *Dante* also *down, down, down to the top*, nicht *up, up, up to paradise*, wie es viele andere Mythen nahelegen. Dieser Weg geht durch die Hölle der Krise hindurch zur möglichen Befreiung.[16] Auf seinem Leidensweg durchschreitet *Dante* neun Stationen, die inhaltlich identisch sind mit dem „Enneagramm der Leidenschaften". Die von ihm gewählte Reihenfolge gibt – ganz im christlichen Denken eingebettet – einen Hinweis auf den Schweregrad oder das Ausmaß der Verfehlung. Diese Wertung fehlt im Enneagramm gänzlich, vielmehr sind die Leidenschaften hier folgendermaßen zugeordnet:

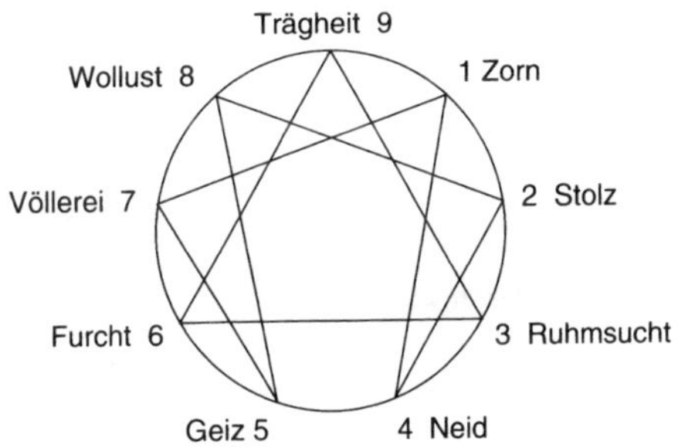

Dantes Fegefeuer ist das Spannungsfeld widersprüchlicher Neigungen und Gefühle. Der Berg der Läuterung ist der Ort, an dem es gilt, Kontemplation zu erlernen. Und hier gibt es wieder eine verblüffende Parallele zum Enneagramm: Der früher bereits erwähnte „innere Zeuge" oder „innere Beobachter" ist eine Metapher für die kontemplative Fähigkeit, „sich das

16 *Naranjo* weist in einer tiefgründigen Analyse und Interpretation der „Göttlichen Komödie" darauf hin, daß es eine Verbindung zwischen *Dante* und der Tradition der *Sarmoun* (Sufi-Vorläufer) gegeben hat, „denn die neunfache Schichtung der Himmelssphären des Ptolemäus erklärt zwar die Struktur von Dantes Himmel, aber es ist sehr unwahrscheinlich, daß der ptolemäische Einfluß allein ihn dazu inspiriert hätte, die dreifache Dreifaltigkeit auch zur Grundstruktur von Hölle und Fegefeuer zu machen." (*Naranjo* 1996, S. 128)

vor Augen zu halten und darüber zu reflektieren, was im Gefühl wie auch im Denken, im Engagement wie auch im Loslassen in Erscheinung tritt" (*M. Frings Keyes,* S. 168).

Und ein letzter Zeitsprung von etwas mehr als einem halben Jahrtausend führt uns an die Stelle, an der das Enneagramm aus der (esoterischen) Verborgenheit an die (exoterische) Öffentlichkeit gebracht wurde. Und damit schließt sich in der bisherigen Darstellung ein Kreis.
Die Erkenntnisdimensionen, die uns das Enneagramm heute eröffnet, könnten uns unter anderem auch dazu führen, die immensen geistigen Leistungen und die geniale Schau der hier erwähnten geistigen Vor-Denker angemessen zu würdigen.
Sowohl *Gurdjieff* als auch *Ichazo* gehen davon aus, daß in jedem Menschen eine dieser neun Leidenschaften, die ihre Entsprechungen – wie dargestellt – bereits in früheren geistigen Panoramen gefunden haben, am Werke ist. Sie ist unsere *Haupteigenschaft* oder *vorherrschende Passion*, unser *vorherrschendes Muster* oder unsere *dominierende Leidenschaft*, oder wie die synonym verwendeten Bezeichnungen sonst noch lauten mögen. Entscheidend ist, wie bereits mehrfach gesagt, daß wir darüber *kein* Bewußtsein haben, daß sich dies wegen unseres „blinden Flecks" unserer bewußten Wahrnehmung entzieht. Etwa so, wie in den beiden folgenden Geschichten:

Der Fisch und das Wasser

Ein Fisch ist die schlechteste Informationsquelle über das Wasser. Er weiß nicht, daß Wasser da ist, wenn er darin herumschwimmt, und wird nur aufgeregt, wenn es fehlt.
Auch wenn es ihm genommen wurde, weiß der Fisch nicht, was sein Problem ist, sondern nur, daß es ihm schlecht geht, er sich verzweifelt fühlt.
Es gibt eine Fabel über Fische. Darin heißt es: Hat man einen Fisch aus dem Wasser geschöpft und liegt er luftschnappend am Ufer, führt er sein Mißgeschick auf alles und jedes zurück, das ihm einfällt. Manchmal kämpft er, manchmal gibt er auf. Manchmal meint er, gegen die Bäume, gegen das Gras und sogar gegen den Schlamm als die Urheber seines Unglücks kämpfen zu müssen. Aber er wird immer nur durch Zufall ins Wasser zurück-

springen. Tut er es, denkt er, wie schlau er doch gewesen ist. Meist stirbt er jedoch.
Fische sehen nie das Netz oder den Haken. Sie machen höchstens den Wurm am Haken oder die Stricke verantwortlich, an denen das Netz befestigt ist.
Wie traurig ist es doch, ein Fisch zu sein! Welch ein Glück, ein Mensch zu sein! (G8)

Und:

Die Umrisse

Es war einmal ein Haus, neben dem schlug eine Kletterpflanze Wurzeln.
Als die Jahre vergingen, bedeckte die Pflanze die Mauern und ließ nur noch undeutliche Umrisse übrig, die anzeigten, daß es hinter dem Blattwerk etwas gab.
Es wurde schwieriger und schwieriger, durch das immer dichter werdende Laub in das Haus hinein und aus dem Haus heraus zu gehen.
Schließlich benutzte man das Haus überhaupt nicht mehr. Wenn Teile von ihm einfielen, veränderten sich sogar die Umrisse.
Als das Haus völlig zusammenstürzte, wurde es zu einem hübschen, mit Kletterpflanzen überzogenen Hügel, nach dessen Ursprüngen sich die Leute manchmal beiläufig fragten.
Die Kletterpflanze war am meisten betroffen. Sie sagte: „Was für ein undankbares Gebäude! Ich habe es so viele Jahre aufrechtgehalten, aber es hat sich trotzdem zu Boden geworfen."
So breitete sie sich über die ganze umliegende Landschaft aus. (G9)

Und also schloß ES[17] messerscharf, daß nicht sein kann, was nicht sein darf
Über Wesen und Wirkung von Projektionen

Die alten Mönche waren überzeugt, daß die Dämonen mit List und Verschlagenheit ebenso virtuos operierten wie mit Täuschung und Betrug.
C. G. Jung, eine der großen und prägenden Gestalten der Psychologie, hat sich eingehend mit der Dämonen-Lehre befaßt. (Inzwischen waren anderthalb Jahrtausende ins Land gegangen.) Die philosophischen Antworten auf die Grundfragen unserer Existenz hatten sich sehr differenziert. Spätestens seit der ‚Aufklärung' war es uns Menschen unmöglich, mit der gleichen Unbefangenheit Dämonen, also Geistwesen mit eigener Existenzform, für etwas verantwortlich zu machen, was sich offenbar in uns selbst abspielte.
Wenn *C. G. Jung* über jene Phänomene spricht, die früher dem Wirken von Dämonen zugeordnet wurden, nennt er sie *Projektionen* und *Komplexe.* Er nimmt an, daß Projektionen eine unbewußte, also nicht wahrgenommene und unabsichtliche Hinausverlegung von seelischen Tatbeständen in ein äußeres Objekt seien. Was da hinausverlegt werden soll, ist der „Schatten" eines Menschen.
Einfacher gesagt: Eine unangenehme Vorstellung oder ein Impuls, den ich nicht akzeptieren kann, wird von mir unbewußt so behandelt, als gehöre er nicht zu mir, sondern ginge von jemand anderem aus.

Andere Menschen gehen mit ihren Schattenanteilen natürlich genauso um. Auch sie schleudern ihre negativen seelischen Energien – wie Projektile – auf mich. Solche Reaktionsformen sind ebenso komplex wie weitverbreitet. Sie beschreiben eine tiefe existentielle Wahrheit. Ihre Wirkung ist so, daß unsere eigenen Projektionen uns über die Wirklichkeit täuschen; fremde Projektionen wirken wie „böse Geister" von außen auf uns ein.

Die alten Mönche könnte man vom heutigen Standpunkt aus fast ein bißchen beneiden. Für sie waren die Dämonen die Urheber und die Ursache solcher Projektionen. Hatten sie das durch sorgfältige Untersuchung einmal durchschaut, konnten sie sich der Wirkung negativer seelischer Energien entledigen, indem sie diese auf den Dämon als „Sündenbock" abluden. Also nicht der Mitmensch war schuld, daß sie sich über ihn ärgerten, sondern ein Dämon. Dieser wollte durch den Mitmenschen und dessen störendes Verhalten Ärger bewirken, um den Mönch in seinen negativen Emotionen gefangenzuhalten.

17 Anspielung auf das Unbewußte in Abwandlung einer Verszeile von *Chr. Morgenstern.*

Und ihnen war klar, daß es sich um einen gefährlichen und ehrfurchtgebietenden Gegner handelte, der mit raffinierten und ausgeklügelten Techniken operierte. Bedingungslose Wahrheitsliebe, schonungslose Selbsterkenntnis und eine hohe Selbstdisziplin waren – neben sorgfältig ausgewählten Gebeten um Gottes Hilfe – angemessene Mittel und Haltungen im inneren Kampf gegen die dämonischen Projektionen. Wie die dämonischen Techniken aussahen und wie sich der Zusammenhang zum Enneagramm im einzelnen darstellt, wird im nächsten Teil des Buches ausführlich erörtert.
Vielleicht ergeht es uns mit unseren wissenschaftlichen Fortschritten manchmal so wie der Motte:

Mottenarroganz

Eine Motte flattert vor einem Fenster auf und ab, weil sie in dem Raum dahinter Licht gesehen hatte.
Da sagte eine Spinne zu ihr:
„Wann lernt ihr Motten endlich, daß Flammen heiß und zerstörerisch sind? Du ärgerst dich, daß die Glasscheibe da ist. Aber das Glas bewahrt dich vor dem Verderben."
Die Motte lachte. „Alter", entgegnete sie, „darauf gibt es zwei Antworten. Erstens: Du bist ein Insektenfresser, und dein Rat für Insekten kann von ihnen, wie wahr er auch sein mag, nie angenommen werden.
Zweitens: Wir Motten der heutigen Generation wissen mehr, als du denkst. Ich weiß zufällig, daß dieses wundervolle Licht in dem Zimmer kaltes Licht ist. Seit deiner Zeit hat es nämlich wissenschaftliche Entwicklungen gegeben. Ich will jetzt durch diese Ritze schlüpfen und das Licht liebkosen."
Mit diesen Worten zwängte die Motte sich in den Raum. Niemand war da, um sie aufzuhalten. Keine Spinne hatte ein Netz gesponnen, das ein Hindernis hätte sein können.
Die Motte umflatterte das kalte Licht in einem ekstatischen Tanz. Aber es hatten tatsächlich wissenschaftliche Entwicklungen stattgefunden.
Das Licht war durch eine Schicht DDT[18] geschützt. (G10)

18 Dichlor-diphenyl-trichloräthan, ein hochwirksames Insektengift.

Die Enneagramm-Muster
EINS bis NEUN

Wenn EINS uns alle will belehren,
die ZWEI mit Fürsorg' uns beschweren,
die DREI sich im Erfolge badet,
die VIER sich an den Künsten labet,
die FÜNF den Überblick genießt,
die SECHS sich in der Pflicht verkriecht,
da wird die SIEBEN fröhlich lachen,
die ACHT mal Ramba Zamba machen,
und jetzt die NEUN, was wird sie tun?
Wenn alle schaffen, wird sie ruhn.[19]

19 Der Autor dieser Zeilen, *Tilman Fischer,* Waldbronn, hat sie als Extrakt seiner Lernerfahrungen in einem meiner Seminare, das sich mit den fortbildnerischen Implikationen des Enneagramms befaßte, formuliert. Der Abdruck erfolgt mit seiner freundlichen Erlaubnis.

Erläuternde Vorbemerkungen

Bei der Darstellung der Muster wähle ich eine Blickrichtung von außen nach innen. Jedem Muster ist deshalb eine *Übersicht* vorangestellt, aus der hervorgeht, wie andere Autoren das jeweilige Muster benennen. Schon aus dieser „groben Rasterung“ wird deutlich, wie facettenreich die Muster sind und auf welche dieser Facetten die jeweiligen Autoren bevorzugt abheben. Die darin zum Ausdruck kommenden Unterschiede finde ich bemerkenswert.

Dämonische Verwandtschaft

In diesem Abschnitt versuche ich, den Blick auf die Verbindung zwischen der frühchristlichen „Achtlasterlehre“ und der vorherrschenden Leidenschaft, die für das jeweilige Muster charakteristisch ist, zu lenken. Die für die Vorgehensweise der Dämonen beschriebenen Techniken sind m.E. die gleichen, wie sie unser Geist grundsätzlich verwendet, um die für die einzelnen Muster typischen Verzerrungen der Weltsicht aufrechtzuerhalten. Die damals angebotenen Lösungen bzw. Heilmittel sind – aus der Sicht heutiger Psychologie im allgemeinen und aus der Enneagramm-Sicht im besonderen – von inhaltlicher Präzision und Eleganz. Sie passen zum Problem wie der richtige Schlüssel zum Schloß.

Der Weg der Menschen vom Muster EINS bis NEUN

In diesem Abschnitt unternehme ich den Versuch, den Lebensweg der Menschen vom Muster EINS bis NEUN aus einer Art Panoramaperspektive abzubilden. Jeder Abschnitt beginnt mit einem Leitmotiv, stellt die Menschen in ihren Grundcharakteristika vor und beschreibt sie auf ihrem weiteren Lebensweg. Wir wissen, daß die oft zitierte *midlife-crisis* für die meisten Menschen eine geistige, besser: spirituelle Krise ist. Bestimmte Ansichten über Sinn und Unsinn des Lebens scheinen nur für bestimmte Stufen der biographischen Entwicklung zu taugen. Werden sie über ihr (geistiges) Verfallsdatum hinaus verwendet, erzeugen sie Leid und befördern die Krise. Ein Mensch muß sich dann neu *entscheiden* (lat. crisis: Entscheidung/entscheidende Wendung), damit sein Leben weiterhin gelingen kann. Anders ausgedrückt: Gelebtes Leben scheint auf einen Punkt zuzusteuern, an dem der private „Paradigmenwechsel“ überfällig wird. Entsprechend zeigt die Verlaufsrichtung meiner Darstellung zunächst nach unten, um sich dann gleichsam nach oben emporzuschrauben *(down, down, down, to the top)*. Um die teilweise schmerzhaften Einsichten ein wenig erträglicher zu machen, wähle ich den Blickpunkt eines Menschen, der die Stationen der krisenhaften Verwicklung bereits durchschritten hat. Entsprechend stelle ich diesen Teil des Weges sprachlich in der Vergangenheitsform dar, quasi als einen Rückblick in der Haltung heiterer Gelassenheit.

Ein genauerer Blick in die innere Dynamik der jeweiligen Muster
Für alle Muster gilt: Wenn es „eng" wird (*Angst* kommt vom lat. *angustus:* die Enge), treten unsere *Abwehrmechanismen* in Aktion. Sie wirken wie eine Art seelischer Filter und machen Impulse aus dem Inneren, Signale und Anforderungen von außen für uns erträglicher. Allerdings um einen Preis: Sie verändern und verformen das ursprüngliche Signal so, daß es dem jeweiligen Menschen in seiner konkreten Situation zuträglich wird. Manchmal verkehren sie es sogar in sein Gegenteil. Seit den bahnbrechenden Entdeckungen *Sigmund Freuds* über die Wirkungsweisen des Seelischen gehen wir davon aus, daß uns das Wirken der Abwehrmechanismen zumeist nicht bewußt ist, wohl aber bewußt gemacht werden kann. Es liegt in der Logik des Enneagramms, daß in einem gegebenen Muster ein bestimmter Abwehrmechanismus häufiger „in Gebrauch" ist als in anderen Mustern.

Wie bereits an früherer Stelle erwähnt, kann man sich den weiteren seelischen Prozeß folgendermaßen vorstellen: Wenn die Belastung, die aus einer streßbeladenen oder angstbesetzten Situation kommt, zu groß wird – sie also nicht mehr *abgewehrt* werden kann –, beginnen die Wirkmechanismen der Enneagramm-Muster zu greifen. Ein Mensch übernimmt Gedanken, Gefühle und Verhaltensstrategien, wie sie sonst eher für einen Menschen typisch sind, mit dem er im Enneagramm in *Pfeilrichtung* in Verbindung steht. Und zwar übernimmt er jene Anteile, die diesen Pfeilrichtungs-Verwandten in seinem verwickelten Stadium charakterisieren. Er wird aber dadurch kein anderer Mensch, sondern bleibt ein Mensch vom Muster Soundso. Einige Autoren (z. B. *Helen Palmer*) weisen darauf hin, daß dieser Vorgang nicht von vornherein oder ausschließlich als negativ zu bewerten sei. Vielleicht trifft es ja wirklich zu, daß dann, wenn die Not am größten ist, das Rettende auch nicht mehr fern ist.
In dialektischer Umkehrung hierzu verhält es sich, wenn ein Mensch entspannt ist, wenn er sich (existentiell) sicher fühlt; dann treten die belastenden Hauptthemen seines Musters in den Hintergrund. Die *entwickelten*, attraktiven Aspekte des Musters, mit dem er *gegen die Pfeilrichtung* verbunden ist, werden ihm zugänglich. Auch hier gilt wieder: Er wird kein anderer, sondern nimmt nur etwas vom anderen in sich auf.

Mustertypische Verzerrung der Weltsicht

Die Ausführungen in diesen Abschnitten lehnen sich eng an *Claudio Naranjos* „Character and Neurosis“ an; dies einerseits wegen des hohen Erkenntniswerts seiner Ausführungen, andererseits, weil diese Ausführungen in der deutschen Ausgabe[20] größtenteils oder ganz fehlen.

Die mustertypische Verzerrung der Weltsicht ist ein Nebenprodukt der vorherrschenden Leidenschaft des jeweiligen Musters. Es handelt sich hierbei um Grundannahmen, die das Sein oder das Leben im allgemeinen betreffen.[21] Menschen des jeweiligen Musters verhalten sich so, *als ob* sie die Welt mit diesen Augen sehen würden. Die mustertypischen Verzerrungen der Weltsicht illustrieren ziemlich genau, worin die *Anderheit* der Menschen untereinander besteht. Die Als-ob-Perspektive weist bereits darauf hin, daß es sich um gedankliche Ableitungen handelt. Nichtsdestoweniger sind hierbei inhaltliche Verdichtungen entstanden, die m. E. eine große Plausibilität besitzen.

Abwehrmechanismen

Sie ermöglichen, wie bereits gesagt, die Aufrechterhaltung bestimmter Verhaltens- und Lösungsstrategien, die für ein Muster typisch sind. Und sie wehren aufkommende Angst ab. Die detaillierte Darstellung verdeutlicht, wie Einsichten der psychoanalytischen Theorie sinnvoll und mit hohem Erklärungswert zur Erläuterung der inneren Dynamik eines Musters herangezogen werden können. Auch diese Darstellungen geben Gedankengänge *C. Naranjos* wieder.[22] Er hat, wie kein anderer Autor, diesen Zusammenhang mit hoher Sachkunde und großer Präzision durchdrungen und beschrieben.

Verwicklungstendenzen

Dieser Abschnitt beschreibt, was ein Mensch eines bestimmten Musters denkt, fühlt, tut, wenn er *in Streß* gerät, wenn es *riskant* für ihn wird, wenn er sich *mit der Pfeilrichtung bewegend* verhält, wenn er sich in die *Selbstverwicklungsspirale* hineinbegibt oder wie die Umschreibungen sonst noch lauten. Gezeigt werden soll, welche Automatik zu greifen beginnt und wie sich die Ausweitung eines Musters in eine negative Wachstumsrichtung im einzelnen darstellt.

---

20 *C. Naranjo:* Erkenne dich selbst im Enneagramm. München 1994.

21 Andere Umschreibungen dieses Phänomens lauten: „eine verborgene Ansicht, daß *dies* die rechte Art zu leben ist“; „kognitiver Fehler“; „Verblendung im Ego“; „das Sein betreffende falsche Aussagen“.

22 Die Definitionen der jeweiligen Abwehrmechanismen orientieren sich an *Laplanche J./Pontalis J.-B.:* Das Vokabular der Psychoanalyse. Frankfurt am Main 1972.

Entwicklungstendenzen

Dieser Abschnitt bildet das inhaltliche Pendant zum vorangegangenen. Er beschreibt detailliert, wie sich die positive Wachstumsrichtung im einzelnen darstellt, worauf Menschen eines bestimmten Musters gezielt achten können, wenn sie persönliches Wachstum anstreben. Beide Abschnitte zusammengenommen verdeutlichen, daß sowohl negatives als auch positives Wachstum sich nicht in einer unendlich breiten Skala menschlicher Möglichkeiten abspielen, sondern daß es sich um einen relativ klar umgrenzten Korridor „passender" Variationen handelt. Was *neben* dem Korridor oder gar entfernt davon liegt, scheint dagegen nicht von Interesse zu sein.

Dazwischen: Geschichten

Sie sollen die Melodie des Gesagten aufnehmen und – mittels Ansprache der „anderen Hirnhälfte"[23] – den beschriebenen Zusammenhang sowohl verankern als auch die Dimensionen des bereits Mitgeteilten ausweiten. Sie sollen den Blick für eine größere Perspektive öffnen, die den Bereich der „vernünftigen" Logik hin und wieder übersteigt.

Das Muster im Bild

Der Spannungsbogen der Darstellung eines Musters taucht mit den Texten und Bildern von *Elisabeth Holz* wieder in die Ausgangsebene ein: Dämonen bilden gleichsam unser beider gemeinsamen Rahmen. *E. Holz* wählt für ihren Einblick eine Abstraktionsebene der Zusammenschau und „schließt damit die Gestalt", die durch die Darstellung der vorangegangenen Abschnitte von mir in jeweils unterschiedlich geartete Teile zerlegt worden ist. Die rechtshemisphärische Zusammenschau der gesamten Entwicklungsdynamik leisten ihre ebenso komplexen wie detailreichen Zeichnungen zu den einzelnen Mustern.

23 Experimente am Gehirn im Rahmen der Epilepsieforschung führten zu dem Schluß, daß die beiden Hirnhälften (Hemisphären) unterschiedliche „Grammatiken" haben. Stark vereinfacht gesagt ist die linke Hirnhälfte für logisch-rationale Beziehungen, die rechte Hirnhälfte für Komplexwahrnehmung, Intuition, Emotionen usw. „zuständig".

Muß denn das schon wieder sein!?
Über die Menschen vom Muster EINS

So werden Menschen vom Muster EINS von anderen Autoren benannt

Autor(en)	**Bezeichnung des Musters**
Beesing u.a.	EINS
Böschemeyer	Der Reformer
Frings Keyes	Das Programm: Perfektion und Groll
Gallen/Neidhardt	Das Muster EINS
Jaxon-Bear	Der Herrscher
Hurley/Dobson	Die PerfektionistInnen
Naranjo	Zorn und Perfektionismus (Angry Virtue)[24]
Palmer	Der Perfektionist
Rohr/Ebert	Typ EINS
Riso	Der Reformer
Vollmar	Der Unternehmer

Dämonische Verwandtschaft

Der „Hausdämon“ der Menschen vom Muster EINS wäre der Zorn gewesen. Man sagte ihm nach, daß er den Geist des Menschen verdunkele und ihm seine Klarheit raube. *Evagrius Ponticus* nannte die Gedanken eines Zornigen „giftiger Nattern Brut“, die das Herz auffressen. Der Dämon des Zorns kam als hitzige Leidenschaft über den Menschen, als eine aufbrausende Bewegung der Seele gegen den, der einem scheinbar oder tatsächlich Unrecht getan hatte. Und seine dämonische Heimtücke bestand darin, einem den ganzen Tag das Gesicht des Beleidigers vor Augen zu führen.
Wir können nur ahnen, zu welchen Komplikationen dies alles insbesondere dann führte, wenn der Mönch seinen Geist im Gebet versammeln wollte. Dann waren solche bösen Bilder, gelinde gesagt, ziemlich kontraproduktiv. Führte doch das auftauchende Gesicht des Beleidigers immer wieder zum Gegenteil dessen, was der arme Mönch anstrebte: zu Zerstreuung und innerem Aufruhr statt zu Sammlung und friedvoller Betrachtung. Und wenn es ihm nicht ge-

24 Die Bezeichnung in Klammern entstammt jeweils: *Naranjo, C.:* Ennea-type Structures. Self-analysis for the Seeker. Nevada City 1991[3].

lang, den Dämon loszuwerden, verwandelte sich die Zornesaufwallung in Groll – also gleichsam in eine geronnene Form des Zorns.
Des Nachts griffen ihn in seinen Träumen wilde Tiere an, Verwirrung und Ohnmachtsgefühle waren die Folge. Die Technik, derer sich der Dämon des Zorns bediente, bestand also einerseits darin, den Menschen in plötzlich aufbrausende und heftige Emotionen zu versetzen, ihn seinen Affekten auszuliefern. Mit anderen Worten: ihm die Kontrolle über sich selbst zu entreißen. Was lag dann näher, als sich zur Rache hinreißen zu lassen. Verschaffte dies doch zumindest für den Moment eine gewisse Erleichterung. Wohlgemerkt: für den Moment; denn der arme Mönch bekam die volle Wucht der Dämonie danach als nagende Gewissensbisse und peinigende Selbstvorwürfe um so heftiger zu spüren. War ihm aber diese Rache unmöglich, konnte sich der Zorn in Traurigkeit verwandeln.
Mit den zornigen Gedanken wollte der Dämon andererseits eine Versöhnung mit dem Beleidiger schlau verhindern, indem er dem Mönch allerlei vernünftige Gründe dagegen einredete: daß sie eine Schande wäre oder nur aus Furcht oder Ruhmsucht unternommen würde. Außerdem würde der Mönch (durch die Versöhnung) dazu beitragen, daß der, der gefallen war, erneut in seinen Fehler zurückfallen würde.
Das Interesse des Dämons zielte darauf ab, den Mönch in seinem Groll zu belassen. Er versorgte dessen Verstand mit allerlei Vorwänden und Gründen, das nicht zu tun, was ihm seine innere Stimme eigentlich riet. Ein teuflischer Zirkel fürwahr. *Evagrius'* Lösung dieses Dilemmas war ebenso kraftvoll wie einfach: „Die Sonne soll nicht untergehen über eurem Zorn." (*Epheser* 4,20 f.)
Knapp eindreiviertel Jahrtausende später hat der österreichische Schriftsteller *Heimito von Doderer* die Idee dieses dämonischen Zirkels in seinem Buch „Die Merowinger"[25] wieder aufgenommen und sie mit subtil-hintergründigem Humor als raffinierte Satire in ein zeitgenössisches Gewand gekleidet: Die Arbeit von Dämonen verrichten heutzutage Agenten einer effizient organisierten, weltweit operierenden Tarnfirma, die nichts anderes im Schilde führt, als Produkte und (pervertierte) Dienstleistungen zu erfinden, mit denen sie Menschen peinigen kann, sogenannte *Detailpeiniger*, die immer dann zur Wirkung kommen, wenn es von den Umständen her gerade überhaupt nicht paßt, sie also im schmerzlichsten Sinne des Wortes kontraproduktiv sind. Die Agenten firmieren unter dem harmlos klingenden Namen:

25 Den Hinweis auf diese Geschichte verdanke ich *Dr. Ingrid Niqué*, Fürth. Die Kürzungen (...) habe ich vorgenommen.

Hulesch & Quenzel

Dieses weitverzweigte Institut, welches seine Zentrale in London hatte und hat – eingetragen unter Hulesch & Quenzel Ltd. – ist zwar kaufmännisch organisiert, jedoch wesentlich eine metaphysische Instanz, wie das zum Beispiel auch bei der Post der Fall ist. Während jedoch diese mit Würde in's Weite und doch meist in's Große wirkt – schon ihr uniformiertes Erscheinen verleiht jedem Postauftritte dramatische Klarheit der Konturen! – zeigt sich bei Hulesch & Quenzel das Prinzip einer Teilung des Lebens-Ganzen in immer kleinere Teile und Teilchen von Teilen; so daß der Kurvenreichtum unseres Daseins, das ja bekanntlich keine einzige wirklich und im strengsten Sinne gerade Strecke aufweist, verschwindet, und damit auch der Schwung, der uns sonst durch solche Kurven trägt: es zeigt sich vielmehr, daß etwa auch eine Kreislinie nur aus zahllosen allerkleinsten Geraden besteht. In diese zerfällt jede Situation sofort, wenn die Firma Hulesch & Quenzel in's Spiel tritt. Daß solches auf Detail-Peinigung hinauslaufen muß, versteht sich von selbst. Der gelehrte und berühmte Professor Vischer, welcher die Sache (...) untersucht hat, vermeinte damals, eine allgemeine Qualität des Lebens überhaupt entdeckt zu haben; er mußte daher folgerichtig jedes einzelne Leben und schließlich die ganze Weltgeschichte ihrem Wesen nach für eine Summierung zahlloser Detail-Peinigungen halten, kurz für das Werk von zehntausend Teufeln kleinsten Formats. (...)
Das Zentralbüro in London erfüllt ein ganzes, beträchtlich großes Gebäude, in welchem die einzelnen Abteilungen getrennt untergebracht sind. (...) Eine der wichtigsten Abteilungen ist die für das „Öffentliche Leben" (public life), der unter anderem jene entsetzlichen Hustenanfälle verdankt werden, welche eine längere Rede im Unterhause förmlich entzwei zu brechen vermögen. Ein gleiches gilt für das plötzliche Aufbrennen von Hühneraugen, die im Lackschuh wie eine Petarde losgehen, so daß der Kopf vom Schmerze dröhnt. Beides weist auf Professor Vischer und seine „Klassen der Teufel" hin; dieser Gelehrte hat ja besonders Katarrhe und Hühneraugen als biographische Knotenpunkte hervorgehoben. Die Hühneraugenabteilung bei

Hulesch & Quenzel beschäftigt einen ganzen Stab von Orthopäden und Dermatologen und reicht mit ihren Organen fast in die gesamte europäische und amerikanische fabrikmäßige Schuh-Erzeugung und Wirkwarenindustrie; insbesondere erfaßt aber sind sämtliche Schuster-Innungen. „Das Maßnehmen ist ein altes Vorurteil, das noch keinen Schneidermeister verhindert hat, jedes neue Gewand zu verpfuschen", sagt der Weltweise Johann Nestroy. Ein gleiches gilt von der Schusterei. Die Arbeit der in Rede stehenden Abteilung aber wurde erst kürzlich, wenige Jahre nach dem zweiten Weltkriege, bedeutend erleichtert, da es den Fachärzten gelang, eine Art kristallisches Pulver darzustellen, welches, eingestreut, auch bei passendem Schuhwerk und Strumpfwerk, die Hühneraugen in kürzester Zeit erzeugt. Das erste Versuchs-Objekt war ein orientalischer Diplomat, der sein Beglaubigungs-Schreiben zu überreichen hatte. Er vermochte es noch, sich bis zum Ende der Audienz aufrecht zu halten, mußte jedoch dann aus dem Buckingham-Palast und zu seinem Wagen getragen werden. (...) Im Hause geht es still und freundlich zu. Bei jedem vollen Stundenschlage ertönt in allen Räumen ein feines Glockenspiel (...) Überall sieht man das merkwürdigerweise kreisförmige Wappen der Firma angebracht (...) Am unteren Rande liest man den Wappenspruch in englischer Sprache:

TAKE IT EASY!
(Nimm's leicht!)

Hierin drückt sich die eigentliche erzieherische Tendenz des Institutes aus. In der Eingangshalle aber findet sich, etwas unterhalb des großen, bunten Wappens, noch ein zweiter Spruch, in erhabenen Buchstaben von Marmor:

POST RABIEM RISUS
(Nach Grimm Grinsen)

Man sieht, hier wird die hohe Würde der ganzen Sache sichtbar (...) Die „Dritte Abteilung" war jene für Möbel und kleine Gebrauchsgegenstände. Sie hatte nicht die höchste Würde, diese Abteilung (...), aber ihr eignete die größte Ausdehnung und

Vielfalt des Arbeitsgebietes, und sie hatte fünfmal so viele Angestellte – Konstrukteure, Technologen, Laboranten, Industrievertreter und Agenten – als die beiden anderen Sektionen zusammengenommen. Ihre Tätigkeit umfaßte viele, ja, fast alle Gebiete unseres täglichen, beruflichen und gesellschaftlichen Lebens. Das zeigt allein schon ein einziger Ausschnitt aus dem Artikel-Katalog:

No. 10729. Schrecksessel. Besonders bei Teegästen wirksam. Ursache nicht ohne weiteres einsichtig. Plötzliche Verkürzung eines Beines, das sich wieder ergänzt hat, wenn man nachsieht. Verschütten des Tees so gut wie gewährleistet.

No. 10730. Untertassen, pneumatisch. Haften einige Sekunden an der Teetasse.

No. 10731. Verschluß-Schrauben von Flaschen, Zahncremetuben etc. etc. aus hochelastischem Materiale, bei Herunterfallen springend. Teufelstänze am Steinboden des Badezimmers, Verrollen in entfernteste Ecken (…)

No. 10732. Nähnadeln ohne Öhre (0,5 %ige Beimischung).

No. 10733. Pein-Flaschen (zahlreiche Ausführungen). Sichere und ganz allmähliche Verpestung von Bücher-Kästen, Wäsche-Schränken, ganzen Zimmern. In verschiedenen Farben, je nach Verwendungszweck. Schwer auffindbar. Nur 2 mm dick, können überall rasch eingelegt oder eingeschoben werden. Jeder Geruch, je nach persönlichen Antipathien, lieferbar. Elegant und unauffällig, Form wie Zigarettenetui. Durch Drehen des Verschlusses mit geöffneter Düse gebrauchsfertig.

No. 10734. Schneidende Kragenknöpfe. Meist normal funktionierend. Jedoch von Zeit zu Zeit Hervorschnappen einer winzigen Klinge. Erzeugt stark blutende Schnitte, Befleckung von Hemd und Kragen gewährleistet. Eintritt der Störfunktion besonders bei gesteigerter Eile.

No. 10735. Wasserhähne, vorstehend, immer in der Mitte des Beckens, um Vorbeugen beim Waschen zu verhindern.

No. 10736. Künstlicher Taschengrus. In Miniaturpackungen. Mit dauernder Schmutzwirkung auf Fingerspitzen und Nägel. Ganz unauffällig, winziges Quantum genügt. Aus den Taschen der Anzüge kaum mehr herauszubringen. Wutanfälle mindestens mittlerer Stärke gewährleistet. (G11)

Der Weg der Menschen vom Muster EINS

Erst wenn alles in Ordnung gebracht ist, bin ich wirklich. Die Menschen vom Muster EINS haben deshalb tagaus tagein alle Hände voll zu tun, denn das Chaos, das es, als den natürlichen Widersacher der Ordnung, zu bändigen gilt, dringt durch jede Ritze und lauert in jedem noch so unscheinbaren Winkel. Es kommt banal als Staub und Schmutz daher, genauso wie im ethisch-moralischen Bereich als Haltlosigkeit oder Unmoral. Es versteckt sich in verplemperter Zeit, genauso wie in materieller Verschwendung. Es manifestiert sich als der Irrtum, als die an sich falsche Entscheidung oder als zwischenmenschliche Unzuverlässigkeit in Form eines nicht gehaltenen Versprechens. Es kann auch als Verstoß gegen Konvention und Höflichkeit daherkommen, die es ja nun einmal geben muß, um menschliches Miteinander überhaupt zu ermöglichen bzw. erträglich zu machen. Die Summe der Aufgaben, die es ordnend zu bewältigen gilt, geht – so gesehen – leicht ins Unendliche. So oder so ähnlich jedenfalls kommt es Menschen vom Muster EINS vor, wenn sie in die Welt blicken. Und da man vorher nie sicher sein kann, ob es sich diesmal vielleicht sogar um eine „hartnäckige Verschmutzung“ handelt, ist es sicherer zu *schrubben*, statt sich mit dem *Fegen* zu begnügen.

Und so verwundert es nicht, daß Menschen vom Muster EINS bei ihren Mitmenschen den Eindruck erwecken, als seien sie mit sich und der Welt eher unzufrieden. Ihrem Gestus haftet etwas Angespanntes an, die Aussicht auf die vielen, noch zu erledigenden Aufgaben macht sie eher ernst als heiter. Denn Zeit und Raum für Erholung und Entspannung finden sie erst, nachdem alles, was getan werden muß, ordentlich getan ist. Nicht selten kommt die Entspannung einfach deshalb zu kurz, weil dafür keine Zeit übriggeblieben

ist. Aber auch ohne Entspannung *muß* durchgehalten werden. Eine innere Stimme scheint sie *zur Ordnung* zu rufen, selbst dann, wenn es ihrem Körper und ihrer Seele eher danach zumute ist, sich gehen- oder fallenzulassen. Und meistens gewinnt die innere Stimme, denn schon längst hat sie das Gewicht und den Status eines unerbittlichen Antreibers und eines argusäugigen *inneren Kritikers* bekommen. Und dem entgeht nichts, was fehlerhaft oder unvollkommen ist.
Und so verliert das Streben nach Perfektion unversehens jede Leichtigkeit, wirkt angespannt und schwergängig. Und hin und wieder kippt es ins Zwängische. Vor allem aber kostet es die Menschen vom Muster EINS eine Unmenge an Kraft und Lebensenergie. Man könnte meinen, daß sie tief in ihrem Innern fest davon überzeugt sind, ihre Liebenswürdigkeit nur durch tadellose Vollkommenheit erwerben zu können. Realistisch gesehen stünden ihre Chancen schlecht, diesem hohen, selbstverordneten Standard zu genügen, denn wann ist etwas schon wirklich einmal so, wie es sein *sollte*?
Wie gesagt, der Blick für das Unvollkommene ist überscharf. Und jede Unvollkommenheit, bei sich selbst oder in der für sie bedeutsamen Umwelt, will in Ordnung gebracht werden. Und was nicht in Ordnung gebracht werden kann, löst Ärger aus. Da es aber nicht *in Ordnung* ist, ärgerlich zu sein, und schon gar nicht, im Zorn die Kontrolle über sich zu verlieren, bleibt den Menschen vom Muster EINS nichts anderes übrig, als Ärger und Zorn zu unterdrücken, mindestens aber, sie nach außen hin zu verbergen. Da es sich aber um mächtige Energien handelt, braucht es erheblich viel Gegenkraft, sie mit zusammengebissenen Zähnen festzuhalten. Manchmal besiegt die zornige Energie das Sicherheitsventil und es kommt zur Explosion, die ihrerseits wiederum viele Selbstvorwürfe und Schuldgefühle nach sich zieht. Häufiger jedoch macht sie als unterdrückter Zorn den Tonfall der Menschen vom Muster EINS gereizt, durchsetzt ihre Sprache mit Sarkasmen, verspannt ihnen die Muskeln, läßt ihre Kritik überscharf werden. Oder sie macht ihr Schweigen besonders grimmig. Der nicht abgeführte Rest an Ärger und Zorn summiert sich über die Zeit und gerinnt zu Groll. Und so kommt es, daß die Menschen vom Muster EINS sich am Tiefpunkt ihrer Verwicklung von der winzigsten Fliege an der Wand gestört fühlen oder daß ihnen schon der kleinste Makel alles verderben kann.
Für alle Enneagramm-Muster gilt, daß die Voraussetzung für eine Entwicklung das Erkennen und Aufspüren der vorherrschenden Leidenschaft ist. Diese Kraft ist so in „Fleisch und Blut“ übergegangen, daß faktisch kein Gefühl dafür oder keine Ahnung mehr davon vorhanden ist, wo und wie sie sich im Alltag ausdrückt. Die Erinnerung an die uralten Einsichten über die Kraft und die Raffinesse des Dämons laufen auf ähnliche Einsichten hinaus.

Es kommt uns so vernünftig und so angemessen vor, uns in unserem Muster zu bewegen, und normalerweise fehlt uns jede Ahnung von einer echten Alternative; deshalb braucht es so lange, um seiner Wirkung auf die Spur zu kommen.
So mußten die Menschen vom Muster EINS lernen, den unterdrückten Zorn in ihrem Leben aufzuspüren. Sie mußten lernen, daß es eine schmerzhafte Diskrepanz gibt zwischen dem, was ihnen ihre Gedanken sagen und der Art, wie sie diese in ihre Umwelt hineintragen. Zu ihren großen Verblüffungen gehörte es, lernen zu müssen, daß oftmals dann, wenn sie sich in besonderer Weise im Recht, in der Ordnung, im Zustand der Korrektheit wähnten, sich andere gerade dann von ihnen abwendeten, weil ihnen die zornige Energie, die von den ordentlichen Menschen ausging, zum Problem geworden war.
Das bloße Gewahrwerden dieser Diskrepanz reichte zur Veränderung noch nicht aus. Es mußte ein Überdruß hinzugekommen sein: „Ich habe diesen unterdrückten Zorn gründlich satt. Ich will mich von dieser empfindlichen Reizbarkeit und dem Groll als meinem überwiegenden Lebensgefühl befreien.“ Die Veränderung vollzog sich allmählich. Es fing vielleicht damit an, daß unserem ordentlichen Menschen schmerzhaft zum Bewußtsein kam, daß Ordnung nicht *schon*, sondern *nur* das halbe Leben ist. Und irgendwann war sie da, diese Sehnsucht nach der anderen und lebendigen Hälfte des Lebens.
Im Rückblick auf den Veränderungsweg stellten diese Menschen fest, was sich in ihrem Denken, Fühlen und Handeln geändert hat: Sie haben gelernt, sich selbst nicht mehr allzu ernst zu nehmen, sie können manchmal schon herzhaft über sich lachen, wenn sie sich dabei ertappen, wie ihre Ordnungsliebe dabei ist, diese *zwängische* Qualität anzunehmen.
Seit sie des Balkens im eigenen Auge gewahr wurden, gehen sie nachsichtiger mit dem Dorn im Auge des anderen um. Aus ihrer Kritikfähigkeit, die ihrem überscharfen Blick für das Unvollkommene oft etwas Nörglerisches verlieh, ist liebevolle Klarheit geworden, die nicht mehr barsch, destruktiv und verletzend wirkt. Ihre Rigorosität hat ein menschliches Maß gefunden. Sie wissen, daß die Welt viel komplexer und vielschichtiger ist, als sie es sich früher vorgestellt haben. Ihr Blick für die Realitäten legt ihnen nun nahe, daß es *viele Ordnungen* und *viele richtige Wege* zum Glück gibt.
Manchmal wird ihnen deutlich, welchen Anteil sie selbst an dem sie umgebenden Chaos hatten: Ihr übersteigertes Verantwortungsgefühl, ihr Verlangen danach, für perfekt gehalten zu werden, waren nicht selten die Ursache des Übels, das sie beklagten. Denn ihre Ungeduld und ihre gnadenlose Selbstkritik haben die Entwicklungen manchmal eher zugespitzt als gemildert. Diese Ungeduld und übermäßige Strenge hat geduldiger Zuversicht Platz gemacht,

die die *Zeit* zu einem Freund und Verbündeten werden ließ. *Zeit* steht plötzlich zur Verfügung, es gibt sie in Fülle, wo sie früher als ein begrenzendes und kontrollierendes Element erlebt wurde, was die Gereiztheit nur noch vergrößerte.
Seit sie gelernt haben, nicht mehr die höchsten Maßstäbe an ihr eigenes Verhalten anzulegen, und seit sie gelernt haben, sich nicht mehr zwanghaft mit anderen zu vergleichen, können sie sich und anderen Menschen eher zugestehen, so zu sein, wie sie nun einmal sind. Seit sie erkannt haben, welche illusionäre Anmaßung darin zum Ausdruck kommt, eine Wirklichkeit, die ihnen nicht paßt, nach ihrem Geschmack verändern zu wollen, haben sie Zugang zu einer lebendigeren Qualität von Schönheit gefunden: jener Schönheit, die aus einer *Mischung* von Vollkommenheit und Mangel entsteht.
Sie haben gelernt, sich von der Besorgnis zu befreien, ob sie sich „richtig", „korrekt" und „ordentlich" verhalten. Sie stellen die Reflexion über die möglichen Folgen ihres Verhaltens nicht mehr so sehr in den Vordergrund, was sie unbefangener und gelöster werden läßt. (Ihnen ist unterwegs klar geworden, daß Sorge nichts anderes ist, als in die Zukunft projizierter Groll.) Unvollkommenheit ist nun nicht mehr nur Quelle aufsteigenden Ärgers, sondern Anlaß zum Schmunzeln. Ihr inneres Maß für Perfektion kommt ihnen auf diesem Wege natürlich nicht abhanden, dieses Maß bleibt „in der Seele eingeritzt". Sie haben jedoch gelernt zu unterscheiden, wann Perfektion angebracht ist und wann nicht.
Manchmal geraten sie ins Schmunzeln, wenn sie spüren, daß sie gelernt haben, Wertmaßstäbe außerhalb ihrer selbst anzuerkennen. Was für ein Weg!
Ähnlich geht es ihnen mit der Verantwortung: Seit sie gelernt haben, daß es eine große Sache ist, Verantwortung für ihr eigenes Leben, für ihre Gesundheit, für ihre Ausgeglichenheit zu übernehmen, gelingt es ihnen, anderen Menschen die Verantwortung für sich selbst zu überlassen und sich nicht besserwisserisch und mit dem erhobenen Zeigefinger einzumischen. Es kommt ihnen geradezu komisch und fast ein bißchen albern vor, daß sie einmal allen Ernstes geglaubt haben, die Rettung der Welt, zumindest aber die Abwendung der großen Katastrophe, hinge von ihnen ab, sei ihr ureigenstes Werk.
Auf der Habenseite strahlen jetzt die Eigenschaften, die die zornige Energie vordem mit einer verzerrten Fratze maskiert hatte: Integrität und Zuverlässigkeit, die nicht den geringsten Zweifel aufkommen lassen, daß das gesprochene Wort gilt; die Übernahme von Verantwortung und das aufrechte Dafüreinstehen, auch wenn die Umstände unangenehm werden. Praktische Weisheit: ein Scharfblick für den produktiven Einsatz vorhandener Mittel und für das, was zu tun ist. Die Arbeitsenergie wird bereitwillig investiert, die

Zusammenarbeit mit anderen wird gesucht. Es gelingt ihnen, sie für ein Ideal zu motivieren, statt sie – wie früher – unter Druck zu setzen. Sie sind gute und geduldige Zuhörer geworden, ihr Urteil ist gerecht, ausgewogen und fair, sie können unparteiisch sein, selbst wenn es nicht wohlfeil zu haben ist. Ihr liebevoller Blick auf die anderen macht sie aufgeschlossen für neue Ideen, die zur Verbesserung des Bestehenden führen können. Im Unterschied zu früher haben sie einen Blick für das, was sich zum Guten hin entwickelt. Sie wissen nun, daß Unreife ein Charakteristikum eines jeden Wachstumsprozesses ist, und daß sie gerade deswegen liebevolle Unterstützung benötigt. Sie haben den Blick für das Ganze gewonnen und verbeißen sich nicht mehr pingelig in unvollkommene Details. Das macht sie gütig statt verurteilend. Und bei alledem wirken sie nicht mehr so angestrengt, sondern eher entspannt. Sie schmunzeln über eine große Paradoxie: Je mehr sie davon loslassen, perfekt sein zu müssen, desto häufiger begegnet ihnen wahre Perfektion in der wunderbar komplexen Ordnung des Lebendigen. Sie wird ihnen geschenkt.

Einer von uns

Ein Frömmler fand sich am Tor zu den Gärten des Paradieses ein. Er machte eine fromme Miene, der Engel vom Dienst stellte ihm der Form halber ein paar Fragen und sagte dann: „Geh, mein Freund, tritt ein in den Garten." „Nicht so hastig, mein Junge", sagte der Frömmler, „wohlbekannt bin ich unter den Gläubigen, makellos ist mein Glaube und hochgerühmt mein Verstand, ich bin es gewöhnt, meine Entscheidungen selbst zu treffen und nicht andere über mich entscheiden zu lassen. Wie kannst du mir beweisen, daß dies hier wirklich das Paradies ist, und nicht Trug und Täuschung? Überlege sorgfältig, bevor du Antwort gibst." Der Engel ließ eine Glocke ertönen, worauf himmlische Wachen erschienen. „Holt den hier rein, er ist zweifellos einer von uns." (G12)

„Ein rechthaberischer Mensch wird nicht einmal das Paradies ohne eine Auseinandersetzung betreten."

(Arabisches Sprichwort)

Katze und Hase

Eine Katze sagte:
„Hasen verdienen es nicht, daß man sie lehrt! Da bin ich nun und biete billige Unterrichtsstunden im Mäusefangen an – und nicht ein einziger Hase nimmt teil.“ (G13)

Ein genauerer Blick in die innere Dynamik des Musters EINS

Mustertypische Verzerrung der Weltsicht

Auch die Menschen vom Muster EINS haben es – als Nebenprodukt ihrer vorherrschenden Leidenschaft – mit einer für sie charakteristischen Verzerrung ihrer Weltsicht zu tun: Sie scheinen zu glauben, daß man natürlichen Impulsen nicht blind vertrauen sollte, sondern kontrolliert mit ihnen umgehen müsse. Freude und Vergnügen werden deshalb eher als etwas angesehen, was mit dem, *was nun einmal getan werden muß,* leicht in Konflikt geraten kann.

Claudio Naranjo[26] weist noch auf eine weitere Facette hin: Er meint, daß die Vorstellungen, die die Menschen vom Muster EINS über Gutsein und über Korrektheit haben, dem Grunde nach autoritär seien; denn sie bezögen den Maßstab hierfür aus einem Bereich, der jenseits ihres eigenen Erfahrungshorizonts läge.

Abwehrmechanismen

Der Abwehrmechanismus, von dem die Menschen vom Muster EINS übermäßigen Gebrauch machen, heißt *Reaktionsbildung. Freud* wollte, als er diesen seelischen Prozeß beschrieb, damit die Entdeckung zum Ausdruck bringen, daß es Wünsche oder Impulse gäbe, die in ihr Gegenteil verkehrt würden. Sie könnten nicht sein, weil sie nicht sein dürften. Deswegen würden sie – quasi als *Reaktion* auf diesen unmöglichen Impuls – in ihr Gegenteil verkehrt. So könne z.B. die Herausbildung von Scham als Schutzwall gegen exhibitionistische Impulse dienen. Oder die Reaktionsbildung könne Eltern dazu bringen, ihre Kinder, die sie vielleicht im Grunde haßten, mit exzessiver Zärtlichkeit zu behandeln.

Gleichsam wie in einer kommunizierenden Röhre gibt es zu jedem bewußten Element sein unbewußtes Gegenstück, das in Schach gehalten werden muß. In der Sprache der psychoanalytischen Theorie nennt man dies auch *Gegenbesetzung.* Solche Gegenbesetzungen gehen meistens mit Rigidität, Übertreibung und Zwanghaftigkeit einher, weil sie ja im Gegensatz zur Verwirklichung eines unmöglichen Wunsches stehen. Der Energieverbrauch hierfür ist natürlich entsprechend hoch.

Naranjo geht in seiner Untersuchung der inneren Dynamik des Musters EINS sogar noch weiter: Er hält es für plausibel, daß es bei der Reaktionsbildung nicht nur darum gehe, etwas Unerwünschtes durch sein Gegenteil zu überdecken. Er nimmt an, daß das Selbst der Menschen vom Muster EINS davon abgelenkt werden solle, bestimmte unerwünschte Antriebe überhaupt wahr-

26 *C. Naranjo:* Character and Neurosis, S. 33 (Diese und die folgenden Ausführungen über die kognitive Verzerrung der jeweiligen Muster fehlen in der deutschen Ausgabe ganz oder größtenteils.)

zunehmen. Durch moralisch anerkanntes Tun würden sie sich davon ablenken, sich ihrer Sexualität und ihrer zornigen Rebellion bewußt zu sein. Zumindest diene die Absicht, moralisch Anerkanntes zu tun, dazu, diesbezügliche Emotionen zu unterdrücken. Durch die Reaktionsbildung werde die zornige Energie in die für die Menschen dieses Musters charakteristische zwanghafte Getriebenheit umgewandelt. Und darunter läge noch ein anderer Prozeß: Der Zorn seinerseits sei schon umgewandelte Maßlosigkeit, also das, was die Menschen vom Muster EINS ja am meisten mieden. Gälte ihr Streben doch der „tugendhaften Genügsamkeit".
Und seine Vermutungen werden noch subtiler: Man könne die aktive und selbstsichere Haltung des Zorns als einen Weg ansehen, den Wunsch nach Liebe gestillt zu bekommen. Menschen vom Muster EINS versuchten dies, indem sie vorzeitig lernten, sich selbst zu beherrschen, und bereit seien, mehr Frustrationen zu ertragen. Dadurch werde aber die fordernde Grundhaltung ausdrücklich bestärkt, und die aus ihr erwachsenden Forderungen würden zugleich als legitim erlebt. Mit anderen Worten: Der Abwehrmechanismus der Reaktionsbildung erzeuge Zorn und stelle gleichzeitig auch eine Abwehr gegen die Anerkennung dieses Zorns dar. Daneben sei er die Grundlage für die vorherrschenden Merkmale der Menschen vom Muster EINS: ihren Perfektionismus, ihren Moralismus, ihre „gutgemeinte" Kritisiererei und ihre eher lustfeindliche Vorliebe für die Ethik der harten Arbeit.

Der Kuh-Tick

Es war einmal eine Kuh. In der ganzen Welt gab es kein Tier, das so regelmäßig soviel Milch bester Qualität gab.
Von nah und fern kamen die Menschen, um dieses Wunder zu sehen. Die Kuh wurde von allen gerühmt. Väter erzählten ihren Kindern, wie unermüdlich sie ihrer Pflicht nachkam. Geistliche beschworen ihre Gemeinden, ihr nachzueifern, Regierungsbeamte verwiesen auf sie als ein Vorbild, das in der menschlichen Gesellschaft durch richtiges Verhalten, durch Planung und Denken nachgeahmt werden könnte. Kurz, jeder sei in der Lage, von der Existenz dieses wundervollen Tieres Nutzen zu ziehen. Eines wurde jedoch von den meisten Leuten, die so beeindruckt von den offensichtlichen Vorzügen der Kuh waren, übersehen. Sie hatte nämlich einen kleinen Tick. Jedes Mal, wenn ein Eimer mit der tatsächlich unvergleichlichen Milch gefüllt war, stieß sie ihn um. (G14)

Verwicklungstendenzen

Menschen vom Muster EINS streben nach Vollkommenheit. Manchmal sind die Umstände jedoch nicht danach. Oder Menschen, die ihnen wichtig sind, und auf die sie ihre „perfekten“ Erwartungen gerichtet haben, können ihren überhöhten Maßstäben nicht genügen. Diese Enttäuschung macht ihnen „Streß“: Sie verdoppeln und verdreifachen ihre Anstrengungen, aber ihr Blickfeld verengt sich. Ihr Ton wird schärfer, rigider und unversöhnlicher, so daß andere auf Distanz zu ihnen gehen. Je verbissener sie ein Ziel anstreben, desto größer wird der Abstand zur eigenen Ideallinie. Und bald bleibt nur noch die schockierende Erkenntnis, daß all die überanstrengte Selbstkasteiung nicht zum gewünschten Ergebnis geführt hat. Es scheint alles vergebens gewesen zu sein, ein Ausweg scheint nirgendwo in Sicht. Die Felle schwimmen davon. Und dann kommt es fast zwangsläufig zu einem *Umschlag,* zunächst in Passivität und Resignation, später nehmen Schuldgefühle überhand, und selbstquälerische Gedanken häufen sich. Vorwürfe werden nun gnadenlos gegen die eigene Person gerichtet. Die Ideale, die vordem Kontrolle, Halt und Antrieb zugleich lieferten, scheinen sich gänzlich aufgelöst zu haben. Es gibt nichts mehr, woran man sich noch halten könnte. Verzweiflung ist nicht mehr fern. Der Zorn und die Aggressionen werden jetzt mitleidlos gegen die eigene Person gerichtet. Und die unbarmherzige Selbstkritik, die kein gutes Haar mehr an ihnen selbst läßt, führt sie in die Depression. Darüber schämen sie sich um so mehr, weil dieser Zustand ganz weit weg ist von ihrem idealen Bild von sich selbst. *Richtig* und *falsch* taugen plötzlich nicht mehr als ordnungsstiftende Kategorien. Verwirrung breitet sich aus.

In diesem Zustand haben Menschen vom Muster EINS in ihrem inneren Erleben und in ihrem äußeren Verhalten sehr viel Ähnlichkeit mit Menschen vom Muster VIER in ihrem verwickelten Stadium. Wie diese sind sie von Launen getrieben, und für ihre Umwelt werden sie eher zur Zumutung. Wie diese neigen sie dazu, sich gehenzulassen, und – was früher unvorstellbar gewesen wäre – sie befinden sich damit im Gegensatz zu ihrem früheren Vollkommenheitsstreben. Wie diese verfangen sie sich in einer Abwärtsspirale egozentrischen Selbstmitleids, die durch eine „Es-hat-ja-doch-alles-keinen-Sinn-Haltung“ nur noch beschleunigt wird. Wie die Menschen vom Muster VIER vergleichen sie sich neidisch mit anderen, denen es besser geht und die erfolgreicher sind, und sie vergrößern damit das Gefühl persönlicher Wertlosigkeit.

Helen Palmer berichtet von Menschen vom Muster EINS, die in diesen für sie schlimmsten Phasen paradoxerweise Entscheidendes gelernt hätten: Die Selbstkonfrontation mit Sinnfragen habe ihnen geholfen, ihre eigentlichen Aufgaben und ihre wahren Bedürfnisse zu entdecken. Diese seien vorher unter dem Diktat des *„Du sollst!“* verschüttet gewesen. Statt dessen hätten sie sich in dieser für sie schlimmen Zeit danach fragen gelernt, *was sie* wirklich *wollten.*

Entwicklungstendenzen
Menschen vom Muster EINS neigen also dazu, sich selbst in ein Gefängnis von Sollen, Müssen, Pflicht, Verantwortung und harter Arbeit einzusperren. Den Schlüssel – zumindest für eine Art Freigängertum auf Probe – können sie bei den entwickelten Menschen vom Muster SIEBEN finden. Auf anziehende Weise führen diese ihnen vor, wie man die „Leichtigkeit des Seins“ erträglich gestalten kann. Sie demonstrieren ihnen, daß es möglich ist, in komplexen Situationen vorwiegend das Gute zu sehen und dennoch mit leichter Hand Lösungen zu bewerkstelligen, die jemandem, dessen Blick eher zwanghaft vom Unvollkommenen angezogen wird, einfach nicht einfallen würden. Sie führen glaubhaft vor, daß Glücklichsein eine *legitime* Daseinsform ist, die keineswegs mit Selbstsucht oder Verantwortungslosigkeit erkauft werden muß. Sie zeigen, daß Freude und Vergnügen mit Selbstdisziplin einerseits und maßvollem Umgang mit eigenen und fremden Ressourcen andererseits keineswegs einander ausschließen. Vielmehr, daß sie sich nicht nur ergänzen, sondern sogar einander bedingen. Sie leben ihnen vor, daß es möglich ist, ohne zwanghafte Kontrolle über die eigenen emotionalen Impulse dennoch nicht im Sumpf des Vergnügens zu versinken, sondern daß Spaß am Leben *und* Schaffenskraft miteinander in Harmonie zu bringen sind. Sie führen ihnen vor, daß es gut ist zu unterscheiden, wo Perfektion überhaupt angezeigt ist und wo sie eher kontraproduktiv wird. Denn sie kämen gar nicht erst auf die Idee, die Dinge des Lebens unterschiedslos perfektionieren zu wollen. Sie scheinen zu wissen, daß von den Fünfen, die man gerade sein lassen kann, ein merkwürdiger Zauber ausgeht.
Vor allem aber können entwickelte Menschen vom Muster SIEBEN die *suchenden* Menschen vom Muster EINS lehren, daß die höchste Lebenskunst darin besteht, die Dinge so zu nehmen, wie sie nun einmal sind. Und daß es sich fast nie auszahlt, der Realität zu grollen oder an den Dingen, die nicht zu ändern sind, herumzumäkeln. Denn was sich dadurch lediglich verändert, ist die eigene Zufriedenheit: leider zur negativen Seite hin.
Eine tückische Falle wäre es für die Menschen vom Muster EINS, diese attraktiven Lebensziele mit den ihnen so vertrauten Mustern des Lernen-Müssens oder Lernen-Sollens anzugehen. Das würde sie geradewegs in eine *Sei-spontan!-Paradoxie* führen und hätte eine um so größere Enttäuschung fast zwangsläufig zur Folge. Vielleicht würde sich für sie schon das einfache Experiment lohnen, einmal auszuprobieren, ob die befürchtete Katastrophe

tatsächlich eintritt, wenn sie davon loslassen, etwas unbedingt unter ihrer Kontrolle halten zu müssen. Selbst banale Dinge sind bereits geeignet, hierüber eine interessante Erkenntnis hervorzubringen.
Wie gesagt: Entwickelte Menschen vom Muster SIEBEN sind die glaubwürdigsten Vorbilder dafür, daß die Leichtigkeit des Seins erträglich ist und daß es nicht erst paradiesischer Umstände bedarf, sie ins Leben zu holen. Und sie zeigen, daß das alles ohne Schuldgefühle und ohne schlechtes Gewissen möglich ist.

Der Mann, der auf dem Wasser ging

Ein dem Herkömmlichen verbundener Derwisch aus einer strengen frommen Schule wanderte eines Tages am Ufer eines Flusses entlang. Er war vertieft in Gedanken über moralische und gelehrte Probleme, denn das war die Art der Schulung, zu der es in der Gemeinschaft, der er angehörte, gekommen war. Er stellte die fromme Bewegtheit des Gemütes mit dem Suchen nach der letzten Wahrheit auf dieselbe Stufe.
Plötzlich wurden seine Gedanken von einem lauten Rufen unterbrochen. Jemand rief, und er rief den Derwischruf. Der Derwisch aber dachte bei sich. „So hat das keinen Zweck, denn der Mann spricht die Silben falsch aus. Statt Ya Hu zu intonieren, sagt er U Ya Hu."
Dann wurde ihm klar, daß er als besserer Kenner dieser Übung die Pflicht habe, den unglücklichen Menschen zu korrigieren, der vielleicht nicht richtig angeleitet worden war und daher einfach nur versuchte, sein Bestes zu tun bei der Einstimmung auf das Wesentliche, das hinter den Lauten liegt.
So mietete der Derwisch ein Boot und fuhr zu der Insel hinüber, die mitten im Strome lag, und von der die Rufe zu kommen schienen. Dort fand er einen mit dem Derwischgewand bekleideten Mann in einer Schilfhütte sitzen. Er wiegte sich im Takt des einweihenden Derwischrufes, den er wieder und wieder ertönen ließ.
„Mein Freund", sagte der erste Derwisch, „du sprichst die Worte falsch. Es ist meine Pflicht, dir das zu sagen, denn es ist verdienstlich, Rat zu geben und Rat zu empfangen. Du mußt die Worte auf folgende Weise intonieren" – und er zeigte es ihm.
„Ich danke dir", sagte der andere Derwisch demütig.

Der erste Derwisch stieg wieder in sein Boot, voller Zufriedenheit, weil er etwas Gutes getan hatte. Immerhin heißt es, daß der Mensch, der die heilige Formel korrekt wiederholt, sogar auf dem Wasser wandeln könne; er hatte das noch nie gesehen, hoffte jedoch noch immer – aus irgendeinem Grunde – es einmal zuwege bringen zu können.
Nun hörte er nichts mehr aus der Schilfhütte, aber er war sicher, daß sein Unterricht gut aufgenommen worden war.
Dann aber hörte er ein gestammeltes U Ya – denn der zweite Derwisch rief den Ruf wieder auf die alte Art…
Während der erste Derwisch sich hierüber noch Gedanken machte und über die Verderbtheit der Menschheit und das hartnäckige Beharren im Irrtum im allgemeinen nachsann, bot sich ihm plötzlich ein merkwürdiger Anblick: Der andere Derwisch kam von der Insel zu ihm herüber gelaufen, – ja, er wandelte auf dem Wasser…
Verblüfft ließ er die Ruder sinken. Der zweite Derwisch kam zu ihm heran und rief: „Bruder, es tut mir leid, dir Mühe zu bereiten, aber ich mußte herkommen, um dich noch einmal nach dieser Methode zu fragen, damit ich die Worte auf die richtige Weise wiederhole, habe ich doch Schwierigkeiten, sie zu behalten.“ (G15)

EINS im Bild *(E. Holz)*
Die Darstellung habe ich aufgebaut auf dem perfektionistischen Grundraster, das sich – neben einer eigenen Vielfalt – immer wieder selbst begrenzt und beschränkt. Die brodelnde und unruhige Lava des unterdrückten Zornes bringt nicht nur einen zunächst wohlgeordneten Blütenkelch hervor, sondern aus der Lava erheben sich auch die beiden Dämonen des Zorns. Der heiße Atem, den sie hervorbringen, umschließt und bedrängt in einem kaum endenwollenden, stummen Kampf die empfindsamen Blütenblätter. Selbst die innere Auflehnung kann sich dem flammend-heißen Atem nur durch die Zur-Schau-Stellung des Festhaltens an einer Regelhaftigkeit und Ordnung widersetzen. Nur der oben dargestellte Weg zur Entfaltung – das nicht mehr zwanghafte Festhalten an vielfachen Ordnungssystemen – gibt Entspannung. Die Blüte gelangt schließlich zu wahrhafter Autonomie, setzt dem heißen Atem Kühlung entgegen, kann vielleicht loslassen mit Hilfe der Erkenntnis, daß die Dämonen des Zornes selbst neben der Macht, die sie zu haben scheinen, auch kraftvoll und von eigener Schönheit sind, weil sie „Über"-leben gespendet haben.

E.H. 2/95

Kann ich Ihnen irgendwie helfen?
Über die Menschen vom Muster ZWEI

So werden Menschen vom Muster ZWEI von anderen Autoren benannt

Autor(en)	Bezeichnung des Musters
Beesing u.a.	ZWEI
Böschemeyer	Der Helfer
Frings Keyes	Das Programm: Hilfsbereitschaft und Manipulation
Gallen/Neidhardt	Das Muster ZWEI
Jaxon-Bear	Die göttliche Mutter
Hurley/Dobson	Die HelferInnen
Naranjo	Stolz und histrionische Persönlichkeit (Egocentric Generosity)
Palmer	Der Geber
Rohr/Ebert	Typ ZWEI
Riso	Der Helfer
Vollmar	Der Planer

Dämonische Verwandtschaft
Der Dämon des Stolzes wäre der zuständige Spezialist für die Menschen vom Enneagramm-Muster ZWEI gewesen. In der christlichen Tradition galt der Stolz als das gefährlichste Laster. Erlag doch der stolze Mensch den Einflüsterungen seines Dämons, nicht Gott als Helfer anzuerkennen, sondern zu glauben, selbst die Ursache seiner guten Taten zu sein. Und wie nahe lag es da, auf seine Mitmenschen von oben herab zu schauen; sie für unwissend, unverständig oder gar nichtswürdig zu halten.
Schließlich konnte der Dämon des Stolzes einen Mönch so sehr von sich selbst eingenommen sein lassen, daß dieser sogar glaubte, selbst Gott zu sein. Je gottähnlicher desto herablassender; die herablassende Art im Umgang mit anderen war gewissermaßen die Bedingung, ohne die es das Gefühl der Gottähnlichkeit gar nicht gegeben hätte.
Aber der Fortgang der Geschichte war – und ist – offenbar programmiert: „Hochmut kommt vor dem Fall!“ Wer sich für Gott hält, verleugnet sein Menschsein. Er verliert den Bezug zur Realität, bläht sich immer mehr in seiner Scheinwelt auf, die, wenn sie zerbricht, den Menschen in die Traurigkeit und die Verwirrung des Geistes versinken läßt.

Neben der Technik, das Ego des Mönchs aufzublähen (wie wir es heute formulieren würden), riet der Dämon dem Mönch, nicht zu seinen Mitbrüdern zu gehen und sich mit ihnen auszutauschen, da sie in der Erkenntnis ja doch nicht weiter seien als er. Im Gegenteil: Der Dämon schärfte ihm die Sinne für die Sünden und Verfehlungen seiner Mitbrüder, auch und insbesondere deren Hilfsbedürftigkeit sah er wie mit einer Lupe vergrößert. Wie nahe lag es da, in tiefer Besorgnis um das Heil der Mitbrüder (scheinbar) großherzig und mit umfassendem Verständnis darauf zu reagieren.
Gerade diese Situation macht besonders deutlich, weshalb das Laster des Stolzes als das gefährlichste angesehen wurde: Das Böse schlüpft in das Gewand des Guten. Sich den Schein des Guten zu geben, war also das eigentlich Verwerfliche. Besorgnis und Solidarität wurden nur vorgespiegelt. Dahinter verbarg sich die Sucht, im intimen Dunkel der anderen zu wühlen. Vermutlich, um der Dunkelheit im eigenen Innern nicht angesichtig zu werden. Da war ja der Stolz davor.
Wie subtil die Dimension ist, mit der wir es hier zu tun haben, wird in der folgenden Geschichte deutlich:

Ein Niemand

Eines Tages stürmte ein Rabbi in einem Anfall religiöser Inbrunst in eine Synagoge hinein, fiel auf seine Knie und begann mit den Fäusten auf seine Brust zu schlagen, mit dem Ausruf: „Ich bin nichts, ich bin niemand!"
Der Kantor der Synagoge, durch diesen Akt spiritueller Demut beeindruckt, schloß sich dem Rabbi an, fiel auf seine Knie und rief auch: „Ich bin niemand! Ich bin niemand!"
Der Shamus (Tempeldiener), der alles aus einer Ecke beobachtet hatte, konnte sich nun auch nicht mehr zurückhalten, er gesellte sich den beiden zu, fiel auch auf die Knie und rief aus: „Ich bin niemand! Ich bin niemand!"
Worauf der Rabbi den Kantor anstieß und, zum Shamus zeigend, sagte: „Schau an, wer sich für einen Niemand hält!" (G16)

Und wie der Dämon des Stolzes selbst in Zeiten größter Not den Geist eines Menschen verblenden kann, indem er ihn sogar trotz extremer Hilfebedürftigkeit maßlos anspruchsvoll sein läßt, zeigt eine andere Geschichte:

Der überschwemmte Anspruch

Während einer großen Überschwemmung betete ein Rabbi, daß Gott ihm helfe. Das Wasser stieg jedoch immer höher, und er kletterte schließlich auf das Dach eines Hauses.
Als ein Boot vorbeikam und ihn aufnehmen wollte, lehnte er ab: „Ich warte, daß Gott mir hilft“, und er betete weiter.
Dann überflog ihn ein Hubschrauber und wollte ihn holen, er aber antwortete: „Nein, nein, ich warte, bis Gott mir hilft.“
Schließlich ist er ertrunken, und als er vor Gott kam, beschwerte er sich: „Jetzt habe ich so gebetet, und du hast mir nicht geholfen.“ – „Doch“, sagte Gott, „ich habe dir ein Boot und einen Hubschrauber geschickt.“ (G17)

Der Weg der Menschen vom Muster ZWEI

Ich werde gebraucht, also bin ich. Die Menschen vom Muster ZWEI sind unbewußt darauf ausgerichtet, vielfältige und subtile Anstrengungen zu unternehmen, um dieses Gefühl der Daseinsberechtigung so oft als möglich zu erwerben. Und weil sie es aus sich heraus offenbar nicht herstellen oder nähren können, sondern es aus ihrer Umwelt beziehen müssen, haben sie fast zwangsläufig Fähigkeiten und Fertigkeiten perfektioniert, die sie in die Lage versetzen, ihre Umwelt für diesen Zweck zu gebrauchen: Freundlichkeit, Hilfsbereitschaft, soziale Sensibilität, Aufgeschlossenheit für die Nöte und Probleme anderer Menschen und ein unermüdlicher Einsatz für die Verbesserung menschlicher Lebenslagen.

Hätte ihnen jemand in der verwickelten Phase ihres Lebensweges eine solch wenig schmeichelhafte Analyse ihrer eigentlichen Triebkräfte angeboten, sie hätten diese mit Entrüstung weit von sich gewiesen. Und wahrscheinlich hätten sie es fertiggebracht, den so Urteilenden mit einem bohrenden Schuldgefühl darüber zurückzulassen, wie er sich nur erdreisten konnte, diesen großzügigen und selbstlos-hilfsbereiten Menschen gegenüber so undankbar zu sein. Nach einer gut dosierten Weile angemessener Zerknirschung hätten sie ihm, diesem undankbaren Menschen, wahrscheinlich generös vergeben und ihn mit dieser Großzügigkeit zusätzlich beschämt.

Vielleicht hätten sie sich durch diesen Vorfall kurzfristig erschüttert gefühlt, aber die nächste hilfreiche Geste, spätestens aber die übernächste helfende Zuwendung an andere und deren dankbare Reaktionen darauf, hätten ihre innere Balance wiederhergestellt. Außerdem war die Wahrscheinlichkeit, so „undankbar“ konfrontiert zu werden, eher gering, denn Hilfsbereitschaft, Entgegenkommen und Gefälligkeit sind Haltungen, die menschliches Mit-

einander ermöglichen und erleichtern; sie sind in hohem Maße sozial und kulturell erwünscht.
Die Menschen vom Muster ZWEI lernten also, ihre soziale Witterung so zu verfeinern, daß sie schneller als andere und an eher unauffälligen Anzeichen die „soziale Temperatur" ablesen konnten. Die Art, wie ihr Gegenüber die Augenbraue hob, konnte ihnen bereits Aufschluß über dessen Befindlichkeit geben. Und mit Hilfe dieser Situationsdiagnose wußten sie, womit sie dem anderen eine Freude bereiten, ihn bestätigen, sein Wohlbefinden verbessern oder ihm sonstwie hätten helfen können. Und so lernten sie, sich immer genauer auf ihren jeweiligen Gegenüber einzustellen und dessen Befindlichkeit als Maßstab für sich selbst zu übernehmen. Und sie hofften, auf diese Weise immer besser mit ihm zurechtzukommen.
Was von außen betrachtet fast wie seelische Prostitution anmutet, fühlte sich für sie stimmig und authentisch an. Denn für sie war es der natürlichste Vorgang der Welt, sich über die Bedürfnisse und Wünsche anderer zu definieren und von ihnen emotionale Bestätigung zu bekommen. Und deswegen war auch nichts Verwerfliches dabei, auf wohlwollende Reaktionen der Umwelt hinzuarbeiten und dafür selbst frustrierende Umstände in Kauf zu nehmen.
Heikel begann es zu werden, wenn sie auf ein Ansinnen anderer ehrlicherweise hätten nein sagen müssen. Statt dessen machten sie oft spontane Versprechungen, die sie im nachhinein nicht einhalten konnten. Das machte sie ärgerlich über sich selbst und brachte ihnen zusätzlich Schuldgefühle ein.
Eng wurde es für sie, wenn andere ihre Hilfe ablehnten oder ihnen den Dank für ihre Hilfsbereitschaft versagten. Denn obwohl die Menschen vom Muster ZWEI den Eindruck erweckten, daß ihnen das nicht so wichtig sei, achteten sie sorgfältig auf Dankesbezeugungen; ein bestätigender Blick oder ein vertraulicher Satz wären ausreichend gewesen. Wenn das oder ähnliches ausblieb, konnten Selbstmitleid oder Märtyrer-Attitüde die Folge sein. Und der Mensch, der den Dank schuldig blieb, konnte sich plötzlich mit Feindseligkeit konfrontiert sehen. Oder sie konnten in ihrem Beleidigtsein die Atmosphäre so vergiften, daß die anderen sich wie ausgeliefert vorkamen.
Im Rückblick versteht der Mensch vom Muster ZWEI, daß in der menschenfreundlichen Konstruktion seines Weltbildes einiges als schiefe Ebene angelegt war: Mit seinem freundlichen Entgegenkommen und seiner emotionalen Wärme konnte er Menschen das Gefühl geben, es mit einem alten Freund zu tun zu haben, von dem persönlich sie nach ihren Begegnungen allerdings kaum etwas wußten, vorausgesetzt, sie hätten sich überhaupt danach gefragt. Denn so sehr er sich für die Probleme anderer interessiert zeigte und erwartete, daß die anderen sich ihnen gegenüber rückhaltlos öffneten, so schwer fiel es ihm,

sich selbst preiszugeben. Zu groß war seine Scham, selbst bedürftig zu erscheinen, zu groß war seine Angst, infolge seiner Bedürftigkeit abgelehnt oder nicht mehr gemocht zu werden. Das ging manchmal so weit, daß er sich selbst glauben machen konnte, keine eigenen Bedürfnisse zu haben und sich deswegen aus freien Stücken um die Bedürfnisse anderer zu kümmern. Daß es in Wirklichkeit oft nicht mehr als ein (unbewußter) Tauschhandel nach dem Motto: „Meine Hilfe gegen deine Anerkennung" war, zählte zu seinen schmerzlichsten Desillusionierungen.

Ähnlich quer ging ihm die Einsicht, daß er andere Menschen auf subtile Weise manipuliert haben könnte, um von ihnen die Anerkennung zu bekommen, die er so dringend brauchte. Und daß er versucht haben könnte, sie von seiner Fürsorglichkeit abhängig zu machen, damit ihm ihre Dankbarkeit gleichsam als Dauernahrung zuflösse. Denn er war ehrlich überzeugt, daß andere Menschen manches ohne seine Unterstützung einfach nicht geschafft hätten. Daß er sie subtil verführt haben könnte, Vorhaben zu realisieren, die eigentlich seinen Bedürfnissen entsprachen, auf diesen Gedanken wäre er früher von sich aus nicht gekommen. Er war überzeugt, daß diese Vorhaben ihren ureigensten Bedürfnissen entsprächen. Wie sonst wäre es zu erklären gewesen, daß es zwischen ihm und vielen Menschen freundschaftliche Bande gab, die durch räumliche und zeitliche Distanz nicht beschädigt werden konnten?

Die stärkste Erschütterung seines Selbst- und Weltbildes versetzte ihm die zunächst zaghafte Ahnung und spätere Erkenntnis, daß der Stolz sein beherrschender Antreiber gewesen war: Stolz hatte ihn verblendet zu glauben, daß sein Interesse für Mitmenschen echte und uneigennützige Liebe gewesen sei. Stolz brachte ihn dazu, vor sich selbst die Bedürftigkeit anderer so zu vergrößern, daß er seine eigene dahinter bequem verstecken konnte. Stolz machte ihn glauben, seine Hilfsbereitschaft sei allgemein und ungerichtet; in Wahrheit zielte sie bevorzugt auf „lohnende" Menschen oder solche, die er dafür hielt; anderen ging er geflissentlich aus dem Weg. Und selbstverständlich brachte ihn sein Stolz dazu, Privilegien für sich einzufordern; sie standen ihm einfach deshalb zu, weil er soviel von sich weggegeben hatte. In sehr verwickelten Zeiten seines Lebens machte ihn sein Stolz sogar glauben, daß sein Beitrag zur Rettung der Welt unverzichtbar sei. Und am Tiefpunkt seiner Krise machte ihn sein Stolz glauben, daß ihm nun niemand mehr helfen könne, weil es niemanden gäbe, der ihn tragen könnte.

Der Fall, der nach dem Hochmut kam, mußte zwangsläufig tief sein; denn festzustellen, daß es leichter gewesen war, für andere zu sorgen als für sich selbst, tat weh und verunsicherte ihn zutiefst. Aber seine symbiotische Abhängigkeit von der Bestätigung durch andere konnte nur durch schmerzhafte Verlusterfahrungen überwunden werden.

Entwickelte Menschen vom Muster ZWEI haben gelernt, daß es in ihrem Leben genügt zu sein, und daß sie ihre Daseinsberechtigung nicht erst durch „Dienst am Nächsten“ erkaufen müssen. Sie haben gelernt, daß sie selbst Bedürfnisse haben und selbst bedürftig sind. Sie wissen nun, daß sie dies anderen Menschen direkt und ohne Ängstlichkeit mitteilen können. Sie haben gelernt, daß es zwischen ihrem Ich und den anderen Ichs Grenzen gibt, die nicht überschritten werden dürfen, und daß der Zweck hierfür noch nie die Mittel geheiligt hat. (Sie haben gelernt, sich ihrer diesbezüglichen Grenzüberschreitungen zu schämen.) Sie wissen zu würdigen, daß es keine Selbstverständlichkeit, sondern ein Privileg ist, im Leben eines anderen Menschen eine bedeutsame Rolle zu spielen.

Sie können ihre Warmherzigkeit nun als wirkliches Mitgefühl leben. Sie haben – wegen ihres nunmehr echten Interesses an Menschen – ein feines Gespür für die individuellen Nuancen und Potentiale. Sie fühlen sich zu Hause in der wunderbar abgestuften Komplexität menschlicher Bedürfnisse und menschlicher Entwicklungsmöglichkeiten. Die Verschiedenheit der individuellen Ausprägungen empfinden sie als Reichtum und Herausforderung zugleich. Diese Unterschiede registrieren sie mit Sorgfalt und mit Liebe zum Detail. Mit Hilfe ihrer Fähigkeit, sich anderen Menschen authentisch und unverstellt zuzuwenden, fordern sie deren Bestes heraus, locken es hervor und machen es für die Betreffenden sichtbar, fühlbar und attraktiv. Bei all diesen wechselseitigen Beziehungen und Beeinflussungen achten sie sorgfältig auf sich, achten ihre eigene Belastbarkeit und ihre Grenzen. Ein unmißverständliches Nein gehört zu ihrer Ausstattung, falls es zum eigenen Schutz erforderlich ist.

Der Kampf mit dem Dämon des Stolzes hat sie gelehrt, bescheiden zu werden, d.h. den wahren Wert und die einmalige Würde des anderen, dessen innere Schönheit staunend anerkennen zu können.

Es ist ihnen möglich, sich in das Zarte und Zerbrechliche, das des besonderen Schutzes bedarf, einzufühlen. Dieser Schutz, der seinerseits nuancenreich und ohne dankheischende Attitüde – einfach so – dargeboten wird, ist zur natürlichen Haltung geworden. Sie gelingt ohne merkliche Anstrengung. Energie fließt hinüber und herüber, Distanz und Nähe gehen spielerisch ineinander, und es bilden sich neue Qualitäten wechselseitiger Attraktivität heraus.

In dieser Atmosphäre macht es Freude, ein Mensch zu sein, macht es Freude, der Mensch zu werden, der nur Du werden kannst. Der Raum ist weit und bietet Platz für die unterschiedlichsten Spielarten des Lebendigen. Über allem schwebt ein feiner Humor, der wissend und genau ist, leichthändig und augenzwinkernd, genährt aus der unerschöpflichen Quelle, die der Liebe zur Kreatur entspringt.

Das Ringen mit dem Dämon des Stolzes hat diese Menschen gelehrt, daß sie die wirklich wichtigen Dinge des Lebens nicht *machen* können, so raffiniert sie es auch immer anzustellen versucht haben. Und sie haben gelernt, daß sie sich Liebe weder erdienen noch erschleichen können. Was ihnen bleibt, ist, in die „Bangigkeit des Werdens" *(M. Buber)* einzutauchen, sich von ihr ergreifen zu lassen, sie mit anderen redlich zu teilen. Und so wäre aus dem „Helfer" ein Freund geworden.

Schieben Sie gerne?

Signor Veneranda machte einem Boten, der mit seinem Fahrrad daherkam, ein Zeichen, und der Bote hielt an.
„Entschuldigen Sie", sagte Signor Veneranda und beugte sich aus dem Fenster seines Wagens, „würden Sie gerne ein wenig anschieben?"
„Aber natürlich", sagte der Bote. Er stieg von seinem Fahrrad, schob es an den Randstein, ging dann hinter den Wagen und schob an. Durch das Anschieben kam der Wagen in Bewegung und lief ungefähr hundert Meter.
„Auf was warten Sie eigentlich, um den Gang einzulegen?", fragte der Bote den Signor Veneranda. „Wenn Sie den Gang nicht einlegen, kann ja der Motor nicht anspringen." „Wenn's nur das ist", sagte Signor Veneranda, „ich brauche ja nur die Zündung zu betätigen." Signor Veneranda betätigte also die Zündung, und der Motor sprang an.
„Ja gibt's denn sowas!" staunte der Bote, „warum haben Sie mich dann gebeten, den Wagen anzuschieben?"
„Ich habe Sie nicht gebeten, den Wagen anzuschieben", sagte Signor Veneranda, „ich habe Sie nur gefragt, ob Sie gern ein wenig anschieben würden. Sie haben gesagt, „aber natürlich". Wenn Sie's also gern tun, schieben Sie ruhig weiter."
„Ich habe gedacht, Ihr Motor springt nicht an", stotterte der ganz verdatterte Bote.
„Denken können Sie, was Sie wollen", sagte Signor Veneranda, „dafür kann ich nichts. Ich habe Sie schieben lassen, und damit genug, und Sie, statt sich dafür zu bedanken, beklagen sich auch noch..."
„Bedanken? Ja, für was denn?" schrie der Bote. „Dafür vielleicht, daß Sie mich Ihren Wagen ganz grundlos haben anschieben lassen?"

„Ich habe Sie überhaupt nicht anschieben lassen. Sie wollten doch. Ich habe mich nur erkundigt, ob Sie gern anschieben würden oder nicht. Sie haben gesagt, daß sie es gerne tun und haben geschoben. Ein anderer an meiner Stelle wäre nicht so rücksichtsvoll gewesen, der hätte wahrscheinlich gesagt: „Gehen Sie, zu wem Sie wollen, ich habe keine Zeit."
„Ich habe aber gar keine Lust, Autos anzuschieben", protestierte der Bote. „Jetzt hören Sie mal zu", sagte Signor Veneranda, „widersprechen Sie sich doch nicht! Wenn Sie schon unbedingt diskutieren müssen, stehlen Sie mir nicht meine Zeit."
„Entschuldigen Sie", schrie er dann einem Autofahrer zu, der seinen Wagen neben dem seinigen parkte, „möchten Sie sich von diesem Spaßvogel hier schieben lassen? Ich habe eine dringende Verabredung heute früh..." Und Signor Veneranda legte den Gang ein und startete im Raketentempo. (G18)

Ein genauerer Blick in die innere Dynamik des Musters ZWEI

Mustertypische Verzerrung der Weltsicht

Menschen vom Muster ZWEI scheinen zu glauben, daß im Namen der Liebe alles erlaubt sei. Und sie scheinen zu glauben, daß Gefühle wichtiger seien als Gedanken. Wenn sie in einen Konflikt zwischen Fühlen und Denken geraten, unterliegt wahrscheinlich das Denken. Sie scheinen weiterhin zu glauben, daß es nötig sei, andere Menschen zu verführen, und daß es legitim sei, andere Menschen zum „Guten" hin zu manipulieren. Sie fühlen sich als etwas besonderes, und aus diesem Selbstgefühl heraus beanspruchen sie für sich Aufmerksamkeit und Privilegien. Tief drinnen scheinen sie davon überzeugt zu sein, daß *die anderen nicht ohne sie können.*

Abwehrmechanismen

Stolz nährt und erhält das Selbstbild und das Selbstwertgefühl der Menschen vom Muster ZWEI. Und um der vielen seelischen Impulse Herr zu werden, die dieses stolze Selbstbild gefährden, bedienen sie sich vorwiegend der *Verdrängung* als Abwehrmechanismus. Gedanken, Bilder, Erinnerungen oder allgemein: Vorstellungen, die mit einem Trieb oder seelischen Impuls zusammenhängen, werden in das Unbewußte zurückgedrängt. Oder sie werden dort festgehalten und können deswegen gar nicht erst im Bewußtsein ankommen. Wann geschieht Verdrängung? Vorwiegend dann, wenn die Befriedigung eines Triebes mit anderen Forderungen kollidieren würde und dadurch Unlust entstünde. Wichtig ist, daß nicht der Trieb selbst, sondern nur das verdrängt wird, was sich von ihm in der bewußten Vorstellung des Menschen abbildet; anders gesagt: das, woran er denkt, und das, was er wahrnimmt.

Naranjo meint, daß Menschen vom Muster ZWEI mit ihren Wünschen genau so umgehen, wie es die Theorie der Verdrängung nahelegt: Sie wollen es nicht genau wissen oder wahrhaben, was ihre Wünsche wirklich bedeuten; sie halten es lieber im Vagen, Unklaren, Verschwommenen. Er präzisiert: Menschen vom Muster ZWEI verdrängen die Erkenntnis, daß ihr Gutsein und ihre übermäßige Hilfsbereitschaft nicht selten aus eigennützigen Motiven gespeist werden. Tatsächlich geben sie, um zu bekommen, und tatsächlich geben sie im Übermaß, um sich als *Geber* zu fühlen. Weil sie dieses Gewahrwerden durch Verdrängung gar nicht erst zulassen, können sie nach ihren Impulsen und den dazu passenden Gefühlen handeln und bekommen manchmal Not, wenn es darum geht, die Folgen dieser Handlungen zur Kenntnis zu nehmen.

Naranjo nimmt an, daß Menschen vom Muster ZWEI die Denkfunktionen geringer bewerten als den Bereich des Emotionalen und daß sie dazu neigen, Situationen zu *emotionalisieren* (wie Menschen des Musters FÜNF z.B.

umgekehrt dazu neigen, Gefühle zu *intellektualisieren*). Unbewußter Zweck dieser Emotionalisierungsprozesse sei es, die Aufmerksamkeit von der Wahrnehmung der eigenen Bedürftigkeit abzulenken. Sie wandelten Bedürftigkeit durch den Prozeß der Verdrängung in ein Gefühl heiterer Zufriedenheit um. Diese wiederum benützten sie als Köder für andere und als Medium für ihre Verführung, weil heitere Zufriedenheit attraktiv sei.

Menschen vom Muster ZWEI besäßen darüber hinaus die Eigenschaft, ihren „Emotionalismus“ durch Impulsivität zu verstärken. Das erkläre ihr ungeduldiges Bedürfnis, zufriedengestellt zu werden, genauso wie ihre Zudringlichkeit im zwischenmenschlichen Bereich. Darüber hinaus mache es ihren unersättlichen Drang nach Intensität verstehbar.

Ein weiterer Gedanke führt in noch subtilere Zusammenhänge: Der Stolz der Menschen vom Muster ZWEI, der eine Aufblähung ihres Egos zur Folge habe, entstehe aus der Verdrängung ihrer Bedürftigkeit, und diese sei gleichbedeutend mit der Verdrängung von *Neid.* Diese Verdrängung gelinge durch die hinzukommende, übertriebene Emotionalität. Neid zu verdrängen bedeute aber, zwei zentrale Inhalte zu verdrängen: einen starken Hunger nach Liebe und das Gefühl, nicht liebenswert zu sein. Dies sind die zentralen Themen der Menschen vom Muster VIER.

Verwicklungstendenzen

Menschen vom Muster ZWEI sind manchmal gerührt von ihrer eigenen Güte. Sie bewundern sich hin und wieder ob ihrer Großherzigkeit und Opferbereitschaft. Sie kommen sich fast wie Helden vor, wenn sie sich dabei beobachten, wie sie ihre eigenen Bedürfnisse hintanstellen. Vorausgesetzt, sie gestehen sich zu, überhaupt welche zu haben. Sie neigen dazu, sich Zuwendungen und Wertschätzung zu erkaufen, indem sie die Bedürfnisse anderer befriedigen. Da ihr „Stoff“ zwischenmenschliche Beziehungen sind, liegt genau hier auch ihre „Sollbruchstelle“. Solange Menschen, die ihnen wichtig sind, mit Wertschätzung (und ein bißchen Dankbarkeit) auf ihre fürsorglichen Bemühungen reagieren, geht es ihnen gut. Wenn jedoch Wertschätzung und Dankbarkeit ausbleiben, wird es für die Menschen vom Muster ZWEI eng. Wenn es für sie eng wird, verstärken sie zunächst ihr Bemühen, die Bedürfnisse anderer zu befriedigen und *verdrängen* ihre eigenen Bedürfnisse um so stärker. Der *Umschlag* tritt ein, wenn sie anfangen, sich ausgenutzt, abgewiesen oder gedemütigt zu fühlen. Ihre Verletzung bzw. Kränkung ist jetzt so groß, daß sie durch Verdrängung nicht mehr kompensiert werden kann. Ihre sonst so gewinnende Liebenswürdigkeit ist plötzlich wie weggeblasen. Sie werden reizbar und ihr Umgangston kann unvermittelt eine ätzende Schärfe annehmen.

Aus der Verletzung entsteht Bitterkeit und manchmal auch Haß gegen die Menschen, die ihre ‚Liebe' nicht angemessen erwidert haben. Die aufsteigenden Aggressionen erzeugen Rachegedanken und Rachegelüste. In diesem Stadium verhalten sie sich so wie verwickelte Menschen vom Muster ACHT. Anders als diese haben die Menschen vom Muster ZWEI allerdings keine Routine im direkten Umgang mit ihren Aggressionen. Sie tun sich schwer, ihre Aggressionen offen herauszulassen. Also verhalten sie sich zunächst passiv-aggressiv, indem sie z.B. das soziale Klima vergiften. Oder sie kanalisieren ihre Rachegelüste in Lästereien und herabsetzenden Äußerungen, die sie hinter dem Rücken desjenigen machen, der ihre Wünsche nach Zuwendung *frustriert* hat. Verschafft ihnen dies noch keine Genugtuung, gehen sie dazu über, den Undankbaren wie Luft zu behandeln. Sie tun so, als gäbe es diesen Menschen gar nicht mehr.
Ihr Rachenehmen findet also überwiegend auf der Ebene der Beziehungsbotschaften statt, was der unerbittlichen und gnadenlosen Wirkung jedoch keinen Abbruch tun muß. Wenn es ganz schlimm kommt, d.h. wenn die verletzte Liebe in einen abgrundtiefen Haß umgeschlagen ist, können Menschen vom Muster ZWEI sogar körperlich gewalttätig werden. Die Schuldgefühle, die hierdurch entstehen, verschlimmern ihre Lage allerdings noch zusätzlich.

Weinstock-Gedanken

Es war einmal ein Weinstock, dem wurde eines Tages schmerzlich bewußt, daß die Leute jedes Jahr kamen und seine Trauben nahmen.
Er beobachtete, daß nie jemand Dankbarkeit zeigte.
Eines Tages kam ein weiser Mann des Weges und setzte sich in seine Nähe.
„Das ist die Gelegenheit für mich", dachte der Weinstock, „das Geheimnis zu lösen."
Er sagte: „Weiser Mann, wie Ihr vielleicht bemerkt habt, bin ich ein Weinstock. Immer wenn meine Frucht reif ist, kommen Leute und nehmen die Trauben fort. Niemand zeigt irgendein Zeichen der Dankbarkeit. Könnt ihr mir dieses Verhalten erklären?"
Der weise Mann dachte eine Weile nach. Dann antwortete er: „Der Grund ist, aller Wahrscheinlichkeit nach, daß die Leute alle unter dem Eindruck stehen, du kannst gar nicht anders, als Trauben hervorzubringen." (G19)

Entwicklungstendenzen

Menschen vom Muster ZWEI fühlen sich also zu ihrer Umwelt wie Variablen in Beziehung zu Konstanten; ihre Abhängigkeit von der Wertschätzung anderer ist ein echtes Hemmnis für ihre Persönlichkeitsentwicklung.

Menschen vom Muster VIER bilden in vielerlei Hinsicht ihren Gegenpol: In ihrem verwickelten Stadium verhalten sie sich so, als seien sie – etwas übertrieben gesagt – ihre eigene Inszenierung. Sie scheren sich eigentlich nicht wirklich um ihre Umwelt. Sie denken und empfinden die Welt als um sie herum angeordnet und halten sie eigentlich nicht für wert, sich wirklich darauf einzulassen.

Entwickelte Menschen vom Muster VIER sind hingegen ein attraktives Vorbild für die Wachstumsrichtung der Menschen vom Muster ZWEI. Sie, die durch die Hölle ihrer dunklen Gefühle gegangen sind, akzeptieren diese nun als selbstverständlich zu ihnen gehörig. Sie sind ein Modell dafür, was es bedeutet, ein Mensch mit einer echten Bandbreite von Gefühlen zu sein. Diese Bandbreite umfaßt destruktive wie konstruktive, helle wie dunkle Emotionen.

Wenn Menschen vom Muster ZWEI akzeptieren lernen, daß sie Trauer, Ärger, Wut, Aggression, Egozentrik und Eigennutz in sich tragen, daß sie also eigentlich gar nicht soviel „Heiliges“ verkörpern, wie es ihre Selbststilisierung nahelegte, dann ist das ein wirksames Gegenmittel gegen ihren Stolz. Dieser Stolz ist es ja, der ihnen den realistischen Blick für ihre Bedürftigkeit verstellt.

Entwickelte Menschen vom Muster VIER betreiben Selbsterkenntnis nicht mehr als Nabelschau, sondern weil sie den ehrlichen Wunsch haben zu wissen, wer sie wirklich sind. Von ihnen können die Menschen vom Muster ZWEI lernen, ihre eigenen Motive zu überprüfen und emotional ehrlicher zu werden. Nur auf diesem Weg können sie ihre wahren Bedürfnisse kennenlernen. Denn wie sonst sollten sie sich aus dem Zwang befreien lernen, es allen recht machen zu müssen? Und wie könnten sie ein realistisches Selbstwertgefühl entwickeln, wenn nicht alles an ihnen auch wirklich zu ihnen gehören dürfte? Wie sonst könnten sie lernen, mit sich selbst Freundschaft zu schließen, wenn nicht über die Akzeptanz all dessen, was sie tatsächlich ausmacht?

Schritt für Schritt lernen sie den feinen Unterschied zwischen ihren wirklichen und ihren „geborgten“ Gefühlen kennen. Letztere dienen ja nur dem Zweck, Bestätigung zu erheischen. Menschen vom Muster ZWEI, die diesen Weg zu sich selbst gehen wollen, können aus der Erfahrung des Alleinseins viel Erkenntnisgewinn für sich ziehen. Erst wenn sie es aushalten, alleine zu sein, haben sie einen entscheidenden Schritt in Richtung Entzug von der „Droge

Bestätigung" getan. Befreit vom Zwang des Gefallenmüssens wird es ihnen möglich, klare Grenzen im Umgang mit anderen einzuhalten. Was nun von ihnen kommt, ist wertvoller, weil es ehrlicher ist. Und es bewahrt die Mitmenschen vor der Peinlichkeit, sich durch Dankesschuld verpflichtet zu fühlen. Und die Menschen vom Muster ZWEI fangen an zu begreifen, daß sie keine Märtyrer und keine Heiligen sein müssen, um wirklich geliebt zu werden.

Die Prüfung bist du

Ein Schüler fragte seinen Lehrer:
„Warum ist mein Mitschüler nicht durch das Stadium des Erlernens der Geduld gegangen?"
Der Lehrer antwortete:
„Die Prüfung für seine Geduld bist du – denn du stellst die ganze Zeit Fragen, während er keine anderen Prüfungen in dieser Richtung an diesem Studienort benötigt."
Der Schüler fragte daraufhin:
„Aber wann beginne ich mit meinen Übungen, Demut zu entwickeln, was mir als für mich erforderlich bezeichnet wurde?"
Der Lehrer erklärte ihm:
„So wie du für ihn eine Quelle der Übung in Geduld bist, ist er für dich eine Quelle, um Demut zu entwickeln. Dich zu ertragen, sollte ihm helfen, geduldig zu werden. Deine Haltung ihm gegenüber zu beobachten, sollte dir helfen, daß du demütig wirst. Es ist keine Demut, danach zu verlangen, demütig gemacht zu werden." (G20)

ZWEI im Bild *(E. Holz)*

Die symbolische Darstellung des Dämons der ZWEI in dieser Zeichnung hat ihre Vorlage in der Krake namens „Nautilus“. Die Nautilus besitzt die Fähigkeit, sich in ihrer Färbung dem jeweiligen Meeresgrund und dem jeweiligen Farbenspiel, das durch die vorhandene Flora und Fauna bestimmt wird, anzupassen.

Durch diese Anpassung und Wandlungsfähigkeit kann sie sowohl farbenprächtig und eindrucksvoll als auch farblos und blaß erscheinen – eine durchaus lebenserhaltende Verwandlung.

Vielarmig ernährt sie sich von dem, was sie in ihrer Umarmung erstickt hat. Mit Hilfe ihrer Saugnäpfe kann sie festhalten und mit den zarten und empfindsamen Seiten ihrer Arme loslassen.

Die verschiedenen Muster des Kopfes zeigen die Veränderungsfähigkeit noch einmal, sie bedeuten die Vielfältigkeit der Verhaltensmuster dieser Enneagramm-Grundstruktur, mit der tiefen Sehnsucht zu gefallen, indem versucht wird, das darzustellen, was den anderen gefallen könnte. Weiß der Enneagramm-Typ ZWEI später – nach vielen Verwandlungsprozessen – überhaupt noch, wie er tatsächlich aussieht?

Durch Freiheit erblühen lassen, durch Festhalten ersticken – blühende und knospende Blumen stehen für das eine, trauernde und verblühte Blumen geben Auskunft über das andere.

Manche Arme zeigen noch die Überreste eines alten Panzers, vielleicht braucht er diesen Panzer nicht mehr, kann weich und doch eindeutig und kraftvoll sein, wenn er mit Freude die blühende Eigenständigkeit der Blumen sieht?

E.Hola 8/95

Spieglein – Spieglein an der Wand …
Über die Menschen vom Muster DREI

So werden Menschen vom Muster DREI von anderen Autoren benannt

Autor(en)	Bezeichnung des Musters
Beesing u.a.	DREI
Böschemeyer	Der Erfolgsmensch
Frings Keyes	Das Programm: Leistung und Image
Gallen/Neidhardt	Das Muster DREI
Jaxon-Bear	Der Magier
Hurley/Dobson	Die GewinnerInnen
Naranjo	Eitelkeit, Unechtheit und „Marktorientierung" (Success through Appearances)
Palmer ('91)	Der Dynamiker
Palmer ('95)	Der Leistungsmensch
Rohr/Ebert	Typ DREI
Riso ('89)	Der Statusmensch
Riso ('93)	Der Macher
Vollmar	Der Magier

Dämonische Verwandtschaft

Auf die Menschen vom Enneagramm-Muster DREI hätte der Dämon der Ruhmsucht eine effiziente und erfolgreiche Option gehabt.
Man sagte ihm nach, daß er besonders listig gewesen sei und subtil gewirkt habe. Deshalb habe er sich bevorzugt und am wirkungsvollsten bei den Tugendhaften eingeschlichen. Er habe in den Mönchen das Begehren geweckt, den Laien ihre ausgestandenen inneren Kämpfe zu veröffentlichen, um auf diesem Wege den Ruhm der Menschen zu erlangen.
Er habe sie sich in ihrer Phantasie ihre künftigen Erfolge ausmalen lassen: Wie sie z. B. erfolgreich ‚schreiende Dämonen' und böse Geister aus anderen Mönchen ausgetrieben hätten oder wie sie Frauen geheilt hätten. Und wie eine begeisterte Menge in glühender Verehrung begehrt habe, den Saum ihres Mantels berühren zu dürfen.
Hinsichtlich ihrer künftigen Karriere habe er ihnen hohe Würden in Aussicht gestellt. Der Dämon habe sie sogar glauben gemacht, daß bereits Abgesandte

unterwegs seien, um sie in das hohe Amt zu holen. Im Weigerungsfalle würde man sie gefesselt und zur Annahme der Ehre genötigt haben.

Evagrius verglich das Streben nach Ruhm mit einem durchlöcherten Geldbeutel, in den man den Lohn seiner Kämpfe hineintue, aber dennoch nichts behalte.
Denn der Mönch habe aus dem falschen Motiv heraus gekämpft: den Menschen zu gefallen, statt sich für Gott zu öffnen. Wegen der Orientierung am Äußeren verliere er den ehrlichen Blick für sich selbst. Groß sei seine Verführbarkeit auch deshalb, weil die Mitmenschen Berühmtheit als Ideal ansähen und diesen Wert sehr schätzten. Verleihe sie doch eine Steigerung des Selbstwertgefühls. (Um den Preis allerdings, daß das eigene Ich zu sehr in den Vordergrund rückt und daß damit gleichsam die „spirituelle Gleichung“ nicht aufgeht: denn die Verherrlichung des Egos verbaut den Weg zu Gott.)
Diese Ego-Erhöhung geschah (und geschieht) natürlich nicht plump und aufdringlich, sondern im Schutze und unter dem Deckmantel „vernünftiger“ Gründe. So wurde der Mönch z. B. verführt, die Wahrheit zu lehren, obwohl er die Erkenntnis der Wahrheit gar nicht besaß. Letztlich dienten alle Anstrengungen also nicht der größeren Ehre Gottes, sondern der Vermehrung des eigenen Ruhms. „Man erkennt die Absicht und ist verstimmt“, hätte *Goethe* wahrscheinlich hierzu angemerkt.
Evagrius gibt als „Heilmittel“ Gebetsempfehlungen von lapidarer Kürze, die dennoch den Kern genau treffen: „Vor den Ohren eines Dummen rede nicht.“ (Sprüche 23,9) und „Wie Leckerbissen sind eines Ohrenbläsers Worte, sie gleiten ins Innerste des Leibes.“ (Sprüche 26, 22)
Die folgende Geschichte illustriert die Grundmelodie des gerade Gesagten:

Zweierlei Glück

In alter Zeit, als die Götter den Menschen noch sehr nahe schienen, lebten in einer kleinen Stadt zwei Sänger namens Orpheus. Der eine von beiden war der Große. Er hatte die Kithara erfunden, eine Vorform der Gitarre, und wenn er in die Saiten griff und sang, war die Natur um ihn verzaubert. Wilde Tiere lagen zahm zu seinen Füßen, hohe Bäume bogen sich zu ihm: Nichts konnte seinen Liedern widerstehen. Weil er so groß war, warb er um die schönste Frau. Danach begann der Abstieg.

Während er noch Hochzeit hielt, starb die schöne Eurydike, und der volle Becher, noch während er ihn hob, zerbrach. Doch für den großen Orpheus war der Tod noch nicht das Ende. Mit Hilfe seiner hohen Kunst fand er den Eingang in die Unterwelt, stieg hinab ins Reich der Schatten, setzte über den Strom des Vergessens, kam vorbei am Höllenhund, trat lebend vor den Thron des Totengottes und rührte ihn mit seinem Lied.
Der Tod gab Eurydike frei – doch unter einer Bedingung. Und Orpheus war so glücklich, daß ihm die Häme hinter dieser Gunst entging. Er macht sich auf den Weg zurück und hörte hinter sich die Schritte der geliebten Frau. Sie kamen heil am Höllenhund vorbei, setzten über den Strom des Vergessens, begannen den Aufstieg zum Licht, sahen es von ferne. Da hörte Orpheus einen Schrei – Eurydike war gestolpert – erschrocken drehte er sich um, sah noch die Schatten fallen in die Nacht und war allein. Und fassungslos vor Schmerz sang er das Abschiedslied: „Ach, ich habe sie verloren, all mein Glück ist nun dahin!"
Er selber fand ans Licht zurück, doch das Leben war ihm bei den Toten fremd geworden. Als betrunkene Frauen ihn zum Fest des neuen Weines führen wollten, weigerte er sich, und sie zerrissen ihn bei lebendigem Leibe. So groß war sein Unglück, so vergeblich seine Kunst. Aber: alle Welt kennt ihn!
Der andere Orpheus war der Kleine. Er war nur ein Bänkelsänger, trat bei kleinen Festen auf, spielte für die kleinen Leute, machte eine kleine Freude und hatte selber Spaß dabei. Da er von seiner Kunst nicht leben konnte, lernte er noch einen anderen, gewöhnlichen Beruf, heiratete eine gewöhnliche Frau, hatte gewöhnliche Kinder, sündigte gelegentlich, war ganz gewöhnlich glücklich und starb alt und lebenssatt.
Aber: keiner kennt ihn. (G21)

Spieglein, Spieglein

Ein Weiser forderte einst seine Schüler auf, ihm zu sagen, welches ihre Eitelkeiten gewesen wären, bevor sie bei ihm zu lernen angefangen hätten.
Der erste meinte:
„Ich bildete mir ein, ich sei der schönste Mann auf der Welt."
Der zweite sagte:
„Ich glaubte, weil ich religiös war, sei ich einer der Auserwählten."
Der dritte sagte:
„Ich glaubte, ich könnte lehren."
Und der vierte sagte:
„Meine Eitelkeit war größer als all diese, denn ich glaubte, ich könnte lernen."
Der Weise bemerkte darauf:
„Und die Eitelkeit des vierten Schülers bleibt die größte, denn seine Eitelkeit besteht darin, zu zeigen, daß er einst die größte Eitelkeit hatte." (G22)

Der Weg der Menschen vom Muster DREI

„Wie geht's?" „Danke, sehr gut! Ich arbeite zwar gerade ein bißchen viel, aber ich arbeite dran!" Arbeit, Vitalität, Leistung, Konkurrenz, Wettbewerb, Effektivität, Effizienz, Image, Erfolg, Kompetenz, Outfit, Optimismus, Design, Enthusiasmus, Projekte: Diese und ähnliche Begriffe hätten die zentralen Werte und Inhalte des Menschen vom Muster DREI in seinem verwickelten Stadium stimmig und zutreffend beschrieben. Meistens war er gut bis sehr gut „drauf" (zumindest nach außen hin), immer ein bißchen getrieben, manchmal auch gehetzt, stets sich mehrere Eisen im Feuer warmhaltend, die Antennen weit ausgefahren für Aufgaben und Aufträge, die zusätzliche Anerkennung und Ehre einzubringen versprachen; andere begeisternd und selbst begeisterungsfähig, hochmotiviert und sehr flexibel – kurzum: Alles, was er anfaßte, wurde zum Erfolg, denn *er* hatte ihn sozusagen abonniert, *er* war seine natürliche Adresse.

Entscheidungen gingen ihm leicht von der Hand, seine Sinne waren geschärft für die Möglichkeiten, die in einer Sache oder einer Situation steckten. Kreativ waren seine Einfälle und Ideen, wenn es darum ging, den „Verkaufswert" von etwas zu steigern; effektiv, intelligent und durchgeplant war seine überzeugende Vorgehensweise, klug und wirksam inszeniert war die ‚Marketingstrategie'. Nein, Erfolg war kein Zufall, sondern das fast zwangsläufige Produkt aus einer überlegenen Idee und ihrer ebenso geschickten Verwirklichung.

Auf die Nerven gehen konnten ihm Leute, die sich von seiner Begeisterung nicht anstecken ließen, und die sich, wenn er ihnen eine tolle Idee vorstellte, als Bedenkenträger aufspielten. Denen man etwas zwei- oder dreimal erklären mußte, und die dann immer noch zögerten, loszulegen. Oder die pingelig und

kleinkariert an winzigen Details klebten und einfach kein Gespür für den großen Wurf und die erfolgreiche Option hatten, von Risikobereitschaft und „unternehmerischer“ Eigeninitiative ganz zu schweigen. Wenn ihm diese Art Unfähigkeit in die Quere kam, konnte er sehr intolerant werden.
Regelrecht ungehalten aber wurde er, wenn ihm diese Erbsenzählernaturen vorhalten wollten, daß er doch vor kurzem über eine bestimmte Sache noch anders gedacht und geredet habe. Die hatten in ihrer Behäbigkeit ja keinen blassen Schimmer davon, was sich inzwischen schon wieder alles ereignet hatte und was sich im Gefolge dessen für neue Perspektiven aufgetan hatten. Neue Lagen machten einfach andere Entscheidungen erforderlich.
Einem dann noch mit Ethik, Moral oder ähnlichem Geseier zu kommen – die argumentierten doch nur so, weil sie neidisch auf seine Erfolge waren oder weil sie mit ihren spießigen Gedanken ihre eigene Unentschlossenheit und ihre Handlungsunfähigkeit kaschieren wollten. Schließlich war es ja seine Kunst, aus allem etwas machen zu können. Wenn man eine Gelegenheit nicht sofort beim Schopfe packte, war sie unwiederbringlich verloren. Jeder weiß, daß nur Gewinner zählen, um Nachzügler schert sich doch kein Mensch – so dachte er.
Sollte ihm ein Vorhaben einmal nicht gelingen, gab er es einfach als *begrenzten Erfolg* oder als einen *Teilsieg* aus. Wenn das nicht half, fand er höchstwahrscheinlich jemanden, dem er die Schuld für das Mißlingen geben konnte. Und schließlich blieb ihm ja noch die Möglichkeit, mit einem charmanten Lächeln und mit diplomatisch-freundlichen Worten das Feld zu räumen und sich einem anderen, erfolgversprechenderen Projekt zuzuwenden.
Nur mit den Gefühlen war das so eine Sache. Allzuoft behinderten sie die effiziente Durchführung seiner Vorhaben und deren kalkulierbare Abläufe. Am sichersten wäre es, die Gefühle einfach auszublenden, um keine unangenehmen Überraschungen durch sie zu erleben. Irgendwann hatte er sie so zufriedenstellend im Griff, daß von ihnen keine Imagegefährdung mehr ausgehen konnte; angestrebte Erfolge konnten von ihnen nicht mehr sabotiert werden. Parallel dazu verfeinerte sich seine Fähigkeit, in der Öffentlichkeit die zur jeweiligen Situation passenden Gefühle zu zeigen. (Auf seinen sechsten Sinn für das, was gerade *ankam,* konnte er sich ja ohnehin verlassen.)
Irgendwann, als ihn der Dämon der Eitelkeit vollends erfolgssüchtig gemacht hatte und er – wie alle Süchtigen – immer mehr von seiner Droge brauchte, um sich auch nur leidlich gut zu fühlen, geriet ihm eine Grenze ins Schwimmen: Er konnte sich derart in eine erfolgversprechende Idee hineinsteigern, daß ihm eine Illusion fast wie eine Wahrheit vorkam. Mit Hilfe dieser Selbsttäuschung konnte er anderen diese Illusion überzeugend als

Wirklichkeit verkaufen. *Erfolg* lag schon im bloßen Anschein des Erfolges, und die Erfahrung der vielen früheren Erfolge ließ ihn irgendwann glauben, daß alles, was er anpackte und tat, gut und wichtig sei.
Am Tiefpunkt seiner Verwicklung war seine Selbstüberschätzung am größten. Sein Ego war übergroß aufgebläht, seine Emotionen waren hinter hohen Schutzmauern verborgen, seine Gier nach Applaus und Gefallenwollen trat unverhohlen zutage, seine Egozentrik wurde egomanisch: *The winner takes it all.* Und er fand nichts dabei, alles, was ihn umgab und alle, mit denen er zu tun hatte, als Mittel zum Zweck der Befriedigung seiner Gier nach Ruhm und Anerkennung einzusetzen. Sich selbst hatte er ja schon seit langem dafür in Gebrauch genommen. Manche erlebten ihn kalt, grausam und berechnend, vor allem aber überheblich. Er selbst war überzeugt, daß die Welt stillstünde, würde er aufhören, die Initiative zu ergreifen. Und Stillstand war für ihn gleichbedeutend mit Zerfall.
Als ihm irgendwann die Ahnung kam, daß er bisher den Wert seines Lebens fast ausschließlich mit seinen Erfolgen gleichgesetzt hatte, begann seine Krise. Allmählich wurde ihm deutlicher, daß er sich fast panisch vor dem Versagen gefürchtet hatte, und daß es seine größte Katastrophe gewesen wäre, den Respekt, die Bewunderung oder die Anerkennung anderer zu verlieren. Deshalb hatte er so viele Rollen so perfekt spielen gelernt, deshalb hatte er für fast jede bedeutsame Situation eine passende Maske parat und sie so virtuos benutzen gelernt, daß er irgendwann zwischen sich selbst und seinen vielen Gesichtsmaskeraden keinen Unterschied mehr spürte. Sie waren ihm in Fleisch und Blut übergegangen.
Sein Entwicklungsweg war hart und schmerzhaft. Ging es doch um nichts weniger, als seine großen und kleinen Lebenslügen entlarven zu lernen. Es half ihm hierbei entscheidend, daß er den Mut aufbrachte, innezuhalten und sein Lebenstempo radikal zu drosseln. Er mußte aufhören mit der hyperaktiven Jagd nach neuen Erfolgen und nach interessanten Projekten. Am schwersten fiel es ihm, der beinahe katastrophischen Befürchtung standzuhalten, daß er nur noch ein nichtswürdiger Niemand sei, wenn ihm seine Erfolge und seine glänzenden Produkte weggenommen würden.
Er mußte lernen, Kritik an seiner Person zu ertragen und diese Kritik nicht zur Verstärkung seines tiefsitzenden Mißtrauens gegen sich selbst zu verwenden. Sehr schwer fiel es ihm, seine Gefühle zu entdecken und noch schwerer, wahrhaftig darüber zu reden. Viele Gefühle hatte er seit langem wegen ihrer vermeintlich imagegefährdenden Wirkung gründlich wegrationalisiert. Als besonders harte Nuß erwies sich sein Umgang mit der Wahrhaftigkeit, hatte er sich früher doch nicht selten trick- und listenreich verhalten, wenn er glaubte, es diene seinem Fortkommen oder würde ihm helfen, ein erfolg-

versprechendes Ziel zu erreichen. Denn selbstverständlich heiligten diese Zwecke damals so manches unlautere Mittel. Auf seinem Entwicklungsweg wurde es zeitweise wichtig, geradezu pingelig mit der Wahrheit umgehen zu lernen. Nur so konnte er ein Korrektiv zu seiner früheren Neigung entwickeln, anderen etwas vorzumachen, oder sie um des eigenen Erfolges willen in ein doppeltes Spiel hineinzuziehen und sie dabei zu übervorteilen. Heute weiß er, daß jeder gewinnt, wenn möglichst alle mit offenen Karten spielen.

Der Königsweg zu seiner Entwicklung war jedoch die aufkeimende Fähigkeit, seine Erfolge mit anderen teilen zu lernen, und damit seine Qualitäten in den Dienst einer Sache zu stellen, die über seine Person hinauswies. Oft waren dies Aufgaben, die keine schnellen Resultate abzuwerfen versprachen, sondern geduldige Kärrnerarbeit verlangten. Früher war er allem, was anfing, nach Routine zu schmecken, geschickt ausgewichen.

Sein „Entzug" von der „Droge Erfolg" gelang am besten an einem Ort der Stille, fernab von Applaus und bewunderndem Feedback. Es amüsiert ihn heute, wenn er daran denkt, wie er anfangs sogar die Aufforderung zum Nichthandeln und zur Selbsterkenntnis „erfolgreich" absolvieren wollte. Endlich bei sich selbst angelangt, hat er gelernt, anderen zu trauen und ihnen Respekt und Wertschätzung entgegenzubringen. Kurioserweise fällt es ihm genau dadurch leichter, sich selbst zu trauen und für sich selbst Wertschätzung zu empfinden. Je mehr er dies spürt und je öfter er dies wagt, desto mehr schwindet sein Zwang, im Mittelpunkt der Aufmerksamkeit der anderen sein zu müssen. Es käme ihm gar nicht mehr in den Sinn, alle Anerkennung für einen Erfolg für sich alleine zu beanspruchen. Wichtiger als Lob und Anerkennung sind ihm nunmehr echte und verläßliche Beziehungen zu seinen Mitmenschen geworden. Denn nicht Ruhm und Ehre waren es, nach denen er sich stets sehnte, sondern Zuneigung und Wertschätzung, die ihm „unverdient" geschenkt wird. Und er weiß heute, daß es eine Illusion war zu glauben, Glück sei ein Produkt aus harter Arbeit und hervorragender Leistung.

Geholfen haben ihm Menschen, die ihm immer wieder zeigten, daß schöner Schein und emotionale Tiefe nicht dasselbe sind. Sie haben ihn dadurch gewonnen, daß sie nicht auf seine überzeugende Fassade hereingefallen sind und auch dann noch loyal und geduldig zu ihm standen, wenn er auf seine typische Weise versuchte, sich Gefühlen zu entziehen. Heute weiß er, daß es sein wirkliches Bedürfnis ist, anderen gegenüber verletzlich sein zu können, seine Gefühlswelt für sie zu öffnen und sie an seinem Leben teilnehmen zu lassen.

Entwickelte Menschen vom Muster DREI sind auf eine unaufdringliche Art mit sich selbst zufrieden. Sie kennen ihre Möglichkeiten genauso gut wie ihre

Grenzen. Aus dieser realistischen Selbstbewußtheit heraus können sie Talente und Stärken bei anderen leicht erkennen und sie neidlos anerkennen. Sie ermuntern andere gerne dazu, Vertrauen in ihre Fähigkeiten zu haben und aus ihren Potentialen mehr zu machen. Sie finden es attraktiver, andere bei ihrer Persönlichkeitsentwicklung zu unterstützen, als nur um eines positiven Eindrucks willen einen Erfolg zu haben. Sie wissen heute, daß sie echte Freundschaft und wirkliche Nähe geschenkt erhalten, wenn sie ihre Energie auf die Motivierung und Inspiration anderer richten.

Seit sie nicht mehr nur für den eigenen Erfolg, sondern für den aller Beteiligten arbeiten, seit sie andere in ihre Vorhaben einbeziehen und den Erfolg mit ihnen teilen, wird ihnen statt Beifall Liebe und Wertschätzung entgegengebracht. Sie benutzen nun ihre schöpferischen Kräfte, um Visionen für eine bessere Zukunft zu gestalten. Das wichtigste Kapital entwickelter Menschen vom Muster DREI ist nunmehr ihr soziales Gewissen. Sie haben erkannt, daß ihre Erfolge ihnen erst wirklich gehören, wenn sie sie an ihre Umwelt zurückgegeben haben.

Seit sie gelernt haben, der Versuchung zu widerstehen, andere beeindrucken zu wollen und sich wichtig zu machen, wirken sie durch ihre innere Stärke und durch Weisheit. Von ihrem ausgezeichneten Organisationstalent können nun viele Menschen profitieren. Ihre „geläuterte" Zielstrebigkeit setzt große Energien bei anderen Menschen frei und motiviert sie zu erfolgreicher Zusammenarbeit.

Sie vergessen nicht, was das Leben sie gelehrt hat. Sie sind dankbar für die Gabe, andere Menschen motivieren und inspirieren zu können. Sie sind dankbar für die vielen Eigenschaften, die sie in den Augen ihrer Mitmenschen attraktiv erscheinen lassen. Und nicht zuletzt deswegen gelingt es ihnen, der menschlichen Begrenztheit mit akzeptierendem Optimismus zu begegnen.

Zwei Gelehrte und ein Weiser

Zwei Gelehrte unterhielten sich. Der erste sagte:
„Ich habe zweihundert Bücher verfaßt, und die Leute ehren mich als einen großen Gelehrten. Aber Sie, der Sie nur ein kleines Buch geschrieben haben, betrachten die Leute als ein Wunder."
Der zweite Gelehrte erwiderte:
„Mein Buch ist ein Juwel, und die Leute erweisen ihm die entsprechende Wertschätzung."

„Ach!“ sagte ein Weiser, der bis dahin unbeachtet in einer Ecke des Raumes gesessen hatte, „Eitelkeit hat euch beide davon abgehalten, die wahre Situation zu erkennen.“
Die Gelehrten wandten sich wütend an ihn. Zuerst ließen sie ihre schlechte Laune an dem Manne aus, aber der entgegnete nichts. Als sie ihren Zorn abgeladen hatten, überkam sie die Neugier, und sie forderten ihn auf:
„Sag uns, wie wir denn zu beurteilen sind, wenn nicht durch die Vortrefflichkeit unserer Werke?“
„Denken wir einmal nicht an Bücher, sondern an schöne Gewänder“, antwortete der Weise, „und ich will euch eine Geschichte erzählen:
Es war einmal ein Mann, der fertigte Gewänder für fast alle Könige dieser Erde, und jeder hatte von ihm gehört. Dann, eines Tages, schneiderte ein anderer Mann ein einziges Gewand – von keiner großen Herrlichkeit, aber immerhin recht vortrefflich. Dieses einzelne Gewand wurde von einem Dandy auserkoren und als Folge davon sehr bekannt. Die Leute, die den Schneider dieses Kleidungsstückes schon vor dem Beginn seiner Karriere gekannt hatten, waren entsprechend beeindruckt, und sie ehrten ihn und betrachteten ihn als ein Wunder, als einen Mann, der wegen seiner besonderen, herausragenden Eigenschaft auserwählt war und dem das Glück lachte.
Und, eines Tages, geschah es, daß der erste Schneider inmitten dieser Leute auftauchte und rief: ‚Wenn ihr ihn ehrt, wie viel mehr müßt ihr dann von mir halten, denn ich kleide alle Könige der Welt!‘ Aber niemand ließ davon ab, dem Schneider des einzigen Gewandes Ehre zu erweisen. Der Grund war, liebe Freunde, daß der Schneider der Kleider aller Könige der Erde zu weit entfernt ist, zu erhaben, jenseits der Wahrnehmung für einen einfachen Mann. Aber nur ein Gewand zu fertigen, damit es ein Mann auswählt, und dafür belohnt zu werden, ist etwas, das jeder verstehen kann.“ (G23)

„Der Trostpunkt der Menschen vom Muster DREI ist ihr Kleiderschrank.“ (Eckart Reinl-Mehl)

Ein genauerer Blick in die innere Dynamik des Musters DREI

Mustertypische Verzerrung der Weltsicht

Menschen vom Muster DREI scheinen irgendwie davon auszugehen, daß die Welt eine Theaterbühne ist, auf der jeder seine Rolle spielt. Eine-Rolle-Spielen kann auch heißen, etwas vorzuspiegeln, und tief im Innern scheinen sie zu glauben, daß das der einzig erfolgversprechende Weg ist. Im Umkehrschluß scheinen sie auch zu glauben, daß es nicht tunlich ist, echte Gefühle zum Ausdruck zu bringen. Und da sie auf jeden Fall „ankommen“ möchten, scheinen sie sich selbst einzureden: „Ich sollte besser keine Probleme haben, denn problembeladen bin ich kein angenehmer und attraktiver Zeitgenosse.“

Wie bei allen Menschen bewirkt die vorherrschende Leidenschaft auch bei den Menschen vom Muster DREI eine spezifische Verzerrung ihrer Weltsicht.

Bei ihnen bewirkt sie, daß sie *Erfolg* mit *Wert* gleichsetzen. Sie verhalten sich so, als ob das, was durch ihre Umwelt Wertschätzung erfährt, *objektiven Wert* habe bzw. es wert mache, sich dafür zu schinden.

Eine andere Facette des Musters DREI legt die Vermutung nahe, daß unter dem für diese Menschen so typischen Optimismus sein Gegenteil verborgen liegt: eine Art Hoffnungslosigkeit. Denn nur so macht eine weitere Beobachtung Sinn: Menschen vom Muster DREI scheinen zu glauben, daß es sich eigentlich nur lohnt, „vorne mitzumischen", an der Spitze der Entwicklung zu stehen und diese stets mit aktiver Wachsamkeit im Auge und damit unter Kontrolle zu behalten. Es wirkt manchmal so, als ob sie befürchteten, daß es auf der Welt für sie keinen Platz mehr gäbe, wenn sie es versäumten, sich nützlich zu machen.

Abwehrmechanismen

Menschen vom Muster DREI „bedienen" sich häufiger als andere des Abwehrmechanismus' der *Identifizierung*. Gemeint ist damit ein seelischer Prozeß, bei dem ein Mensch einen anderen Menschen zum Vorbild nimmt und versucht, ihm ganz oder in Teilen ähnlich zu werden, sich also ganz oder teilweise seinem Vorbild gemäß umzuwandeln. *Naranjo* geht davon aus, daß die Menschen vom Muster DREI sich mit einem *Idealbild* identifizieren, das sie von sich selbst entworfen haben. Dieses Idealbild entstehe aber nicht beliebig, sondern sei das Ergebnis einer Art „Marktforschung" darüber, was in den Augen der anderen „ankomme"; es sei quasi in Reaktion auf die Erwartungen anderer aufgebaut worden. Und die Menschen vom Muster DREI versuchten nun, diesem, gleichsam statistisch erhobenen Image gerecht zu werden, indem sie sich bemühten, so wie dieses Bild *zu sein*. Sie versuchten dies mit der für sie charakteristischen Anstrengung: z. B. tun Menschen vom Muster DREI so, als *seien* sie ausschließlich der Beruf, den sie innehaben, oder als *seien* sie die Rolle, die sie gerade spielen. Sie *propagieren* mit Nachdruck das, was sie gerade machen; sie glauben an das, was sie gerade verkaufen.

Neben dem Abwehrmechanismus der Identifizierung sieht *Naranjo* bei den Menschen vom Muster DREI noch den Mechanismus der *Negierung* häufiger als bei anderen am Werk. Hierbei erkläre der Mensch ausdrücklich, daß etwas nicht der Fall sei, weil er ahne, daß ein anderer bemerkt habe, daß das Gegenteil wahr sei. *Naranjo* meint, daß dieser Abwehrmechanismus den Menschen vom Muster DREI dazu diene, ihr Selbstbild zu bewahren. Der Mechanismus sei ein unmittelbarer und mustertypischer Ausdruck dafür, etwas vorzutäuschen.

Daneben nehme die *Rationalisierung* in der Psychologie des Musters DREI ebenfalls viel Raum ein. Diesem seelischen Prozeß liegt der Versuch zugrunde, z. B. einer bestimmten Verhaltensweise, deren wirkliche Motive nicht erkannt werden, eine logisch zwingende und moralisch überzeugende Erklärung zu geben.

Wo bin ich nur geblieben

Rabbi Chanoch erzählte: „Es gab einmal einen Toren, den man den Golem nannte, so töricht war er. Am Morgen beim Aufstehen fiel es ihm immer so schwer, seine Kleider zusammenzusuchen, daß er am Abend, dran denkend, oft Scheu trug, schlafen zu gehen. Eines Abends faßte er sich schließlich ein Herz, nahm Zettel und Stift zur Hand und verzeichnete beim Auskleiden, wo er jedes Stück hinlegte. Am Morgen zog er wohlgemut den Zettel hervor und las: ‚die Mütze' – hier war sie, er setzte sie auf, ‚die Hosen' – da lagen sie, er fuhr hinein, und so fort, bis er alles anhatte. ‚Ja aber, wo bin ich nur geblieben?' Umsonst suchte und suchte er, er konnte sich nicht finden." „So geht es auch uns", sagte der Rabbi. (G24)

Verwicklungstendenzen

Menschen vom Muster DREI beziehen ihr Selbstwertgefühl aus der Anerkennung, die ihnen für ihre Leistungen und Erfolge zuteil wird. Sie strengen sich deshalb an, ein gutes *Image* zu haben. Sie verkörpern Tatendrang, „unternehmerische" Initiative und Optimismus, um dieses positive Image aufrechtzuerhalten.

Bleibt die erhoffte Anerkennung aus, richten sie ihre Aufmerksamkeit flugs auf eine andere Aufgabe. Mit ihr identifizieren sie sich ebenso wie mit der vorigen. Dadurch verhindern sie, daß in ihnen die Angst vor Mißerfolg überhand nimmt.

Wenn auch hierdurch kein Erfolg herbeigeführt werden kann, verspüren Menschen vom Muster DREI einen noch größeren Tatendrang. Sie verstärken ihr Aktivitätsniveau noch einmal beträchtlich. Sie nutzen buchstäblich jede Gelegenheit, um ihren dynamischen Schwung nicht zu verlieren. Denn ihre Selbstachtung ist praktisch identisch mit dem Bild, das sie nach außen sichtbar produzieren. Mit Cleverness, manipulativen Mogeleien und Täu-

schungen versuchen sie, dem gefährdeten Image zumindest eine „kosmetische" Korrektur zu verpassen.
Wenn trotz dieser intensiven Anstrengungen die erhoffte Anerkennung dennoch ausbleibt, wenn also das Image vor sich selbst und vor anderen nicht mehr aufrechterhalten werden kann, übernehmen sie typische Verhaltensweisen verwickelter Menschen vom Muster NEUN: Ihr Optimismus und ihr Tatendrang schwinden, sie werden passiv und träge. Züge von Zwanghaftigkeit verstärken sich, ihr Energieniveau wirkt plötzlich wie „heruntergepegelt". Sie verzetteln sich mit Nebensächlichkeiten und Belanglosigkeiten. Kurz: Sie *narkotisieren* sich mit Unwesentlichem genauso, wie es verwickelte Menschen vom Muster NEUN tun. Und wie diese wirken sie dem Leben gegenüber wie betäubt.
Eines der wenigen Gefühle, das sie jetzt noch empfinden, ist feindseliger Ärger auf die Personen, die sie für ihre Situation verantwortlich machen oder die ihr Image „angekratzt" haben. Ihre äußere Inaktivität findet dann häufig noch ihre Entsprechung im Inneren: Statt sich Fehler einzugestehen oder sich mit eigenen Schwächen auseinanderzusetzen, fühlen sich Menschen vom Muster DREI in diesem Stadium innerlich wie tot, ausgebrannt, energielos, ohnmächtig. Sie sind nun in Gefahr, über das Sichgehenlassen sich selbst aufzugeben. Sie haben keine Hoffnung mehr. Jetzt wird es erschreckend deutlich, wie sehr sie tatsächlich von sich entfremdet waren, wie sehr sie nur ihre *Rollen* gelebt hatten und wie groß die Diskrepanz zwischen dem illusionär übersteigerten Image und ihrem wahren Selbst war.
Wenn Menschen vom Muster DREI in dieser für sie schrecklichen Lage das Glück haben, einem Menschen zu begegnen oder mit ihm bereits verbunden zu sein, der zu ihnen steht und sie ermutigt, ehrlich mit sich selbst umzugehen, kann aus der Krise die wichtigste Einsicht ihres Lebens erwachsen: die Erfahrung, daß sie für das geschätzt werden, *was sie sind,* und nicht nur für das, was sie leisten.

Der Eilige

Der Rabbi von Berditschew sah einen auf der Straße eilen, ohne rechts und links zu schauen. „Warum rennst du so?" fragte er ihn. „Ich gehe meinem Erwerb nach", antwortete der Mann. „Und woher weißt du", fuhr der Rabbi fort zu sagen, „dein Erwerb laufe vor dir her, daß du ihm nachjagen mußt? Vielleicht ist er dir im Rücken, und du brauchst nur innezuhalten, um ihm zu begegnen, du aber fliehst vor ihm." (G25)

Entwicklungstendenzen
Menschen vom Muster DREI stehen also in der Gefahr, einen unverhältnismäßig hohen Einsatz zu riskieren, um das zu bekommen, was sie für erstrebenswert halten. Zum Beispiel finden sie ebensowenig dabei, soziale Normen zu umgehen, wenn es ihrem Erfolg dient, wie sie es andererseits in Ordnung finden, sich ohne Abstriche mit ihren ehrgeizigen Ambitionen zu identifizieren. Und zwar auch um den Preis, daß ihre sozialen Bezüge dahinter zurückzutreten haben. Sie befinden sich in einer Art Zwang, mit anderen zu konkurrieren und im Wettbewerb mit ihnen die bessere Figur machen zu müssen.
Entwickelte Menschen vom Muster SECHS können in verschiedener Hinsicht Vorbild und Modell für ihr geistig-seelisches Wachstum sein, denn sie verkörpern Eigenschaften, die den verwickelten Menschen vom Muster DREI Maß, Mitte und Orientierung bieten könnten. So bedeutet es ihnen zum Beispiel viel, *loyal* zu sein. Sie stehen zu ihren sozialen Bindungen und übernehmen ohne Hadern die damit verbundenen Pflichten. Ihre Zuverlässigkeit überdauert selbst Wege „durch dick und dünn".
Menschen vom Muster DREI können von dieser loyalen Zuverlässigkeit Entscheidendes lernen; war es doch ihre bevorzugte „Masche", ein Vorhaben spätestens dann abzubrechen, wenn es vom Scheitern bedroht war oder sich dessen Prestigewert aus anderen Gründen verschlechterte.
Entwickelte Menschen vom Muster SECHS finden auch nichts dabei, ihre Arbeit auf eine unprätentiöse Weise zu tun und sich dabei nicht narzißtisch in den Vordergrund zu spielen. Diese selbstverständliche Art der Pflichterfüllung ohne dauernde Nutzenabwägung könnte den Menschen vom Muster DREI dazu verhelfen, von ihrer nervösen Geschäftigkeit und ihrer dauergestreßten Attitüde loszukommen.
Man sagt den entwickelten Menschen vom Muster SECHS ein ausgeprägtes soziales Gewissen nach. Es ist ihnen wichtig, die Rechte einzelner und deren Integrität genauso zu schützen, wie sie der Ordnung dienen, die die Gemeinschaft als Ganzes zusammenhält. Von dieser Haltung können Menschen vom Muster DREI lernen, sich für die Belange einer Ordnung einzusetzen, die eindeutig über ihre eigene Person und über ihre egoistischen Zielsetzungen hinausweist. Sie können dabei die verblüffende Erfahrung machen, daß sich ihre soziale Attraktivität hierdurch vergrößert.
Sie können außerdem von ihnen lernen, daß man sich sehr wohl an einen anderen Menschen binden und Intimität mit ihm riskieren kann. Unbewußt steht ihnen nämlich ihre Angst im Wege, von einem intim verbundenen Menschen dahingehend „durchschaut" zu werden, daß sich hinter ihren diversen Charaktermasken und Rollenfixierungen kein wahres Selbst befände, sondern

sich dort nur eine große Leere ausbreiten würde. Tatsächlich ist *Verbindlichkeit* für sie die einzige Möglichkeit, die Flucht in Rollen und Masken zu beenden und einen inneren Wachstumsprozeß in Gang zu setzen.
Je stärker Menschen vom Muster DREI den Wunsch entwickeln, Loyalität und Verbindlichkeit zu leben, desto leichter fällt es ihnen, ihre Erfolge mit anderen zu teilen und echte Wertschätzung und Respekt für sie zu empfinden. Von diesen Menschen bekommen sie Sympathie und wirkliche Zuneigung zurück. Und erst auf diesem positiven emotionalen Hintergrund wird es ihnen möglich, sich wirklich zu entspannen.

Das Erfolgsrezept

Ein Mann ging zu einem Weisen und sagte:
„Lehrt mich, erfolgreich zu sein."
Der Weise entgegnete:
„Ich will dich mehr als das lehren. Ich werde dich lehren, großzügig zu den Erfolglosen zu sein. Das wird dir den Weg für deinen eigenen Erfolg ebnen und dir noch vieles darüber hinaus geben. Ich werde dich auch lehren, großzügig gegenüber den Erfolgreichen zu sein, denn sonst wirst du dazu neigen zu verbittern, und bist dann unfähig, in Richtung Erfolg zu arbeiten."
(G26)

DREI im Bild *(E. Holz)*
Das nach außen Offenkundige des Enneagramm-Typs DREI, die tatkräftige macht- und kraftvolle, manchmal auch aggressive Schönheit, ist durch einen radschlagenden Pfau symbolisiert. Auch zu den Zeiten, in denen der Pfau es gerade nicht nötig hat zu beeindrucken, weiß doch jeder, daß er es könnte, wenn er wollte. Dann steht er grün-blau-golden schillernd da, blendend und den Rahmen des Gewöhnlichen sprengend.
Und dann gibt es den Schwan in der DREI, scheinbar kühl und gelassen im seichten Gewässer dahingleitend. Sorgsam auf die Pflege des Gefieders bedacht, wirkt er fast desinteressiert an dem, was sonst in seinem Lebensraum kreucht und fleucht. Dennoch entgeht ihm nichts, und er ist jederzeit in der Lage, alles zu erreichen, was er möchte.
Die Dämonen der DREI blenden durch ihre Schönheit, die machtvolle und beeindruckende Kraft; dennoch kann ihre Erscheinung nicht darüber hinwegtäuschen, daß im Mittelpunkt ein lächelnder, aber schweigender Mund ist, den das Schilf des Ufers wie Gitterwerk verbirgt und auch der Freiheit beraubt, sich zu öffnen.
Die schläfrig-traurigen Augen werden den Weg, der zum Ziel führt, erst erkennen können, wenn die Phasen der Ruhe zwischen den Radschlägen des Pfaus länger werden und weder das schillernde Gefieder noch der aufgewirbelte Sand die Sicht versperren.

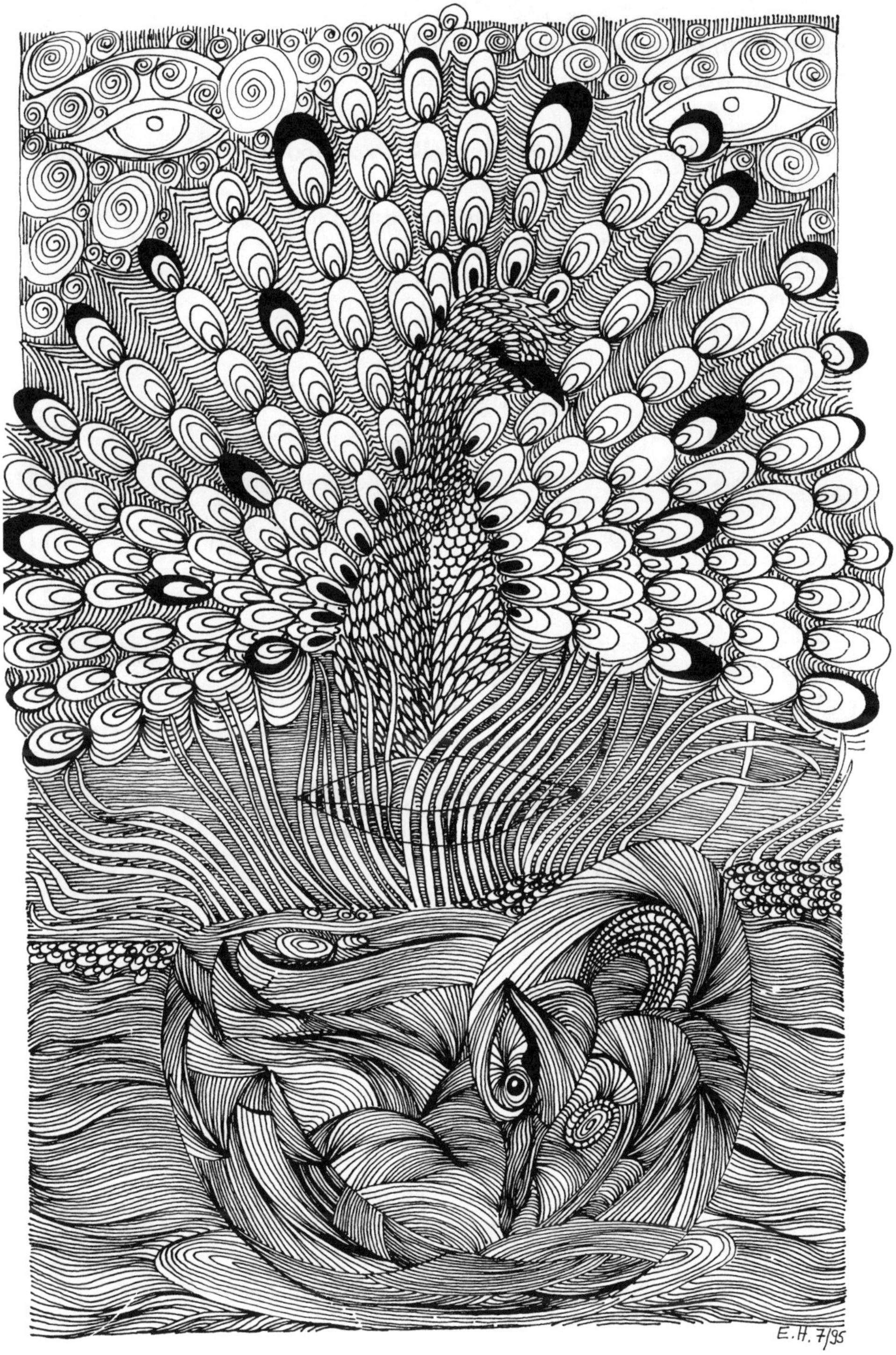
E.H. 7/95

Mich versteht ja doch keiner! Über die Menschen vom Muster VIER

So werden Menschen vom Muster VIER von anderen Autoren benannt

Autor(en)	Bezeichnung des Musters
Beesing u.a.	VIER
Böschemeyer	Der Romantiker
Frings Keyes	Das Programm: Außergewöhnlichkeit und Sentimentalität
Gallen/Neidhardt	Das Muster VIER
Jaxon-Bear	Der Künstler
Hurley/Dobson	Die IndividualistInnen
Naranjo	Neid und der depressiv-masochistische Charakter (Seeking Happiness through Pain)
Palmer	Der tragische Romantiker
Palmer ('95)	Der Romantiker
Rohr/Ebert	Typ VIER
Riso	Der Künstler
Vollmar	Der Betroffene

Dämonische Verwandtschaft

Der Dämon der Traurigkeit wäre der zuständige Experte für die Menschen vom Enneagramm-Muster VIER gewesen. Er hätte dafür gesorgt, daß ihnen der Stoff für ihre Sucht nach negativen Gefühlen nicht ausgegangen wäre. *Evagrius* nahm an, daß die Traurigkeit durch nicht erfüllte Wünsche oder als Folge des Zorns entstehen könne. Er glaubte, daß der Dämon auf der Lauer liege, wenn sich die Seele eines Menschen Erinnerungen hingebe und sich an dem Guten, Schönen und Angenehmen erfreue, das einmal war. Und genau dann trete der Dämon in Aktion: Er tauche die Seele in Traurigkeit, weil das Frühere ja vergangen und verschwunden sei und sich das Jetzige im Vergleich dazu bei weitem weniger gut und schön ausnehme. Der Fall in das schwarze Loch würde um so tiefer sein, je größer die Freude an dem Vergangenen gewesen und je schöner dessen Verklärung ausgefallen sei.
Auch mit der entgegengesetzten Strategie arbeitete der ruchlose Dämon: Wenn die Seele eines Menschen in ihrer Erinnerung durch die Vergangenheit

streifte und ihr Sünden und Verfehlungen der Jugendzeit erinnerlich wurden, übertrieb und übersteigerte der Dämon diese Verfehlungen. Er ließ sie so groß und schwerwiegend erscheinen, daß der Mönch für sein gegenwärtiges – und erst recht für sein zukünftiges – Leben jede Hoffnung verlor.

Die geistige Ursache der Traurigkeit sah Evagrius in einer zu großen Liebe zu den weltlichen Dingen und in deren übersteigerter Wertschätzung. Und dorthin warf der Dämon sein Netz aus, weil der Mönch am Punkte seiner tiefsten Neigung und größten Anhänglichkeit natürlich am verletzlichsten war.

Als Heilmittel empfahl er, die Anhänglichkeit an die Dinge der Welt zu überwinden. Und gegen den Jammer der Verlassenheitsgefühle riet er dem Mönch, daran zu glauben, daß ihn ein barmherziger Gott nicht aufgeben und verderben lassen werde.

Eine interessante Entsprechung gibt es im jüdisch-chassidischen Denken. Auch dort wird vor dem Übel der Selbstpeinigung gewarnt. Der *Rabbi von Ger* meinte, daß wer ein Übel, das er getan habe, immerzu berede, nicht aufhöre, an das Gemeine, das er getan habe, zu denken. An was man denke, darin läge man mit der Seele ganz und gar. Und wer in der Gemeinheit läge, der könne nicht umkehren. Er fährt dann sehr einprägsam fort: „Rühr' her den Kot, rühr' hin den Kot, bleibt's doch immer Kot. Ja gesündigt, nicht gesündigt, was hat man im Himmel davon? In der Zeit, wo ich darüber grüble, kann ich doch Perlen reihen, dem Himmel zur Freude.“[27]

Wir können vermuten, daß der Dämon der Traurigkeit dem armen Mönch spätestens an dieser Stelle suggeriert hätte, daß es so leicht ja auf keinen Fall gehen könne.

27 *Martin Buber:* Der Weg des Menschen nach der chassidischen Lehre. Heidelberg 1991[8], S. 39.

Der Weg der Menschen vom Muster VIER

Erst wenn ich das bekomme, was mir fehlt, kann ich wirklich sein. Das Fehlende liegt aber außerhalb ihrer selbst. Und deshalb können sie weder gut, noch heil, noch intakt, noch *in Ordnung* sein. Bei anderen finden die Menschen vom Muster VIER das, was ihnen fehlt, zuhauf. Allerdings als ein unverdientes Privileg. Gleichwohl – ihr neidischer Blick richtet sich auf diese anderen.

Weil der Neid alleine ihnen das Fehlende noch nicht beschafft, erwachsen ihnen daraus Frustration und Enttäuschung. Letztere läßt die Sehnsucht immer brennender werden. Und weil diese Enttäuschung ihr Ziel nicht findet, vergrößert sich ihr Schmerz. Dieser fatale Zirkel ist so angelegt, daß er sich selbst ernähren kann. Ist es nicht irgendwann naheliegend zu glauben, wirklich *anders* zu sein als die anderen? Der Zirkel liefert unzählige Beweise hierfür. Aus der Not kann leicht eine Obsession werden: Wenn schon nicht so banal „in Ordnung" wie die meisten anderen, dann eben *anders,* das aber gründlich.

Ein Gefühl heiterer Gelassenheit durchströmt sie, wenn sie sich zurückerinnern, wie früher ihr ganzes Sehnen einmal dem Ziel galt, *einzig unter Milliarden* zu sein. Was haben sie nicht alles dafür getan, bezahlt, investiert und erlitten, bloß um Gewöhnlichkeit zu vermeiden.

Die meiste Zeit waren sie damit beschäftigt, sich selbst zu analysieren, ihren unendlich fein differenzierten Gefühlsregungen nachzuspüren, sich in Erinnerungen zu vergraben und endlos über die tiefe Tragik zu sinnieren, die sich wie ein schwarzseidenes Band durch ihr ganzes bisheriges Leben zog.

Sie waren fest davon überzeugt, daß sie zumindest hierin einmalig waren, denn fast alle ihre Versuche, sich anderen verständlich zu machen, endeten

letztlich für sie unbefriedigend. Die meisten Menschen waren weder fähig noch willens zu verstehen, was sie seither durchleiden mußten. Statt dessen bekamen sie von ihnen zu hören, daß sie überempfindlich, leicht reizbar, überdreht oder dramatisch seien. Nicht wenige Menschen zogen sich von ihnen zurück, einfach, weil ihnen der Umgang mit diesen Einzigartigen zu anspruchsvoll, zu anstrengend oder zu heikel geworden war.
Es gehörte zu ihren leichtesten Übungen, diese Zurückweisung und die damit verbundene Angst vor Verlust und vor dem Verlassenwerden als erneuten Beweis für die Richtigkeit ihres tragisch-melancholischen Weltgefühls umzumünzen und der Selbstmitleidsspirale damit eine kräftige Abwärtsdrehung hinzuzufügen.
In ihrem Selbstmitleid gelang es ihnen wiederum meisterhaft, die Aufmerksamkeit anderer Menschen auf sich zu ziehen und ihnen ihre Stimmung aufzudrängen. Sie hatten gelernt, ihre Traurigkeit als Köder dafür zu verwenden, andere zur Kontaktaufnahme mit ihnen zu verleiten.
Ließen jene sich darauf ein, machten sie nicht selten die frustrierende Erfahrung, mit ihren gutgemeinten Bemühungen nicht landen zu können, weil sie ganz offensichtlich unfähig waren, sich in die Exklusivität dieser Tragik einzufühlen. Es konnte ihnen sogar passieren, auf sarkastische Art zurückgewiesen zu werden.
Im Rückblick sieht der entwickelte Mensch vom Muster VIER überdeutlich, daß sein bisheriges Leben Züge einer gigantischen Selbstinszenierung trug. Emotional maßlos und oft ohne Selbstdisziplin im Äußeren gierte er danach, umsorgt zu werden. In seiner Selbstbefangenheit ging ihm nicht auf, wie elitär die Ansprüche waren, die er an seine Umwelt richtete. Nicht selten hat er andere belächelt, wenn sie seinen Maßstäben an Exklusivität oder seiner eigenwilligen Ästhetik nicht genügen konnten. Und nicht selten hat er ihnen dies in arroganter Weise zu verstehen gegeben.
Und noch etwas sieht er überdeutlich: Ihm ist die Sehnsucht nach etwas oder nach jemandem stets wichtiger gewesen als das Haben oder der Besitz. Von dem Unerreichbaren ging für ihn die größte Anziehung aus; alles, was zum Greifen nahe lag, wurde merkwürdig unattraktiv. Im Abstand erkennt er dieses Vor-und-zurück-Muster seines sehnsüchtigen Verlangens als sein durchgängiges Merkmal. Er spürt außerdem überdeutlich, daß die Fetischisierung des „Besonderen“ ein Reflex auf sein beschädigtes Selbstbild war, welches ihm schmerzhaft suggerierte, er sei „kleiner als die Welt“. Die vielen Vergleiche, die er mit sich an anderen permanent vornahm, gingen meistens zu seinen Lasten aus: „Instinktsicher“ verglich er sich mit Menschen, die ihm in einem bedeutsamen Aspekt überlegen waren, und er vergrößerte diesen Aspekt auf masochistische Weise wie mit einer Lupe.

Kurzum: Er konnte grün werden vor Neid, wenn er sah, daß alle anderen offenbar das Glück gepachtet hatten. Seine größte Pein entstand, wenn er registrierte, daß normal-durchschnittliche Menschen, denen in jeder Hinsicht das Besondere abging, den zufriedensten Eindruck machten. In diesem Leben, insbesondere in dieser verhaßten Gegenwart, würde dies für ihn ein unerreichbarer Zustand sein.
Daß es dennoch anders kam, ist der Lohn schmerzhafter Lernprozesse. Sie begannen, seit er den Mut aufbrachte, ein aktives und realistisches Interesse am Leben und an der ihn umgebenden Wirklichkeit aufzubringen. In dem Maße, wie er deren Makel und Widrigkeiten wahrnahm, konnte er lernen standzuhalten und nicht – wie früher – in eine idealisierte Phantasiewelt zu flüchten.
Er mußte lernen, sich realistische Ziele zu setzen und seine Sehnsucht auf Erreichbares zu lenken. Ebenso mußte er sich der Mühe unterziehen, seinen Gefühlssumpf trockenzulegen, vor allem aber darauf verzichten, sich lustvoll in ihm zu suhlen. Hierbei halfen ihm entscheidend eine gesteigerte Selbstdisziplin und die Erkenntnis, daß seine Neigung, aus dem Hier-und-Jetzt gedanklich in die Vergangenheit oder in die Zukunft abzudriften, die Hauptquelle seines bisherigen Unglücks war.
In dem Maße, wie es ihm gelang, seine Achtsamkeit in der Gegenwart zu halten, verlor sich seine Neigung, von einem Extrem ins andere zu fallen. Er lernte allmählich zu bejahen, daß Häßlichkeit, Schmutz und Mittelmaß, Verlust und Abschied elementare Bestandteile des wirklichen Lebens sind.
Ihm ist deutlich geworden, daß er sich früher immer dann jener Kombination aus verbaler Geschliffenheit, weltverneinendem Pessimismus und dramatischem Flair bediente, wenn er sich innerlich besonders unsicher und nichtswürdig vorkam. Oft war er dann nur noch einen winzigen Schritt von seinem zerstörerischen Selbsthaß entfernt. Auch seinen Hang zum Snobismus und seine elitäre Attitüde sieht er mittlerweile in diesem Zusammenhang. Sie sind ihm wichtige Indikatoren dafür geworden, daß er wieder mal kurz davor ist, seine Mitte zu verlieren.
Besonders hilfreich sind ihm hierbei Menschen, die sich nicht von seinen manipulativen Versuchen beeindrucken lassen, sondern ihn zu echten Mitteilungen über sich herausfordern. Sie helfen ihm dadurch wesentlich, sich in seiner „Normalversion" akzeptieren zu lernen und sich auch hierin wertvoll zu fühlen. Als Indikator für seinen Wachstumsprozeß kann seine Fähigkeit dienen, sachlich begründete Kritik an seiner Person ertragen zu können, ohne sich deshalb als Mensch selbst niedermachen zu müssen. (Irgendwann dämmerte ihm nämlich, daß niemand anderer als er selbst es war, der bisher die Arbeit an seiner Entwicklung sabotiert hatte.)

Menschen vom Muster VIER hatten sich in ihrem verwickelten Dasein gemütlich im Elend eingerichtet. Diese masochistische Attitüde hatte allerdings ihren Preis. Er wird in seiner ganzen Höhe sichtbar, wenn wir uns die entwickelten Menschen näher ansehen und genauer würdigen, zu welchen Eigenschaften sie sich *durchgelitten* haben: Sie haben ihr Interesse an der und ihre Liebe zur Welt entdeckt. Ihr natürlicher Blick für Schönheit hilft ihnen, das Wesentliche auch im Einfachen zu erkennen. Verläßlichkeit ist ihnen wichtiger geworden als Exklusivität, Natürliches finden sie nunmehr attraktiver als Kunstvoll-Stilisiertes.

Die Achterbahnfahrt ihrer Gefühlswallungen haben sie beendet: Sie haben gelernt, ihre Emotionen zu disziplinieren und zu kontrollieren und – wenn nötig – sich von ihnen zu distanzieren. Geblieben sind ihre außerordentliche Wahrnehmungsfähigkeit für Gefühlsnuancen und ihre bemerkenswerte Sensibilität. Sie sind zu einer Gefühlstiefe fähig, die den meisten anderen Menschen verschlossen und unzugänglich bleibt. Sie sind Schmerzexperten und wissen genau, was seelische Not ist. Deshalb können sie andere Menschen, die in seelischer Not sind, in idealer Weise begleiten. Schwierige, komplizierte und dunkle Gefühle sind ihnen in vielen Variationen aus eigenem Erleben bestens vertraut. Deshalb können sie auch dann noch – in hilfreicher Weise – emotional distanziert bleiben, wenn andere Menschen längst die Panik vor den Seelen-Gespenstern gepackt hätte. Ihr Wissen um diese Abgründe macht es ihnen möglich, auch solche Menschen zu tolerieren, die von anderen moralisch disqualifiziert werden.
Auf ihrem Entwicklungsweg kommt ihnen ihre Fähigkeit, klar zu denken und geschickt mit Worten umzugehen, sehr zugute. In Verbindung mit ihrem tiefen Einfühlungsvermögen kann dies für andere Menschen zu einer großen Hilfe bei dem Versuch werden, ihre Gedanken und Vorstellungen zu klären. Sie können andere Menschen inspirieren und zu einer Bewußtheit führen, die diese aus eigener Kraft nicht hätten erreichen können. Sie können ihnen helfen, die in ihren Qualen verborgenen Wachstumsmöglichkeiten zu entdecken.

Während sie früher *Natürlichkeit* in kunstvollen und langwierigen Prozessen inszenieren mußten, ist sie heute der unangestrengte Ausdruck ihres Wesens. Ihre Feinnervigkeit, die den Umgang mit ihnen früher manchmal so heikel werden ließ, ist heute ihr Kapital. Seit sie wissen, daß sie sich auf ihre Gefühle verlassen können, zeigen diese ihnen den Weg. Das macht sie erstaunlich sicher in der Einschätzung dessen, was in einer gegebenen Situation gerade „dran“ ist.

Der emotionale Exzeß, der dramatisch inszenierte Auftritt sind einer sozial attraktiven Form von Unaufdringlichkeit gewichen; diese läßt sie zu etwas wirklich Besonderem werden. Der Charme dieses Besonderen liegt in seiner Absichtslosigkeit; seine Überzeugungskraft kommt aus dem echten Interesse an der Umwelt.

Entwickelten Menschen vom Muster VIER geht es um echte Gefühle. Sie, die es in der Kunst der emotionalen Inszenierung zu hoher Perfektion gebracht hatten, haben – eben deswegen – ein feines Gespür für Original oder Fälschung. Echte Begegnungen ziehen sie allemal oberflächlichen Kontakten vor. Emotionale Aufrichtigkeit ist für sie zu einem attraktiven inneren Richtmaß geworden.

Seit ihnen die äußere Welt wichtig geworden ist, können sie den Reichtum und die Schönheit ihrer inneren Welt würdigen. Sie wissen, daß sie vor dem Leben nicht mehr fliehen müssen, sondern sich einlassen können. Sie wissen, daß sie viel robuster und widerstandsfähiger sind, als sie es früher sich selbst und der Umwelt glauben machen wollten. Sie begreifen heute negative Erfahrungen als eine Herausforderung, die sie durch aktives Zutun in eine positive und wertvolle Erfahrung umwandeln können. Ihre Hinwendung zur Welt füllt ihren Energiespeicher, ihre interessierte Anteilnahme schenkt ihnen eine Zufriedenheit, die sie in den Zeiten ihrer zwanghaften Selbstbezogenheit so heftig ersehnt und so schmerzlich vermißt haben.

Durst

Es war einmal ein König, der hatte Durst. Er wußte nicht genau, was sein Problem war, aber er sagte: „Meine Kehle ist trocken." Lakaien rannten geschwind, um etwas Geeignetes zur Linderung des Zustandes zu finden. Sie kamen mit Schmieröl zurück. Als der König es getrunken hatte, fühlte sich seine Kehle nicht mehr trocken an, aber er wußte, daß etwas nicht stimmte.
Das Öl rief in seinem Mund einen merkwürdigen Geschmack hervor. Er krächzte:
„Meine Zunge fühlt sich schrecklich an, da ist ein komischer Geschmack, alles ist so glitschig…"
Sein Arzt verordnete ihm sogleich sauer eingelegtes Gemüse und Essig – was der König auch aß.
Bald hatte er zu allem Übel noch Kopfschmerzen und tränende Augen.
„Ich glaube, ich bin durstig", murmelte er, denn seine Leiden hatten ihn etwas zum Nachdenken gebracht.
„Durst läßt die Augen nicht tränen", sagten die Höflinge zueinander. Aber Könige sind eben oft kapriziös, und so sausten sie los und holten Rosenwasser und aromatisierten zuckersüßen Wein, wie es sich für einen König geziemte.
Der König trank alles, doch er fühlte sich noch immer nicht besser, und seine Verdauung war ruiniert.
Ein weiser Mann, der zufällig mitten in dieser Krise vorbeikam, riet:
„Seine Majestät braucht normales Wasser."
„Ein König kann niemals gewöhnliches Wasser trinken!" rief der Hof einstimmig.
„Natürlich nicht", empörte sich der König, „und ich fühle mich wirklich recht unverschämt behandelt – sowohl als König, dem pures Wasser empfohlen wird, als auch als Patient. Schließlich muß es unmöglich sein, daß solch ein fürchterliches und von Tag zu Tag komplizierteres Leiden wie meines ein derart einfaches Heilmittel haben könnte. Solch eine Auffassung widerspricht der Logik und ist eine Schande für den, der sie vorbringt, und eine Beleidigung für den Kranken." Auf diese Art kam es dazu, daß der weise Mann nur noch „der Idiot" genannt wurde. (G27)

Ein genauerer Blick in die innere Dynamik des Musters VIER

Mustertypische Verzerrung der Weltsicht

Menschen vom Muster VIER scheinen zu glauben, man könne die Vergangenheit dadurch ändern, daß man Geschehenes immer und immer wieder „durchgehe" und darüber lamentiere. Sie scheinen nicht akzeptieren zu wollen, daß es fast noch nie jemandem gelungen ist, verschüttete Milch wieder einzusammeln.

Daneben scheinen Menschen vom Muster VIER irgendwie davon überzeugt zu sein, daß ihr Anspruch darauf, geliebt zu werden, um so größer werde, je mehr ihre Bedürftigkeit zunimmt. Und mit dieser Annahme geht eine Idealisierung des Leidens einher. Sie scheinen zu glauben, daß sie um so edler werden, je mehr sie erleiden.

Eine weitere auffällige Grundannahme der Menschen vom Muster VIER drückt sich in ihrem Lebensgefühl aus, nicht so gut zu sein wie andere

Menschen. Diese Perspektive ist zugleich Stoff und Motor für ihr neidisches Sichvergleichen mit anderen. „Ich würde nie zu einem Club gehören wollen, der *mich* als Mitglied akzeptiert", so bringt es *Woody Allen* auf den Punkt.[28]
Und daneben scheinen die Menschen vom Muster VIER den Anspruch an das Leben zu haben, daß ihnen nach soviel erlittenem Ungemach eine Art Wiedergutmachung zustehe.

Abwehrmechanismen
Der vorherrschende Abwehrmechanismus der Menschen vom Muster VIER ist die *Introjektion.* Bei ihr handelt es sich um eine Art seelischen Eßvorgang: Ein Mensch läßt in seiner Phantasie andere Menschen (oder bestimmte Eigenschaften von ihnen) in das Innere seiner Seele gelangen. Es findet gleichsam eine seelische Einverleibung statt. In der psychoanalytischen Theorie ging und geht man davon aus, daß ein Kind gute oder schlechte Qualitäten seines Vaters oder seiner Mutter introjiziere.

Naranjo meint, daß das negative Selbstbild, das für die Menschen vom Muster VIER charakteristisch ist, aus einem solchen Introjektionsvorgang entstanden sei. Sie hätten sich als Kinder den Selbsthaß eines Elternteils seelisch „einverleibt", mit der Folge, daß sie sich nun selbst ablehnen müßten. Und aus dem introjizierten Selbsthaß erwüchse die Bandbreite ihrer charakteristischen Merkmale: ihr negatives Selbstbild, ihr Versuch, etwas Besonderes darstellen zu müssen, ihre Neigung zu ständigem Leiden sowie ihr Abhängigsein von der Bestätigung durch andere. Weil sie sich selbst nicht lieben könnten, müßten sie nach Bestätigung und Geliebtwerden gieren. Würden ihnen Anerkennung und Liebe jedoch versagt, entstehe eine Frustration, die ihrerseits wieder *Zorn* zur Folge habe. Wegen ihrer „Vorliebe" für die Introjektion neigten Menschen vom Muster VIER jedoch nicht nur dazu, diesen Zorn gegen den oder die zu richten, von denen die Frustration ausging, sondern auch gegen sich selbst; „die Vier schluckt fremde Negativität und macht sie zu ihrer eigenen".[29]

Naranjo versucht darüber hinaus eine Beobachtung zu verstehen, die besagt, daß bei Menschen vom Muster VIER zunehmende Vertrautheit häufig in Geringschätzung umkippe. Oder andersherum ausgedrückt: daß das Nichtvorhandene für sie stets attraktiver zu sein scheine als das Vorhandene. Er

---

28 Zitiert nach *Jaxon-Bear,* S. 151.
29 *Jaxon-Bear,* S. 157.

vermutet eine Art seelischen „Infektionsvorgang“, kraft dessen auch diejenigen von der (mustertypischen) Selbstablehnung infiziert würden, die durch zunehmende Intimität zu einem „Teil des Selbst“ der Menschen vom Muster VIER geworden seien.
Um die seelische Dynamik des VIERER-Musters noch genauer zu verstehen, fragt *Naranjo* weiter, welche Inhalte bevorzugt *verdrängt* würden. Er meint, die Menschen vom Muster VIER vermieden es vor allem, eine Position der Überlegenheit zu beanspruchen (im Gegensatz zu den Menschen vom Muster EINS also). Mit Hilfe der Introjektion würden sie (eine faktische) Überlegenheit in Minderwertigkeit umwandeln, insbesondere dann, wenn sie in ihren zwischenmenschlichen Beziehungen zu ihrer „masochistischen Strategie“ griffen. Das *Introjekt* wirke dann gleichsam wie ein Stein: am Fuße eines Ertrinkenden festgebunden, stelle er das Ertrinken sicher. Dieser Prozeß ermögliche es ihnen, die typische Doppelposition beizubehalten: Bedürftigkeit einerseits und die Vermeidung von Überlegenheit andererseits.
Ihre Ansprüche fordernd zur Geltung zu bringen, falle ihnen schwer, weil dies bei ihnen Schuldgefühle erzeuge. Und die wiederum würden ihr Minderwertigkeitsgefühl verstärken. Deshalb verdrängten sie ihren Zorn und wandelten ihn in Neid um. So gesehen führten die neidvolle Bedürftigkeit der VIER und die fordernde Geltendmachung der EINS zum selben Ergebnis: zur Bedürfnisbefriedigung.

Das Ziel der Nachtigall

Eine Nachtigall, die gerade kein Zuhause hatte, beschloß, sich in einem bestimmten Wald anzusiedeln. Doch die Vögel, die bereits da waren, hatten ihre eigene Ansicht darüber und vertrieben sie nach kurzer Zeit.
Als sie eines Tages tieftraurig am Rande einer nahe gelegenen Straße hockte, wurde sie von einer anderen Nachtigall erspäht, die bei ihr haltmachte und sich erkundigte, weshalb sie so verloren aussähe.
„Ich habe versucht“, erzählte sie, „mich inmitten anderer Vögel niederzulassen, doch sie hackten auf mich ein, fielen über mich her und schlugen mich mit ihren Flügeln, bis mir nichts anderes übrigblieb, als den Wald dort drüben zu verlassen.“

„Vielleicht warst du prahlerisch“, meinte die andere Nachtigall. „Als ich in einer ähnlichen Situation nach einem Baum für mich suchte, versammelten sich erst einmal alle Vögel bei mir und fragten mich, was ich machen und warum ich singen würde.“
„Ja, diese Vögel taten dasselbe mit mir“, erwiderte die erste Nachtigall.
„Und was hast du gesagt?“
„Ich sagte: ‚Ich singe, weil ich einfach nicht anders kann!‘“
„Und dann?“
„Und dann griffen sie mich an, wie ich es beschrieben habe.“
„Ah“, sagte der andere Vogel, „das war dein Fehler. Sie dachten, du hättest keine Selbstbeherrschung, du seist womöglich verrückt, und das könnte sie dazu bringen, sich ähnlich zu benehmen. Als ich dasselbe gefragt wurde, erklärte ich: ‚Ich versuche, euch mit meinem Gesang zu erfreuen.‘ Das war ein Ziel, das sie verstehen konnten.“ (G28)

Verwicklungstendenzen
Menschen vom Muster VIER verlangen nach emotionaler Intensität. Die finden sie an den Extremen des Gefühlsspektrums: entweder im Leiden oder in der phantasierten totalen Erfüllung ihrer Sehnsüchte. Was dazwischen liegt, ist „normal“ und deswegen für sie von geringer Anziehungskraft. Menschen vom Muster VIER erfassen die Gefühle anderer seismographisch genau, und sie können emotional so intensiv mitschwingen, als hätten sie die Gefühle anderer übernommen. Aufgrund der mustertypischen Verzerrung ihrer Weltsicht fühlen sie sich von „dunklen“ Gefühlen anderer (Schmerz, Trauer, Unglücklichsein) stärker angezogen. Für Menschen vom Muster VIER wird es eng, wenn sie von ihrer Umwelt rückgemeldet bekommen, langweilig zu sein. Oder wenn sie sich selbst eingestehen müssen, nur Gewöhnliches zustande zu bringen. Sie geraten auch in Streß, wenn ihnen nicht die Aufmerksamkeit zuteil wird, die sie sich erhofft hatten. Ganz eng wird es für sie, wenn sie mit Verlusterfahrungen konfrontiert werden.
Wenn ihre Abwehrmechanismen diesem Druck nicht standhalten, verstärken sich in ihnen Gefühle der Trauer und des Verlorenseins. Damit geht eine zunehmende Entfremdung von ihrer eigenen Realität einher: Sie wissen allmählich nicht mehr, wer sie sind und wie sie sich wirklich fühlen. Selbstzweifel nagen an ihnen. Sie verstärken ihre charakteristische Aura, die aus

der Mischung von Melancholie und Zerbrechlichkeit besteht, und werden so zur wandelnden Aufforderung für andere, sich intensiv um sie zu kümmern. Verweigern diese aber ihre Anteilnahme, werden sie es mit Schuldgefühlen zu bezahlen haben. Wird das Verlorenheitsgefühl noch stärker, übernehmen die Menschen vom Muster VIER Verhaltensweisen von Menschen vom Muster ZWEI, wie sie für deren verwickeltes Stadium charakteristisch sind: Sie, die eigentlich eher zurückhaltend sind, gehen nun hilfsbereit und übertrieben fürsorglich auf andere Menschen zu und versuchen, sich für sie unentbehrlich zu machen. Indem sie Gefühle der Liebe und der Sorge mit ihnen teilen, machen sie sich zugleich selbst von der Zuwendung dieser Menschen abhängig.
In diesem symbiotischen Geflecht geht es ihnen jedoch nicht wirklich besser. Denn die Schwierigkeiten, die sie auch in weniger verwickelten Phasen mit verbindlichen Beziehungen hatten, verstärken sich jetzt nur noch mehr. Tatsächlich sind sie völlig außerstande, in diesem Stadium auf andere Menschen wirklich zuzugehen. Vielmehr zwingen sie ihre Mitmenschen durch ihr „Elend", sich um sie zu kümmern. Sie wollen nur noch befürsorgt und bemitleidet werden. Jede an sie gerichtete Erwartung weisen sie zurück, einschließlich der Erwartung, daß es ihnen bald besser gehen möge. Eine Art tragische Ironie entsteht nun dadurch, daß sie allmählich die Menschen zu hassen beginnen, von denen sie sich abhängig gemacht haben. Weist sie diese Abhängigkeit doch unerbittlich auf ihre „Mängel" hin. Und diese Mängel wiederum beeinträchtigen ihre Selbstachtung und schüren ihren Selbsthaß.
Nicht selten endet also ihr Versuch, die Entfremdung von sich und anderen durch intensive Kontaktaufnahme zu überwinden, in einem zwischenmenschlichen Desaster. Ähnlich ergeht es ihnen mit ihrer Hoffnung, durch die Liebe, die ein anderer ihnen entgegenbringt, mit der Zeit sich selbst lieben zu lernen.

Die Krankheit

Eine Nachtigall sagte einst zu einem Pfau:
„Wenn ich tiriliere, versammeln sich die Leute, um der Schönheit und Reinheit meines Gesanges zu lauschen – der Mensch mag zwar ein Mörder sein, aber er ist auch ein Ästhet."
Der Pfau hörte gut zu und beschloß, eine bewundernde Menge für sein herrliches Federkleid zu finden, das um so vieles erlesener war als alles, was die Nachtigall zu zeigen vermochte.
Also ging er zu einem Ort, wo die Menschen zusammenkamen, und stolzierte vor einer Gruppe von Leuten auf und ab, wobei er seinen Schwanz entfaltete und vor jedermanns Augen seine Federn spreizte und aufstellte.
Einer der Menschen sagte:
„Mit dem armen Pfau ist irgend etwas nicht in Ordnung – er kann nicht stillhalten. Es muß irgendeine Krankheit sein."
So ergriffen sie den Pfau und töteten ihn, damit sich die Krankheit nicht auf ihr Federvieh zu Hause übertragen konnte. (G29)

Entwicklungstendenzen
Menschen vom Muster VIER fühlen sich zwanghaft vom Unerreichbaren angezogen. Ihre vorherrschende Leidenschaft, der Neid, kommt als Verlangen nach fehlenden Dingen getarnt daher. Gelänge es ihnen, einzusehen und zu akzeptieren, daß sie bereits mehr als genug von dem besitzen, was sie wirklich brauchen, könnten sie Neid, Selbstzweifel und Traurigkeit durch innere Ausgeglichenheit und durch Lebensfreude ersetzen. Aber was sich so einfach dahinsagt, ist – wie bei allen Mustern – nur über einen mühsamen Weg der Selbsterkenntnis und der Selbstdisziplin zu verwirklichen. Menschen vom Muster VIER tun einen deutlichen Schritt in Richtung Entwicklung, wenn sie die ihnen eigene Tendenz zur selbstbezogenen „Nabelschau" in eine liebevoll-kritische Selbstbeobachtung umwandeln lernen. Mit deren Hilfe erst bemerken sie ihre mustertypischen „Fallen": Wenn z.B. ihre Aufmerksamkeit aus dem Hier-und-Jetzt in Richtung Vergangenheit, Zukunft oder zum sonstwie Unerreichbaren wegdriftet; wenn sie beginnen, ihre Gefühle und Empfindungen zu dramatisieren und sich masochistisch in Vorahnungen „schrecklicher Entwicklungen" hineinzusteigern; wenn sie anfangen, das

Erreichbare schlechtzumachen und das Unerreichbare sehnsüchtig zu glorifizieren; wenn sie im Begriff sind, sich den Schmerz anderer „einzuverleiben“ und damit den eigenen Weltschmerz zu vergrößern: Immer dann müßte ihnen bereits eine innere Warnlampe aufleuchten. Kurz: Übertriebene Selbstbezogenheit und Selbstversunkenheit sind der Treibstoff für ihre Verwicklung. Die damit einhergehenden Launen und starken Stimmungsschwankungen sind deren umweltrelevante Dimension.
Entwickelte Menschen vom Muster EINS verkörpern jene Haltungen, die die Menschen vom Muster VIER dringend benötigen: Jene finden den Maßstab für ihr Handeln in Prinzipien, die außerhalb ihrer selbst liegen und damit größer sind als sie selbst. Sie begegnen den Herausforderungen der Welt und dem, was getan werden muß, mit entschlossenem Handeln. Sie versuchen, Mißstände zu verbessern, statt über sie zu lamentieren. Sie packen an und lassen sich ein, statt sich vorschnell zurückzuziehen. Sie tragen angefangene Projekte beharrlich bis zum Ende durch, auch wenn es durch zwischenzeitlich auftretende Hindernisse frustrierend und unangenehm werden sollte. Sie sehen sich selbst mit nüchternem Abstand und sind bereit, ihre eigenen Belange hinter die Erfordernisse der Sache, um die es gerade geht, zurücktreten zu lassen.
Wenn Menschen vom Muster VIER sich an diesen Haltungen orientieren, geschieht in ihrem Leben eine deutliche Entwicklung: Statt in ungezügeltem Selbstmitleid zu versinken, lernen sie, Selbstdisziplin zu üben. Ihre Launen und Stimmungsschwankungen verlieren sich und werden allmählich durch Ausgeglichenheit ersetzt. Wenn sie anfangen, sich auf das zu konzentrieren, was für andere wichtig ist, fließt vitale Energie zu ihnen zurück. Diese löst Traurigkeit und Bedrücktheit auf. Indem sie lernen, sachliche Kritik zu akzeptieren, lernen sie zu vermeiden, sich dadurch als Person niedergemacht zu fühlen. Durch ihre Hinwendung zur Welt und zu den tatsächlichen Bedürfnissen anderer verliert sich ihr Zwang, sich einzigartig oder als etwas Besonderes fühlen zu müssen. Dieser Zwang wird gleichsam in die Fähigkeit umgewandelt, die ihnen eigene Originalität als Bereicherung in die Umwelt hineintragen zu können. Aus der Selbstbeschränkung erwächst die Fähigkeit, Befriedigung aus der sie umgebenden Wirklichkeit zu beziehen und nicht mehr in Phantasiewelten flüchten zu müssen. Und, paradox genug: Indem sie lernen, sich als Teil der Welt zu fühlen, finden sie wirkliche Freiheit. Dies um so mehr, indem sie einfach das tun, was nun einmal getan werden muß.

Großzügig und bescheiden

„Ist es besser, großzügig zu sein oder bescheiden?"
„Was wären Sie lieber?"
„Ich beneide beides bei den Leuten."
„Neid auf eine gute Eigenschaft ist schlimmer als Neid auf eine schlechte. Das ist so, weil Neid eben Neid ist. Wenn Neid auf etwas Gutes gerichtet ist, bedeutet das einen Angriff auf Gutes. Wenn Neid auf etwas Schlechtes gerichtet ist, befindet er sich an seinem Platz und vermag als das gesehen werden, was er ist."
„Was soll ich dann tun?"
„Sie sollten sich davon überzeugen, daß Sie es ehrlich meinen. Auf diese Weise werden Sie sowohl bescheiden wie auch großzügig werden. Ehrlichkeit hat keinen Raum für Neid." (G30)

VIER im Bild *(E. Holz)*
Verloren im paradiesischen Dschungel, verwirrt von einem Mosaik der Gefühle und Ahnungen, umrankt von Verdrängungen, aufgespalten und aus morbiden Träumen aufgeschreckt, das ist meine Wahrnehmung der VIER. Inmitten aller Schönheit der Kreativität gebiert sie die Schlange der Selbstverführung und Selbstzerstörung. Rastlos damit beschäftigt, eine Selbstdarstellung zu finden, die Bestand hat, bringt sie auf ihrem Wege eine Schönheit hervor, die sie selbst nicht mehr sieht, weil sie ihren Blick schon begehrlich auf die nächste Rolle ihres Lebens gerichtet hat. Sie verzweifelt an dem ewig Unerreichbaren und verliert die Achtung vor dem Erreichten. Sie haßt sich selbst für ihre Gedanken an Prostitution, der großen Erfüllung wegen, und schaut über das einfach Erreichbare hinweg. Sie kann zur Ruhe kommen, wenn sie sich aus den Sümpfen und der feuchten Schwüle des Dschungels löst und, wie der bunte Kakadu, in Ruhe und sich auf die eigene Schönheit verlassend, sich auf einem Ast niederlassen und Teil der Welt werden kann.

E.H. 2/95

Ach wie gut, daß niemand weiß …
Über die Menschen vom Muster FÜNF

So werden Menschen vom Muster FÜNF von anderen Autoren benannt

Autor(en)	Bezeichnung des Musters
Beesing u.a.	FÜNF
Böschemeyer	Der Beobachter
Frings Keyes	Das Programm: Wissen und Rückzug
Gallen/Neidhardt	Das Muster FÜNF
Jaxon-Bear	Der mystische Philosoph
Hurley/Dobson	Die BeobachterInnen
Naranjo	Habsucht und pathologische Absonderung (Seeking Wholeness through Isolation)
Palmer	Der Beobachter
Rohr/Ebert	Typ FÜNF
Riso	Der Denker
Vollmar	Der Beobachter

Dämonische Verwandtschaft

Die Menschen vom Enneagramm-Muster FÜNF wären bevorzugt vom Dämon der Habsucht gepiesackt worden.
Seine listige Verschlagenheit machte auch ihn in den Augen der alten Mönche zu einem gefährlichen Gegner. Wie ging er zu Werke? Er gaukelte den Mönchen vor, sie würden einmal ein hohes Alter erreichen, in welchem sie dann unfähig wären, mit eigener Hände Arbeit ihren Lebensunterhalt zu verdienen. Es gälte also hier und jetzt dagegen schon Vorsorge zu treffen, indem sie einfach alles behalten sollten, was sie besaßen.
Oder er machte ihnen Angst, indem er ihnen Gedanken an kommende Hungersnöte, schwere Krankheiten oder drohende Verarmung einflößte. Und welche Schande es dann bedeute, auf die Hilfe anderer angewiesen zu sein.
Auch der Dämon der Habsucht arbeitete also „um die Ecke“: Er stützte nicht direkt die Habgier des Mönchs, sondern versorgte ihn mit guten Gründen, die zudem vernünftig klangen, und die dagegen sprachen, freigiebig zu sein. Schlimmer noch: die die Gefahren ausmalten, die in der Zukunft aus einer freigiebigen Haltung erwachsen könnten.

Die vom Dämon suggerierten Gedanken machten den Mönch ängstlich und kleinmütig. Sie raubten ihm den inneren Schwung, seine Besitzgier zu bändigen, indem sie ihm die gegenteilige Haltung als die vernünftigere vorkommen ließen. Raffiniert fürwahr!

Das Heilmittel, das *Evagrius* gegen den Geiz empfahl, ist seinerseits schon wieder von fast geiziger Knappheit: „Verschließe deine Hand nicht vor dem Bedürftigen, sondern öffne sie ihm und gib, soviel er bittet." (Deuteronomium 15, 17f.)

Damit wurden alle Vernünfteleien, deren Anhäufung ja letztlich die Hand des Mönchs geizig verschlossen hielt, einfach mit einer Art Gegenbefehl, also auf derselben Ebene, in ihrer Wirkung neutralisiert. Etwa so, wie in der folgenden Geschichte:

Der Bettler

Ein Bettler klopfte an eine Türe und bat um eine Gabe. Der Eigentümer kam heraus und sagte: „Es tut mir leid, aber es ist niemand zu Hause."

„Ich möchte auch niemanden sehen", sagte der Bettler, „ich möchte etwas zu essen." (G31)

Und wie anfällig das geizige Festhalten einen Menschen für einen regelrechten Zwang zum „Vernünfteln" werden lassen kann, zeigt die folgende Geschichte:

Käsewahl

„Ich habe beschlossen", sagte die Maus, „Käse zu mögen. Solch eine wichtige Entscheidung, unnötig, darauf hinzuweisen, kann nicht ohne einen ausreichenden Zeitraum sorgfältiger Überlegung getroffen werden. Es geht nicht darum, die unmittelbare, undefinierbare ästhetische Anziehung der Substanz zu leugnen. Doch auch diese ist in ihrer Eigenschaft selbst nur dem entwickelteren Individuum erkennbar – man denke da zum Beispiel an den primitiven Fuchs, der gar nicht über das sensible Urteilsvermögen verfügt, um sich Käse überhaupt zu nähern.
Andere Faktoren bieten sich bei der Wahl nicht weniger einer vernünftigen Analyse an, wie das natürlich auch der Fall sein sollte.
Anziehende Farbe, angenehme Beschaffenheit, angemessenes Gewicht, verschiedenste interessante Formen, relativ große Anzahl der Fundorte, recht gute Verdaulichkeit, vergleichsweise große Menge an unterschiedlichsten Nährstoffen, sofortige Verwendbarkeit, beachtliche Einfachheit des Transports, kein Auftreten von Nebenwirkungen – all das und Hunderte anderer genau definierbarer Faktoren beweisen ausreichend meinen klaren Verstand und meine tiefe Erkenntnis, die bewußt durch meine weise und wohlüberlegt getroffene Wahl in die Tat umgesetzt wurde." (G32)

Der Weg der Menschen vom Muster FÜNF

Ich denke, also bin ich. Still und konzentriert vor sich hin arbeitend würde es irgendwann gelingen, dem Leben mitsamt seinem zentralen Geheimnis auf die Spur zu kommen. Man müßte nur dranbleiben können und sich nicht durch Äußerlichkeiten ablenken lassen. Vor allem sich durch nichts und niemanden so binden lassen, daß man ohne nicht mehr leben könnte.
Und man mußte auf der Hut sein, daß einem niemand zu nahe kam. Denn allzuleicht hätte daraus die Gefahr entstehen können, von dem anderen verschlungen zu werden. Besser also, allein, dafür aber selbständig zu bleiben: Herr oder Frau der eigenen Zeit zu sein, ohne den Preis der Anpassung an andere zahlen zu müssen. Denn diesen Preis zu zahlen, hätte letztlich zur Folge gehabt, Abschied von den eigenen Vorlieben nehmen zu müssen.
Es mutet schon fast paradox an: Menschen vom Muster FÜNF haben sich darin perfektioniert, mit ihren Bedürfnissen asketisch umzugehen. Im Zweifel oder in der Not haben sie sich (und der Umwelt, wenn sie es denn überhaupt sehen wollte) gezeigt, daß sie mit wenig, und wenn es sein mußte, mit noch weniger, auskommen können. Also ist ihre vorherrschende Leidenschaft – wenn diese Begrifflichkeit für einen so kühlen und klaren Kopf überhaupt angemessen sein kann – doch eher ihre Bescheidenheit. Was soll an dieser komplexen Art, Ressourcen zu schonen, *geizig* sein?
Entwickelte Menschen vom Muster FÜNF haben schmerzhaft gelernt, daß sie früher mit allem zurückhaltend waren, was sie für ihre Mitmenschen sichtbar, fühlbar, greifbar – und vor allem: angreifbar – hätte machen können. Ihre Lieblingsposition war die des distanzierten Beobachters, ihre Lieblingsversion die eines *freundlichen Nichts,* eines Menschen, der anwesend war, alles mitbekam, ohne seinerseits wahrgenommen zu werden.

Das eigentliche Vergnügen kam für sie oft erst bei der „Nachbearbeitung" im stillen Kämmerlein, allein und ungestört, alle feinen Beobachtungen und Eindrücke sorgfältig reflektierend, sortierend und auf ihren Erkenntnisgehalt hin prüfend. Das eigentliche Glücksgefühl entstand, wenn sich eine Idee oder ein Schlüssel fand, mit deren Hilfe das Erlebte systematisiert und eingeordnet werden konnte. Warum hätten sie später mit jemandem darüber reden sollen? Wer hätte überhaupt das intellektuelle Potential, die ebenso komplexen wie subtilen Reflexionen wertschätzen zu können? Unterstellt, es gäbe so jemanden: Hätte derjenige Zeit und Nerven oder gar Lust für eine so intensive Beschäftigung mit ihnen? Und etwas anderes als „intensiv" und „sorgfältig" hätten sie für unangemessen gehalten. Kann man, darf man so etwas überhaupt erwarten? Wieviel risikoärmer – und damit letztlich vernünftiger – ist es doch, sich den anderen Menschen nicht aufzudrängen, sondern sie sich „vom Leibe" zu halten; was im Endeffekt bedeutet, die Dinge des Lebens mit sich alleine abzumachen.

Der entwickelte Mensch vom Muster FÜNF kann unschwer in diesem Lebenskonzept Merkmale entdecken, die früher auf ihn zutrafen: seine Tendenz, sich anderen Menschen vorzuenthalten (also eine Art *interaktioneller Geiz*), seine Neigung zu intellektueller Arroganz und zu gedanklicher Überheblichkeit, manchmal auch zu zynischem und verletzendem Urteil. Er weiß nunmehr, daß der Rückzug in Analyse und Reflexion wie der Wunsch nach schönerem Wohnen war, allerdings in einem Mausoleum.

Er kennt die Stelle und den Moment genau, wenn ihm die Umstände nahelegen, sich einzulassen, und wenn in ihm die reflexartige Tendenz einsetzt, sich rasch auf seinen geistigen Hochsitz zu flüchten. Er schmunzelt, wenn er sich daran erinnert, wie es für ihn einmal zu den selbstverständlichen Gewißheiten zählte, daß Wissen Macht sei und mehr Wissen deshalb zwangsläufig mehr Macht bedeute. Und daß sein bienenfleißiges Horten und Sammeln von Wissensbeständen wahrscheinlich nur dem Zweck diente, für alle Eventualitäten des Lebens vorbereitet zu sein, allen Unvorhersehbarkeiten gewappnet entgegentreten zu können.

Im Rückblick geht ihm möglicherweise auf, daß diese Ereignisse, die sein Improvisieren erfordert hätten, eigentlich vergleichsweise selten auftraten. Vorsicht ist ja bekanntlich die Tochter der Vernunft: Wer sich als Mensch *nicht* einläßt, wird seltener unangenehm überrascht. Andererseits mußte er leider auch die Erfahrung machen, daß der Lebensstrom an den Zurückhaltenden vorbeizufließen scheint.

Spontaneität und Improvisation meidet der entwickelte Mensch vom Muster FÜNF nicht mehr; er freut sich eher auf solche Gelegenheiten, weil sie ihm Vitalität in sein Leben bringen. Er hat seine Neigung erkannt und klein-

zuhalten gelernt, alles das, was er glaubt, sagen zu sollen, zuvor in seinem Innern einer Vorzensur bis zur Druckreife unterwerfen zu müssen.
Genauso verhält es sich mit seinem Kommunikationsstil, den man früher *kryptisch-unpersönlich* hätte nennen können. Diese mittelbare Art, die den Umweg eher bevorzugte als die Geradeaus-Richtung, war nicht selten der Grund für die Entfremdung von anderen und der Anlaß für ihren Rückzug. Er hat die Schuld dafür aber bei den anderen gesucht.
Er hat die Falle erkannt, die darin liegt, seine Tendenz zum Nichthandeln mit einer mangelhaften Datenbasis zu entschuldigen, die eben wegen ihrer Unvollkommenheit keine Entscheidungen zuließe. Entwickelte Menschen vom Muster FÜNF wissen, daß alle wichtigen Entscheidungen des Lebens auf der Basis unzureichender Daten gefällt werden müssen. (Sie schmunzeln über sich selbst, wenn sie die Erinnerungsbilder ihrer umständlichen Entscheidungsprozeduren – besser: Entscheidungsqualen – wieder vor sich sehen.)
Auf der Habenseite treten ihre Vorzüge in ihrer ursprünglichen Schönheit in den Vordergrund; Qualitäten, die vorher zwängisch deformiert waren oder die wegen ihrer verbiesterten Übersteigerung jede soziale Attraktivität eingebüßt hatten. Entwickelte Menschen vom Muster FÜNF können überraschend witzig sein. Weil ihr geistiger Horizont weit ist, können sie über fast alles lachen. Es fällt ihnen leicht, ihre gedanklichen Bezugssysteme blitzschnell zu ändern, dabei fallen ihnen geistreiche Wortspielereien nur so bei. Ihr genaues Wahrnehmungsvermögen gibt ihrem Witz Treffsicherheit.
Ihre Urteilsfähigkeit und ihr entwickeltes Qualitätsbewußtsein, gepaart mit ihrer Fähigkeit, sich emotional distanzieren zu können, ihre nachdenkliche Gründlichkeit und ihr Sinn für Ästhetik, sowohl im künstlerischen als auch im intellektuellen Bereich, versetzt sie in die Lage, sich wirksam mit komplexen Problemen auseinandersetzen zu können. Weil sie hochgradig abstrakt denken können, fällt es ihnen relativ leicht, komplexe Zusammenhänge auf ihre zentralen Elemente zu reduzieren.
Sie verfügen über eine beneidenswerte Konzentrationsfähigkeit, und oft gelingt ihnen die Paradoxie, bei höchster Konzentration dennoch entspannt zu bleiben. Ihre intellektuelle Neugier und ihr „anthropologischer Heißhunger" machen sie zu sehr guten Zuhörern. Als Freund können sie die richtigen Fragen stellen, die zur Lösungsfindung ja meistens unerläßlich sind. Ihre taktvoll-vorsichtigen Einwände machen es selbst ängstlichen Menschen möglich, sich ihnen anzuvertrauen.
Ihre intellektuelle Neugier macht sie zu natürlichen Verbündeten des Fortschritts. Ihre geistige Aufgeschlossenheit, die mit Entdeckerfreude gepaart ist, macht es wahrscheinlich, daß sie das wirklich Neue in einem Dschungel von „Neuigkeiten" präzise herausfinden. Weil ihnen die Neigung abgeht,

sich in den Vordergrund zu spielen, d.h. soziale Prozesse auf ihre Person zu fokussieren, sind sie eine wirkliche Bereicherung für andere.
Unterwegs auf ihrem Entwicklungsweg ist ihnen zum Bewußtsein gekommen, daß sie neben ihrem präzise arbeitenden Verstand auch noch einen Körper besitzen, der ihnen ebenfalls ein zuverlässiger und wirksamer Verbündeter sein kann. Sie haben gelernt und erfahren, daß der Körper seine eigene Weisheit hat und daß seine Reaktionen viel spontaner und präziser ablaufen, als ihre vernünftelnden Analysen und Reflexionen dies vermögen. Ihr Reaktionszentrum (früher hätten sie z.B. auf die Frage: „Wie geht's?" – „Ich *denke,* ganz gut!" geantwortet) verlagert sich vom Kopf mehr in Richtung Leibmitte. Das wirkt befreiend auf sie. Ihre Vitalität kommt in ihrem Erscheinungsbild mehr zum Vorschein. Es ist so, als ob eine mächtige Bremse gelockert worden wäre. Dieser Zugewinn an körperlich-geistigen Ausdrucksmöglichkeiten vergrößert ihre Lust, sich auf das wirkliche Leben einzulassen, sich hin und wieder dabei eine Schramme oder gar eine Beule zu holen. Er vergrößert aber auch ihre Fähigkeit, sich das zu holen, was sie wirklich brauchen, statt sich kurz vorher zurückzuziehen, wie es früher ihre Gewohnheit war. Sie sind sich – was wegen ihres Autarkiestrebens früher für sie unvorstellbar gewesen wäre – sogar nicht mehr zu schade, andere um Hilfe zu bitten. Was für ein Weg!
Ihre stille Zufriedenheit mit sich und mit ihrer Entwicklung hat eine paradoxe Qualität: Indem sie gelernt haben, genau das auf fröhliche Art zu tun, was sie früher fast zwanghaft vermieden haben: das Geben, machen sie die kuriose Erfahrung, daß sie, unaufgefordert, mehr zurückbekommen, als sie benötigen, geschweige denn, erwartet haben. Je mehr sie sich auf das unberechenbare Glatteis von Beziehungen begeben, je mehr sie sich auf das existentielle Wagnis von Begegnungen einlassen, desto mehr entdecken sie, daß hier schon immer der Ort ihrer geheimen Sehnsüchte lag.
Bei alledem schätzen sie die Freiheit, und weil das so ist, können sie andere Menschen ermutigen, ihren eigenen Standpunkt zu suchen, sich ihre eigene Meinung zu bilden, kurz: ihre eigene Freiheit zu entdecken.
Zu den paradoxesten Erfahrungen im Leben entwickelter Menschen vom Muster FÜNF dürfte es gehören, daß sie in dem Maße, wie sie es wagen, sich der Begegnung mit anderen Menschen auszusetzen, d.h. sich von dem geheimniskrämerischen Hüten ihrer (vermeintlichen) Schätze zu verabschieden, es dem Leben selbst erlauben, ihr Lehrmeister zu werden. Dieser Weg führt sie geradewegs zu dem Ziel, das sie früher insgeheim ersehnt und doch so oft fast planmäßig verfehlt haben: zur Weisheit. Und zwar zu einer Weisheit, die anderen Menschen dient und andere Menschen wirklich meint. In ihr finden sie den Schlüssel, der ihren Kopf und ihr Herz öffnet, der ihr „vernünftiges Potential" mit ihrer Liebesfähigkeit versöhnt.

Die große Sache[30]

„Ich werde mit dem Fahrrad rund um die Welt fahren!"
Das war seine große Idee! Nicht nur eine momentane Flause! Nein, er arbeitete wochen-, monate-, ja jahrelang an diesem großen Plan. Wie oft hatte er die Liste jener Dinge aufgestellt, die er für diese abenteuerliche Reise benötigen würde. Immer wieder neu. Kritisch durchdacht, ergänzt und manches war wieder, als doch nicht dringend erforderlich, von der Liste gestrichen. Das Fahrrad durfte nicht zu stark belastet werden. Allein für die richtige Wahl des Zeltes – es mußte groß genug und doch möglichst leicht sein – studierte er viele Prospekte.
Immer wieder führte er Ermittlungen, welche Jahreszeit zum Start die beste wäre. Natürlich sollte es nach Osten gehen. Immer nach Osten, bis er wieder zu Hause wäre. Nach Osten, weil er dann gleich die längste Landstrecke zurückzulegen hatte. Ja, es waren auch noch zwei Meere zu überqueren. Das ließ sich nicht auf Entfernung planen. Da müßte er sich in den entsprechenden Häfen orientieren, herauskriegen, ob irgendein Seelenverkäufer ihn anheuern würde…
Die Strecke wußte er schon auswendig. Das Kartenmaterial häufte sich. An der Wand hing eine große Karte, eine Weltkarte, auf der er mit bunten Nadeln die Monatsetappen markiert hatte. Schon die Wochenetappen wären auf der Karte zu eng gewesen, um sie genau zu bezeichnen. Sein Tagespensum hatte er mit 30 Kilometern anscheinend sehr niedrig angesetzt. Er mußte aber mit Widrigkeiten, Reifenpannen, Unwetter, Ruhetagen, Grenzproblemen rechnen.
In manchen dieser Gebiete waren inzwischen Aufruhr und Krieg gewesen. In einigen noch und in diesem oder jenem könnte so etwas geschehen.
Was für ein großer Plan! Sein Plan!
Auf ihn war er vor genau 50 Jahren gekommen. Er war fest davon überzeugt, daß er realisieren würde, was er sich als 23jähriger ausgedacht hatte. Auch jetzt noch, auf der Intensivstation.

Die Vernunft nie über Bord werfen, nur ab und zu über die Reling hängen. (G33)

30 Den Hinweis auf diese Geschichte verdanke ich Herrn *Wolfgang Gehring*, Berglen.

Ein genauerer Blick in die innere Dynamik des Musters FÜNF

Mustertypische Verzerrung der Weltsicht

Menschen vom Muster FÜNF scheinen zu glauben, daß es besser sei, etwas alleine durchzustehen und daß sie um so mehr Freiheit und Glück zu erwarten hätten, je weniger Verpflichtungen sie eingehen würden. Sie scheinen die Skepsis zu haben, daß die meisten Menschen *Eigennutz meinen*, wenn sie von *Liebe reden*. Es scheint, als glaubten sie, daß es besser sei, die eigenen Energien für zukünftige Möglichkeiten aufzusparen, statt sie im Hier-und-Jetzt zu investieren. Und irgendwie scheinen sie zu befürchten, daß Großzügigkeit am Ende doch nur dazu führe, daß man mit leeren Händen dastünde. Und als hielten sie dafür, daß es besser sei, für sich selbst so wenig wie möglich zu brauchen, damit man von nichts und niemandem abhängig werde.

Lasten

Drei Derwische wurden gefragt, warum sie sich gegen einen bestimmten Geistlichen wandten, der vor Fachausdrücken nur so strotzte und ständig komplizierte Theorien und Interpretationen zum besten gab.
„Er schleppt wirklich den ganzen Körper einer Sache zum Festmahl", sagte der erste Derwisch, „aber wer ißt schon einen ganzen toten Körper ohne Schaden?"
„Er ist wie der Mann in der Fabel. Da er zuviel Angst hat, es könne ihm nicht gelingen, ‚die Tür zu bewachen', wie ihm aufgetragen war, schleppte er sie auf dem Rücken mit sich herum – die Diebe brachen ins Haus ein", sagte der zweite Derwisch.
„Weil er gierig nach Wissen ist, hat er Angst, andere könnten welches bekommen. Das ist eine Last, die ihn unglücklich macht", sagte der dritte Derwisch. „Wenn er unglücklich ist, macht er aber andere Leute besorgt." (G34)

Abwehrmechanismen

Der vorherrschende Abwehrmechanismus der Menschen vom Muster FÜNF ist die *Isolierung*. In der psychoanalytischen Theorie meint man mit *Isolierung* einen innerseelischen Vorgang, bei dem die Gedanken von den sie begleitenden Gefühlen und Affekten abgetrennt werden. Das geschieht auf eine so wirksame Weise, daß der Mensch keine Verbindung zwischen Gedanken und Gefühlen mehr spürt. Ebenso kann sich der Isolierungsvorgang auf Gedanken untereinander oder auf Gedanken und das sie (normalerweise) begleitende Verhalten beziehen. So wurde z.B. beobachtet, daß Menschen nach besonders schmerzhaften oder gar traumatischen Erfahrungen diese in einen intellektuellen und einen emotionalen Teil aufzuspalten scheinen. Nur so ist es zu erklären, daß sie ganz kühl und unbeteiligt wirken, wenn sie sich daran erinnern: Sie tun so, als ob das Geschehene einer anderen Person widerfahren wäre und als ob es sie nichts anginge. Die Erinnerung bleibt also im Bewußtsein, die sie begleitenden Gefühle hingegen sind wie abgespalten.
Menschen vom Muster FÜNF zeigen in Situationen Zurückhaltung, wo andere Menschen normalerweise Kontaktbedürfnisse haben. Dies „gelingt" ihnen dadurch, daß sie ihr Gefühlsleben abstumpfen, indem sie es zurückdrängen.

Der Prozeß der Isolierung zeigt sich also in der für sie typischen Absonderungstendenz; sie fühlen sich „oft erschöpft vom Kontakt mit der Welt".[31] Die Isolierung zeigt sich in ihrer nicht gerade körperfreundlichen Einstellung und in ihrer Neigung, Situationen zu meiden, die Gefühle aktivieren würden. Im Hinblick auf letzteres könnte man die Menschen vom Muster FÜNF als Antipoden der Menschen vom Muster ZWEI bezeichnen: Während diese Situationen „emotionalisieren" und Bewußtseinsinhalte *verdrängen*, „intellektualisieren" Menschen vom Muster FÜNF Gefühle und *isolieren* sie dadurch aus ihrem Bewußtsein.

Mit der Isolierung geht der Abwehrmechanismus der *Ich-Spaltung* eng einher. Allgemein betrachtet gelingt es Menschen mit Hilfe der Ich-Spaltung, widersprüchliche Gedanken und Einstellungen so im Bewußtsein nebeneinander existieren zu lassen, daß deren Widersprüchlichkeit von ihnen gar nicht wahrgenommen wird. Bei den Menschen vom Muster FÜNF kann man beobachten, daß bei ihnen Größenphantasien und Winzigkeitsgefühle manchmal fast gleichzeitig auftreten. Oder daß sie andere Menschen zur selben Zeit sowohl negativ als auch positiv wahrnehmen können.

Naranjo weist außerdem darauf hin, daß die Haltung, die die Menschen vom Muster FÜNF dem Leben gegenüber haben, der Haltung der Menschen vom Muster ACHT genau entgegengesetzt ist: Während diese die pralle und lustvolle Überfülle des Lebendigen lieben und sie aktiv aufsuchen, sind die Menschen vom Muster FÜNF deren negatives Gegenstück, indem sie versuchen, genau das zu vermeiden. Er vermutet, daß sie diese Vermeidung mit Hilfe der Ich-Spaltung bewerkstelligen: Situationen, auf die sie „eigentlich" impulsiv (und in ihren Augen vielleicht „primitiv") reagieren müßten, erfaßten sie primär gedanklich-analytisch. Sie behandelten sie dadurch so, als hätten sie mit ihren eigenen Bedürfnissen nichts zu tun. Tatsächlich schränkten sie dadurch jedoch ihre Bedürfnisse ein, weil diese Situationen sehr wohl etwas mit ihnen zu tun haben. Und diese Selbsteinschränkung verbinde sich mit ihrem (interaktionellen) Geiz: mit ihrer Abneigung, sich selbst in eine gegebene Situation einzubringen.

---

31 *Jaxon-Bear*, S. 195.

Arroganz

Brüste Dich nicht damit, daß Du keine Arroganz besitzt, weil sie weniger sichtbar ist, als der Fußabdruck einer Ameise auf einem schwarzen Stein in einer mondlosen Nacht.
Und glaube nur nicht, daß es leicht ist, sie aus Deinem Inneren ans Tageslicht zu bringen, denn es ist leichter, einen Berg mit einer Nadel aus der Erde zu heben. (G35)

Verwicklungstendenzen
Menschen vom Muster FÜNF versuchen, sich ihren Platz in der Welt zu *erdenken*. Eine Situation gedanklich erfaßt und analysiert zu haben, läßt sie sich sicherer fühlen und dem Leben ‚gewappneter' entgegentreten. Das bedeutet, daß es für sie immer dann eng wird, wenn sie von den Umständen her gezwungen werden, sofort zu handeln, ihnen also keine Zeit mehr zum Nachdenken bleibt.
Weil sie großen Wert auf ihre innere Unabhängigkeit legen, kommen ihnen Forderungen nach sofortigem Handeln wie Überfälle mit anschließender Freiheitsberaubung vor. Aus ihrem Unabhängigkeitsstreben heraus neigen sie dazu, ihre Ressourcen zu schonen, denn ohne sie könnten sie ja schließlich nicht unabhängig sein. Wenn es also überhaupt dazu kommt, daß sie diese Ressourcen mit anderen teilen, möchten sie auf jeden Fall den Zeitpunkt hierfür selbst bestimmen. Jede Aufforderung, dies zu einem Zeitpunkt zu tun, der in ihren Augen verfrüht ist, macht ihnen großen Streß.
Wenn es für Menschen vom Muster FÜNF eng wird, versuchen sie, diesem Druck durch verstärkten Rückzug in ihre Gedankenwelt zu begegnen: Sie *isolieren* sich und versuchen, denkerisch Ordnung zu schaffen und so ihr Leben wieder „in den Griff" zu kriegen. Je länger der Rückzug andauert, desto größer wird allerdings ihr Abstand zur Realität. Entsprechend skurriler und exzentrischer können daher auch ihre „Problemlösungen" ausfallen.
Läßt die gespürte Bedrohung von außen jedoch nicht nach, übernehmen sie Verhaltensweisen, wie sie für Menschen vom Muster SIEBEN in deren verwickeltem Stadium charakteristisch sind: Sie versuchen mit Freundlichkeit und Kontaktfreudigkeit sozial gewinnend zu sein. Sie können plötzlich so mitteilsam werden, daß es schon fast schwatzhaft wirkt. Gleichzeitig spüren sie aber, daß dieses Verhalten nur eine Fassade ist. Sie sind eher pikiert oder

abgestoßen, wenn sie feststellen, wie undifferenziert und oberflächlich ihre Umwelt ein solches Verhalten honoriert, obwohl es ja, wie sie wissen, nicht echt, sondern aufgesetzt ist.
Finden sie mit Hilfe dieses „sozialen Theaters“ nicht zu ihrer Mitte zurück, können Menschen vom Muster FÜNF verzweifelt reagieren: Sie stürzen sich nun in eine fast manische Geschäftigkeit, handeln unüberlegt und sprunghaft, reagieren impulsiv und fast hysterisch, oder sie suchen gierig nach Zerstreuung und Vergnügen. Sie werden kopflos und handeln blindlings. Mit der Folge, daß viele ihrer Entscheidungen irrational werden und sie damit manche ihrer Schwierigkeiten noch vergrößern. Vor allem gehen ihnen aber die Leichtigkeit und die Lust am Improvisieren ab. Auch können sie an dem mit jeder Improvisation verbundenen Nervenkitzel, ob sie zu einem guten Ende führen wird oder nicht, überhaupt nichts Belustigendes finden. Ungewißheit verstärkt ihr Sicherheitsstreben. Kurzum: Sie können dieser – in ihren Augen überdrehten – Lebensweise nicht wirklich etwas abgewinnen. Auch die sinnlichen Genüsse machen sie nicht zufrieden, einfach deshalb, weil sie im Genießen ungeübt sind und diese Haltung normalerweise nicht Teil ihrer Welt ist.

Helen Palmer sieht einen eventuellen Vorteil dieser Erfahrungen für Menschen vom Muster FÜNF darin, daß das Sichbewegenmüssen im Risiko ihre soziale Ängstlichkeit verringern könne. Der Zwang zum schnellen Handeln erfordere es, sich hineinzustürzen und zu improvisieren. Sie könnten lernen, den Fluß der Ereignisse zu genießen, anstatt sich innerlich gegen Überraschungen abzuschotten.
Ich teile ihren diesbezüglichen Optimismus nicht, sondern halte es für wahrscheinlicher, daß die Erfahrung einer solchen „Reizüberflutung“ für die Zukunft den ängstlichen Rückzug eher befördert. Der Schlüssel für Veränderung scheint mir bei den Menschen vom Muster FÜNF eher in der Kombination von Einsicht in die Notwendigkeit, echter Neugier und dem Willen, sich selbst verändern zu wollen, zu liegen.

Der Hund und der Esel

Ein Mann, der entdeckt hatte, wie man die Bedeutung der Tierlaute verstehen kann, wanderte eines Tages eine Dorfstraße entlang.
Er sah einen Esel, der soeben geschrien hatte, und ihm zur Seite einen Hund, der drauflos bellte, was er nur konnte.
Als er näher kam, verstand er die Bedeutung dieses Wortwechsels.
„All dies Geschwätz über Gras und Weide ödet mich an. Ich warte darauf, daß du mir etwas über Knochen und Kaninchen erzählst", sagte der Hund.
Der Mann konnte nicht an sich halten und wandte ein: „Aber da ist doch ein Hauptpunkt – der Gebrauch des Heus, das etwa dieselbe Bedeutung hat wie das Fleisch."
Sogleich wandten die beiden Tiere sich gegen ihn. Der Hund bellte ihn wütend an, um seine Worte zu ersticken, und der Esel versetzte ihm gefühllos einen wohlgezielten Tritt mit seinem Hinterhuf.
Und dann setzten die beiden ihren Streit fort. (G36)

Und:

Theoretiker

Es war einmal ein Mann, der lebte in einer bestimmten Stadt und stand in dem Ruf großer Weisheit.
Er erzählte den Leuten vom Leben und vom Tod, von den Planeten und der Erde, von der Geschichte und von aller Art unbekannter Dinge.
Eines Tages barst ein Damm, und die Leute kamen aufgeregt zu ihm gelaufen und fragten ihn, wie sie das Problem lösen könnten.
Der weise Mann richtete sich zu voller Größe auf.
„Ich denke, ihr solltet es vermeiden, solche kindischen Fragen an einen Mann des Geistes zu stellen. Ich bin kein Wasser-Ingenieur, ich bin ein Theoretiker." (G37)

Entwicklungstendenzen

Menschen vom Muster FÜNF *denken* so exzessiv, damit sie nicht handeln müssen. Ihr unbewußter Trick besteht darin, sich einzureden, daß sie noch nicht genug wüßten, um schon handeln zu können. Und in der Tat ist das Leben ja so vielschichtig und komplex, daß es immer noch etwas zu entdecken und hinzuzuwissen gibt. Die Alltags- und Lebenserfahrung gibt ihnen augenscheinlich ja so recht.

Entwicklung bedeutet für Menschen vom Muster FÜNF, die Kühnheit aufzubringen, das vertraute und sichere Territorium des Denkens zu verlassen und sich auf den riskanten Bereich des aktiven Handelns und der gelebten Erfahrung einzulassen. Entwicklung setzt ihren Mut voraus, Erkenntnisse, wie unvollständig sie auch immer sein mögen, in Handlung und Tat umzusetzen. Andererseits brauchen Menschen vom Muster FÜNF jedoch ein vernünftiges Maß an innerer Sicherheit, um überhaupt handeln zu können.

Entwickelte Menschen vom Muster ACHT können ihnen hierfür ein gutes Lernmodell sein. Wenn sie deren „Erfolgsgeheimnis“ genau analysieren, können sie in überzeugender Ausprägung das finden, was es für sie in Maßen zu übernehmen gilt: Entwickelte Menschen vom Muster ACHT nehmen Herausforderungen aus der Haltung eines gut gegründeten Selbstvertrauens an. Sie wissen, daß sie starke Persönlichkeiten sind. Sie treten mit der Gewißheit in die Interaktion mit anderen Menschen ein, daß diese ihnen nichts anhaben können, weil sie es ihnen *nicht gestatten,* ihnen etwas anzuhaben.

Es macht ihnen Vergnügen, Macht und Einfluß auszuüben. Menschen vom Muster FÜNF können von ihnen lernen, wie man durch Handeln und Erfahrungsammeln lernt. Sie führen ihnen vor, daß es am Beginn einer Handlung keineswegs erforderlich ist, bereits deren Ziel oder den Lösungsweg zu kennen. Daß es vielmehr auch Sinn macht, darauf zu vertrauen, daß sich während des Tuns Erfahrungen und Erkenntnisse einstellen werden, die vielleicht sogar noch besser geeignet sind, als ihre theoretisch vorkonzipierten Gedanken.

Entwickelte Menschen vom Muster ACHT haben neben ihrem Scharfblick und Realitätssinn auch zu ihren kraftvollen Emotionen guten Kontakt. *Sie leben* diese Gefühle, wenn die Situation danach ist. Sie kämen gar nicht auf die Idee, ihre Gefühle nur zu *denken.* Diese Verbindung von Denkzentrum und Leibmitte ist für Menschen vom Muster FÜNF eine attraktive Vision.

Wenn sie sich also an diesen Vorbildern orientieren, kann daraus ein Wachstum in Richtung Vitalität und kraftvoller Selbstbewußtheit entstehen. Auf diesem Wege lernen Menschen vom Muster FÜNF Schritt für Schritt, daß es möglich ist zu handeln, ohne alles vorher durchschaut haben zu müssen. Sie lernen, daß es möglich ist, immer mehr dadurch zu lernen, daß man immer mehr tut. Und sie werden feststellen, daß es ein hohes intellektuelles

und emotionales Vergnügen sein kann, die Richtigkeit eigener Gedanken und Überlegungen durch Entwicklungen in der Wirklichkeit bestätigt zu finden, die zuvor ‚eigenhändig' auf den Weg gebracht worden sind.
Die Summe all dieser Erfahrungen neutralisiert die Angst davor, sich auf die Welt einzulassen und den eigenen Gedanken durch die Tat Ausdruck zu verleihen. Ganz allmählich verschiebt sich so eine Grundrichtung: Aus der bevorzugten Haltung des Nehmens wird eine fröhliche Haltung des Gebens. (In vernünftigen Maßen, versteht sich.)

Das Einzelne und das Ganze

Ein Gelehrter fragte einen Weisen, wie sich das einzelne zu einem Ganzen fügt, und wie das Wissen um das Viele sich vom Wissen um die Fülle unterscheidet.
Der Weise sagte: „Das weit Verstreute wird zu einem Ganzen, wenn es zu einer Mitte findet und gesammelt wird, denn erst durch eine Mitte wird das Viele wesentlich und wirklich, und seine Fülle erscheint uns dann als einfach, fast wie wenig, wie ruhige Kraft auf nächstes hin, die unten bleibt und nahe dem, was trägt. Um Fülle zu erfahren oder mitzuteilen, muß ich daher nicht alles einzeln wissen, sagen, haben, tun. Wer in die Stadt gelangen will, tritt durch ein einziges Tor. Wer die Glocke einmal anschlägt, bringt mit dem einen Ton noch viele andere zum Klingen. Und wer den reifen Apfel pflückt, muß dessen Ursprung nicht ergründen. Er hält ihn in der Hand und ißt."
Der Gelehrte wandte ein, daß, wer die Wahrheit wolle, auch alle Einzelheiten wissen müsse. Der Weise aber widersprach. Nur von der alten Wahrheit wisse man sehr viel. Wahrheit, die weiterführe, sei gewagt und neu, denn sie verbirgt ihr Ende wie ein Keim den Baum. Wer daher noch zu handeln zögert, weil er mehr wissen oder sagen will, als es der nächste Schritt erlaubt, versäumt, was wirkt. Er nimmt die Münze für die Ware, und aus Bäumen macht er Holz.
Der Gelehrte meinte, das könne nur ein Teil der Antwort sein, und er bitte noch um ein bißchen mehr. Der Weise aber winkte ab, denn Fülle sei am Anfang wie ein Faß voll Most: süß und trüb. Und es braucht Gärung und genügend Zeit, bis er sich klärt. Wer dann, statt daß er kostet, trinkt, kommt leicht ins Schwanken. (G38)

FÜNF im Bild *(E. Holz)*
Ein scheinbar aufgeschlagenes Buch, Schriftzeichen, die nur der Enneagramm-Typ FÜNF selbst entziffern kann, eine Augenschraube, die am und im Wissen ansetzt und sich tiefer und tiefer bohrt – bis in die Seele. Ein Muschelfisch versucht schwerfällig, den Kontakt mit der Welt „draußen", symbolisiert durch das beherrschende Riesenauge, das vielleicht auch nur das Einwegfenster zur Welt ist, zu finden.
Dieser Muschelfisch birgt ängstlich eine Perle, die auserlesen schönen Geistes ist, aber von der Welt niemals in voller Schönheit gesehen werden kann. Hin und wieder – in Momenten seltenen absoluten Wohlgefühls – kann die FÜNF auch ihre geselligen, humorvollen und spielerischen Anteile, dargestellt durch den (unterstellt) intelligenten und gelehrigen Delphin, der Außenwelt zeigen. Die Bälle, hier Zeichen der Lebensfreude und der Geselligkeit, schaffen es, die Verbindungen zu echter Helligkeit und strahlendem Glanz finden zu können.

E.H. 8/95

Geh weg, du Feigling! Laß mich hinter den Baum! Über die Menschen vom Muster SECHS

So werden die Menschen vom Muster SECHS von anderen Autoren benannt

Autor(en)	Bezeichnung des Musters
Beesing u.a.	SECHS
Böschemeyer	Der Loyale
Frings Keyes	Das Programm: Sicherheit und ängstliche Zweifel
Gallen/Neidhardt	Das Muster SECHS
Jaxon-Bear	Der Held
Hurley/Dobson	Die MitstreiterInnen
Naranjo	Feigheit, paranoider Charakter und Anschuldigung (The Persecuted Persecutor)
Palmer	Der Advokat des Teufels
Palmer ('95)	Der loyale Skeptiker
Rohr/Ebert	Typ SECHS
Riso	Der Loyale
Vollmar	Der Held

Dämonische Verwandtschaft

Eigentlich ist es verwunderlich: Obwohl die Angst *das* zentrale seelische Phänomen überhaupt ist, haben die frühchristlichen Mönche ihr keinen Dämon zugeordnet. Furcht/Angst kommen in ihrer *Achtlasterlehre* überhaupt nicht vor. Über die Gründe kann ich nur spekulieren: vielleicht, weil sie davon ausgingen, die Furcht sei durch den Glauben überwunden; vielleicht, weil sie davon ausgingen, die Furcht sei nur als *Ehr*furcht Gottes legitim und habe nur dort ihren Ort; vielleicht auch, weil die zentrale mönchische Tugend des Gehorsams – sofern diese ausgeübt wurde – für die Furcht gar keinen Raum mehr gelassen hätte …

Rohr/Ebert distanzieren sich von der Verwerflichkeit des zuletzt genannten Zusammenhangs mit einem kräftigen Bild: „Falscher Gehorsam ist die faule Frucht der Angst." Sie betonen, echter Gehorsam erwachse hingegen aus der Freiheit zu *hören,* eine Gewissensentscheidung zu treffen und gegebenenfalls

auch nein sagen zu können.[32] Sie distanzieren sich damit von der seit Jahrtausenden weit verbreiteten Tradition, mittels der Erzeugung von Furcht Macht und Kontrolle auszuüben. An späterer Stelle verweisen sie auf den Zusammenhang zwischen *Angst* und *Humor,* wie er in *Umberto Ecos* „Der Name der Rose" herausgearbeitet wurde: Das Lachen befreie den Bauern von seiner Angst vor dem Teufel. Und das könne dahingehend mißverstanden werden, daß man die Befreiung von der Angst vor dem Teufel *wissenschaftlich* betreiben könne. „Wo bliebe da der gläubige Gehorsam?", lautet die von ihnen nicht ausdrücklich gestellte Frage.
Dabei gäbe es doch so viel über das Wirken des Dämons der Furcht zu sagen: wie er sein Unwesen im Kopf eines Menschen treibt, indem er dessen besorgte Erwartungen ins Katastrophische übersteigert und verzerrt; wie er ihn in den Zwang versetzt, selbst hinter einer harmlos-beliebigen Äußerung eines Mitmenschen böse Absichten zu vermuten; wie er ihn verführt, das gehörte Gute dadurch zu entwerten, daß er ihn dahinter etwas verschwiegenes Böses vermuten läßt. Oder daß er in der Phantasie eines Menschen Horrorszenarien entfachen kann, die diesen lähmen und zu jeder Handlung unfähig machen. Und daß der Dämon der Angst dies alles fertigbringt, obwohl er „nur" den Kopf des Menschen in Beschlag nimmt, ihm also lediglich „Hirngespinste" eingibt. Und wie einfach das Heilmittel gegen all das gewesen wäre: „Fürchtet Euch nicht!" als die unablässige Botschaft Jesu oder: „Furcht ist nicht in der Liebe, sondern die vollkommene Liebe treibt die Furcht hinaus. Die Furcht hat es ja mit Bestrafung zu tun; wer aber Furcht hat, der ist nicht vollkommen in der Liebe." (1. Johannes 4,18)

Wie gesagt, es bleibt für mich verwunderlich, warum der Dämon der Angst bei den alten Mönchen nicht auftauchte, wo ihre sonstigen Einsichten doch so raffiniert und subtil gefaßt waren. Sollten Rohr/Ebert (S. 138) richtig liegen, wenn sie vermuten, daß man kirchlicherseits aus der Tugend der (Ehr-)Furcht Gottes *(timor domini)* das Wort *domini* einfach öfter wegließ und so aus der Furcht als solcher eine Tugend machte?[33]

---

32 *R. Rohr/A. Ebert:* Das Enneagramm. Die 9 Gesichter der Seele. München 1989, S. 136.

33 Bei *Naranjo* (S. 200) findet sich der Hinweis, daß die Tapferkeit (fortitudo), als die der Furcht entgegengesetzte Eigenschaft, zu den Haupttugenden gezählt werde. Die Transzendierung der Furcht sei als Eckpfeiler eines wahrhaft christlichen Ideals anzusehen, das in der Nachfolge Christi (imitatio) notwendigerweise ins Heldenhafte münde.

In *Dantes* „Göttlicher Komödie“ sind die Verhältnisse jedenfalls noch klar gefaßt. Dort heißt es im Dritten Gesang, am Eingang zur Hölle:

> *„Und bleiche Angst mit Zähneklappern faßte*
> *die müden, nacktgewordenen Seelen an,*
> *da sie des Schiffers grimme Worte hörten.*
> *Sie lästerten auf Gott und ihre Väter,*
> *das menschliche Geschlecht, den Ort, die Zeit,*
> *den Samen ihrer Herkunft und Geburt,*
> *dann drängten sie sich alle heftig weinend*
> *zusammen an den unheilvollen Strand,*
> *wo jeder Mensch, der Gott nicht fürchtet, hin muß.*
> *(...)*
> *„Mein Sohn“, erklärte mir der gütige Meister,*
> *„es kommen alle, die in Gottes Zorn*
> *versterben, hier von überall zusammen*
> *und sind sofort zur Höllenfahrt bereit.*
> *Der Rechtsspruch Gottes drängt und quält sie so,*
> *daß sie das Fürchterliche sich ersehnen.“*

Was zu meiden ist

Zwei ehrenwerte Bürger vom Land der Narren unterhielten sich miteinander: „Können Sie sich vorstellen“, sagte der erste, „jedesmal wenn ich Multiplikationstabellen lese, wird mir schwindlig?“
„Das ist ja verblüffend!“ rief der andere. „Genau dasselbe passiert mir, wenn ich irgendeine Strecke rennend zurücklege.“
Da sie keine gemeinsame Erklärung für die zwei Vorkommnisse finden konnten, gingen sie mit ihren Erfahrungen zu dem Weisesten der Weisen des Landes.
Der Weiseste der Weisen sagte:
„Es ist klar, daß beides, sowohl die Zahlen wie auch das Rennen von einer unangenehmen Person ersonnen wurde, deren Einfluß weiterhin darin fortlebt – meiden Sie deshalb beides!“
(G39)

Der Weg der Menschen vom Muster SECHS

Ich zweifle, also bin ich. Dieser Satz hätte ein zutreffendes Motto für die Menschen vom Muster SECHS in ihrem verwickelten Stadium abgeben können. Und weil das Zweifeln die durchgängige Haltung dem Leben gegenüber war, gab es keinen Bereich, der davon verschont geblieben wäre: nicht die eigene Person, nicht die eigenen Handlungen, nicht die vermeintlichen Motive anderer Menschen und auch nicht die Umstände im allgemeinen. Denn: Wieso hätte sich unser Mensch vom Muster SECHS auf sich selbst, auf seine Empfindungen und Ahnungen, auf seine Beobachtungen und Schlußfolgerungen verlassen sollen? Hatte er sich nicht schon viel zu oft dabei ertappt, daß er mit allem gründlich danebenliegen konnte? Nein, er selbst war sich ein zu unsicherer Kandidat.

Und seine Entscheidungen: Kaum waren sie getroffen, schon kamen ihm Bedenken. Hatte er nicht vielleicht etwas ganz Wichtiges dabei übersehen? Wer oder was könnte sich ihm nicht alles in den Weg stellen, wenn er tatsächlich mit der Umsetzung beginnen würde? Gedanklich ging er die Einwände und Störungen durch, die von anderen Menschen hätten ausgehen können. Und je länger er nachdachte, desto mehr fielen ihm ein. Und könnte das Ganze statt der erhofften positiven Wirkung deshalb nicht genau den gegenteiligen, negativen Effekt hervorrufen?

Sein üblicher Weg führte über eine Idee, die er hatte, zu deren Anzweiflung. Dann kamen ihm Zweifel an seinen Zweifeln, und auf der Ergebnisseite standen nicht selten ein Zögern und Zaudern, ein Verschleppen und ein Hin- und Hergerissensein. *Buridans* Esel, der zwischen zwei Heuhaufen verhungert sein soll, hätte einen prominenten Leidensgenossen abgeben können.

Ein von außen kommender Druck, der entschlossenes Handeln einforderte, verschlimmerte naturgemäß die Lage. Nicht selten fühlte er sich so gelähmt wie das oft zitierte Kaninchen beim Anblick der Schlange.
Wenn ihm, der sich aus Gewohnheit selbst in Frage stellte, jemand ein Kompliment machte oder ihn lobte, konnte er das nur schwer oder gar nicht positiv für sich verwerten. War das nicht ein besonders raffinierter Trick, mit dem er da besänftigt oder heimtückisch für etwas gewonnen werden sollte, was er eigentlich gar nicht wollte? *Die Botschaft hör' ich wohl, allein mir fehlt der Glaube.* Sein Mißtrauen sich selbst und anderen gegenüber nahm ihm die Unbefangenheit, die nötig gewesen wäre, die Wohltat als solche vertrauensvoll anzunehmen. Was hatte derjenige, der ihn lobte, *nicht* gesagt? Wie sah die ganze Wirklichkeit aus? Was verschwieg ihm der andere? Die wenigen, denen er meinte, wirklich vertrauen zu können, hatte er vorher oft genug auf Glaub- und Vertrauenswürdigkeit überprüft. Dennoch war man auch da vor Überraschungen nicht gefeit.
Kaum einmal konnte er die Ereignisse, die ihm widerfuhren, einfach so nehmen, wie sie kamen; sein ‚Normalfall' war es, der Oberfläche nicht zu vertrauen, sondern das, was sich dahinter und darunter hätte verbergen können, zu ergründen und zu analysieren. Im Rückblick wird ihm klar, daß er sich dadurch selbst um viel kostbare Lebenszeit gebracht hat.
Und weiterhin wird ihm klar, daß die Angst sein ständiger Begleiter und oft der geheime Regisseur seines Lebens war. Vergleicht er sich mit anderen, fällt ihm auf, daß er schon immer eine viel feinere Witterung für Bedrohung und Gefahr besessen hat, und daß ihm Schwachstellen, Widersprüche und Ungereimtheiten in den von anderen vertretenen Standpunkten oder Argumentationen fast immer früher als den anderen auffielen. Die Summe seiner Erfahrungen schien ihn zu lehren, daß die Welt ein gefährlicher Ort sei, in dem man nur mit größter Vorsicht, wacher Vorahnung kommender Ereignisse und durch ständiges Auf-der-Hut-Sein überleben konnte. Das Böse könnte sich ja schließlich überall verbergen.
Im Rückblick fällt ihm auf, daß er im wesentlichen zwei Antworten in seinem Verhalten hatte, wenn ihn die Angst zu überwältigen drohte: den Rückzug in Anpassung und Unterwerfung oder den Entlastungsangriff als Flucht nach vorne. Auf beiden Wegen fand er selten für sich zufriedenstellende Lösungen. Unterwarf er sich, spürte er – wegen seiner Feigheit – tief drinnen einen Zorn, den zu zeigen er sich allerdings fast nie getraute. Wählte er hingegen den Weg des Angriffs, ging es ihm danach oft wie jemand, der zuviel Anlauf für einen zu kleinen Sprung genommen hatte: vergeudete Energie. Er spürt, daß vieles von dem, was wie Mut aussehen sollte, nichts weiter als Waghalsigkeit, Leichtsinn oder auch nur Mut der Verzweiflung gewesen war.

Manchmal hatte ihn die Angst regelrecht kopflos gemacht. Dann verzettelte er seine Energie in vielen Scheinaktivitäten oder er verlor sich in hektischer Nervosität. Und wovor hatte er Angst? Eigentlich vor fast allem und jedem: vor der Aussicht auf Erfolg wie vor der Aussicht auf Mißerfolg; vor dem Neuen, das Veränderungen fordern würde, wie vor der Zukunft mit ihren vielen Unbekannten; vor der Aussicht, als pflichtvergessen oder verantwortungslos angesehen, wie vor der Aussicht, von anderen nicht respektiert oder gar alleingelassen zu werden; vor seinem Zorn, den er nicht mehr würde beherrschen können, wenn er erst einmal hervorbräche. Und nicht zuletzt vor seiner eigenen Angst.

Im Rückblick wird ihm deutlich, daß es im Grunde seine Angst davor war, für sein eigenes Leben die Verantwortung zu übernehmen; die Angst davor, sich für sich selbst zu entscheiden. Je weniger ihm Letzteres gelang, desto mehr versuchte er, den Erwartungen anderer gerecht zu werden, sie und die Autorität, mit denen er sie ausstattete, für sich und sein Handeln als Richtschnur zu nehmen. Er versuchte, deren Respekt zu gewinnen und an sie das Urteil über *richtig* und *falsch* zu delegieren. Die Sicherheit, die er in seinem Inneren nicht finden konnte, versuchte er von äußeren Autoritäten zu bekommen. Gehorsam, Anpassung, sorgfältiges Registrieren der Erwartungen anderer und deren weitestgehende Erfüllung, das war sein Preis dafür. Und dieser Preis war hoch: Genauso, wie es ihn einerseits erleichterte, gesagt zu bekommen, was zu tun sei, haßte er dies andererseits. Sein Umgang mit Autoritäten war eine eher zwiespältige Angelegenheit: Einerseits bewertete er ihre Macht über, stattete sie in seiner Vorstellung mit weit mehr Macht aus, als sie in Wirklichkeit besaßen, andererseits mißtraute er ihnen zugleich und lauerte argwöhnisch auf Fehler und Schwächen, mit deren Hilfe er diese Autoritäten wieder zu Fall bringen konnte.

Weil es ihm also unmöglich war, weder ganz bei sich noch ganz bei anderen zu sein, neigte er zu *Projektionen:* Das, was in seinem Inneren konflikthaft und unbereinigt war, vermutete er auch bei anderen. Für das, was ihm mißriet, suchte und fand er einen Sündenbock oder er leugnete das, was er sich als Versagen selbst nicht hätte eingestehen können. Je größer seine innere Unsicherheit war, desto stärker beharrte er auf strikter Einhaltung von Regeln und Vorschriften, was manchmal den Charakter rigider Buchstabengläubigkeit bekam. Im nachhinein kommt ihm dies kleinlich und lächerlich vor. Auch seine Fähigkeit, sich mit Hilfe seiner blühenden Phantasie Schreckensszenarien auszumalen und dabei das Nächstliegende zu übersehen, amüsiert ihn heute eher.

Irgendwann empfand er Überdruß bei dem Gedanken, der dauernde Angsthase und ewige Verlierer zu sein. Und der Dämon der Angst verlor allmählich seine Macht über ihn, als ihm klarwurde, daß er sich am häufigsten mit der *Erwartungsangst* herumgeplagt hatte. Er mußte lernen, sich selbst daran zu hindern, Horrorszenarien in seinem Kopf entstehen zu lassen. Es half ihm zu entdecken, daß er selbst es war, der sich so klein und unbedeutend gemacht hatte, viel zu klein, um vor sich selbst noch Achtung haben zu können. Je häufiger er sich in Situationen begab, die er früher gemieden hatte, weil sie ihm Angst machten, je häufiger er sich der Anspannung aussetzte, handeln zu müssen, desto mehr wuchs sein Vertrauen zu sich selbst, desto mehr fühlte er sich in sich selbst zu Hause.

Es war mühsam, den Unterschied zwischen den eingebildeten Ängsten und jenen, für die es gute Gründe gab, herausspüren zu lernen. Es hat ihm geholfen, andere immer dann aktiv um Klarstellung zu bitten, wenn ihm erste Anflüge von Zweifel am Gehörten kamen. Er mußte lernen, seine überschießenden Phantasien durch Informationen zu bändigen, indem er nachfragte, was der andere wirklich gemeint hatte, und er mußte lernen, dieser Antwort zu vertrauen: Solche aktiven Lektionen in Sachen Realitätsprüfung konnte und durfte er sich nicht ersparen.

Heute weiß er, daß er sich auf seine intellektuellen Fähigkeiten verlassen kann, daß er das Urteil seiner Bezugsgruppe nicht mehr unbedingt braucht, um seinen eigenen Standort zu bestimmen und ein sicheres Gespür für die eigene Wirklichkeit zu entwickeln.

Gleichwohl bleibt er ein Gemeinschaftsmensch. Seit er dem Dämon der Angst nicht mehr soviel Macht über sich gibt, strahlen seine positiven Wesenszüge: Seine Warmherzigkeit weckt Sympathien, seine Freundlichkeit hat etwas Einladendes, das in seiner Gastfreundschaft seinen schönsten Ausdruck findet. Sein skurriler Humor und seine Fähigkeit, sich aufrichtig freuen und aus ganzem Herzen lachen zu können, machen ihn für andere Menschen anziehend. Er weiß, daß Gemeinschaft ständig neu belebt und erhalten werden will. Verläßlich und verantwortungsbewußt investiert er sich selbst. Im Unterschied zu früher versteht er Loyalität heute jedoch als die Fähigkeit, die eigenen Wünsche und die Interessen der Gemeinschaft gleichermaßen ernstzunehmen. Er weiß, daß er andere Menschen für ein gelingendes Leben genauso braucht, wie sie ihn mit seinen gemeinschaftstiftenden und -erhaltenden Potentialen brauchen: sein Gespür für das, was möglich und was nicht möglich ist; sein verläßlich funktionierender „sechster" Sinn für Gefahren; seine Fähigkeit, andere zu ermutigen, weil sie zu ihm Vertrauen haben können, und weil er ihnen auf uneitle Weise Beispiele für mutiges Handeln in seinem täglichen Umgang liefert.

Er weiß, daß die Angst Mitbewohnerin in seinem inneren Hause bleiben wird und daß es an ihm liegt, sie nicht mehr zum Haustyrannen werden zu lassen.

Als Mitbewohnerin hilft sie ihm, indem sie ihn warnt und mahnt, indem sie rechtzeitig seine Energien mobilisiert, wenn sie gebraucht werden.
Ähnlich verhält es sich mit dem Mut; denn Mut haben bedeutet nicht, angstfrei zu sein, sondern trotz vorhandener Angst aus Einsicht in die Notwendigkeit so zu handeln, wie die Situation es erfordert. Weil er in engerer Verbindung mit seiner Angst steht, gelingt es ihm in Krisensituationen paradoxerweise sogar leichter als anderen, seine Angst zu überwinden.
Als intimer Kenner des komplexen Phänomens Angst, seiner zahlreichen Facetten und merkwürdigen Dynamiken hat er ein besonders feines Sensorium für die Ängste seiner Mitmenschen. Aus diesem tiefen Verständnis heraus kann er die höchst anspruchsvolle Aufgabe bewältigen, das jeweils richtige Maß für Herausforderung, Schonung oder Ermutigung zu finden, das andere Menschen für ihr geistig-seelisches Wachstum benötigen. Seit er Vertrauen zu sich selbst gewonnen hat, findet er den Maßstab für Entscheidungen in sich selbst. Er weiß, daß er anderen soviel Sicherheit geben muß, wie er sie selbst spüren möchte. Getreu der paradoxen Einsicht, daß niemand einen anderen Menschen weiter bringen kann, als er mit sich selbst gekommen ist; gleichwohl aber mit sich selbst nicht weiter kommen kann, als er den anderen zu bringen wagt.

Der Mann und die Schnecke

Einst sah ein Mann eine Schnecke in einer Mauerspalte sitzen. Er rief: „Hallo, Schnecke!“
Man glaube es oder nicht, diese Schnecke konnte hören und sprechen, und sie sagte:
„Hallo, du da! Was bist du?“
Der Mann entgegnete: „Ich bin ein Mensch.“
„Bist du wie wir?“ fragte die Schnecke.
„In mancher Hinsicht, aber es gibt vieles, was wir können und ihr nicht.“
„Sag es mir.“
„Nun, ihr, zum Beispiel, habt Augen auf Stielen. Wir haben Stiele am anderen Ende, die heißen Beine. Daran haben wir Füße. Indem wir Beine und Füße bewegen, können wir in null Komma nichts riesige Entfernungen zurücklegen.“
„Das hört sich recht außergewöhnlich an. Noch etwas?“
„Ja, wir haben keine Gehäuse auf dem Rücken. Wir brauchen es nicht.“
„Keine Gehäuse? Ich denke, das ist möglich... Noch etwas?“
„Und wir können uns ohne Worte, ja, ohne daß wir zusammen sind, mitteilen. Unsere Methode ist, etwas wie ein Blatt zu nehmen, eine Spur darauf zu hinterlassen, die wir Schrift nennen, und es einem anderen Menschen zu schicken. Dann kann die Person, die das bekommt, mit Hilfe dessen, was wir ‚Lesen‘ nennen, erfahren, was der ‚Schreiber‘ gedacht hat.“
Die Schnecke erwiderte:
„Das Übel bei dir ist, wie bei allen Lügnern, daß du zu weit gehst. Ich habe dich, indem ich so tat, als würde ich dir glauben, in die Falle gelockt, dich zu übernehmen. Doch wenn ich dich weiter ermutige, indem ich meine Zweifel, wie sie allen vernünftigen Wesen eigen sind, nicht zum Ausdruck bringe, werde ich zum Mitbeteiligten an deinen sündigen Lügen.“
(G40)

Ein genauerer Blick in die innere Dynamik des Musters SECHS

Mustertypische Verzerrung der Weltsicht

Menschen vom Muster SECHS scheinen die Grundannahme zu teilen, daß man sich selbst und anderen gegenüber auf der Hut sein müsse. Zugleich richten sie sich sehr stark an Autoritäten aus. Dadurch neigen sie dazu, Autoritäten überzubewerten. Das aber heißt wiederum nicht, daß sie Autoritäten notwendigerweise als gut ansehen. Ihre Haltung zu ihnen ist vielmehr *ambivalent:* In ihren Augen ist Autorität sowohl etwas Gutes als auch etwas Schlechtes.

Menschen vom Muster SECHS scheinen zu glauben, daß ihre persönliche Ausstattung nicht ausreicht, um mit dem Leben fertig zu werden. Sie begegnen dieser tiefsitzenden Unsicherheit auf zweierlei Weise: durch angepaßten Gehorsam oder durch aggressive Auflehnung. In der ängstlich-angepaßten Variante des Musters SECHS suchen diese Menschen Sicherheit bei Autoritäten, von denen sie sich Halt versprechen. Dies können Personen, aber auch Ideen sein. In der kontraphobischen Variante neigen sie dazu, sich gegenüber Autoritäten selbst zur Autorität zu machen und ihre Grundunsicherheit durch Angriffslust zu überdecken. Gleichsam so, wie es bei Hunden der „Angstbeißer" tut.

Abwehrmechanismen

Menschen vom Muster SECHS „benutzen" den Abwehrmechanismus der *Projektion* häufiger als andere Menschen. Er ist für sie gleichsam charakteristisch. In der psychoanalytischen Theorie versteht man unter Projektion einen seelischen Vorgang, bei dem ein Mensch Gefühle, Wünsche, Motive oder Qualitäten, die er in sich selbst ablehnt, als zu einem anderen Menschen gehörig ansieht. Er nimmt diese Anteile gleichsam aus sich selbst heraus und wirft sie auf einen anderen. So projiziert z.B. ein rassistisch eingestellter Mensch seine Fehler oder uneingestandenen Neigungen auf die Angehörigen der von ihm verachteten Menschengruppe. Durch die Verlagerung nach außen wird es ihm möglich, den eigenen häßlichen oder dunklen Anteilen zu entfliehen. Er kann die unangenehmen Gefühle, die mit diesen dunklen Anteilen verbunden sind, als von außen kommend, und damit als fremdverursacht, ansehen. Projektion ist also in erster Linie ein Nicht-so-sein-Wollen.

Naranjo sieht diesen Abwehrvorgang, bei dem eigene Impulse verleugnet und anderen Menschen zugeschrieben werden, als *die* charakteristische Komponente des Musters SECHS an. Mit Hilfe der Projektion kann aus dem (eigentlich angemesseneren) Selbstvorwurf eine Anklage des anderen werden. Andere Varianten dieses Abwehrmechanismus sind in ihrer Wirkungsweise noch subtiler: So kommt es z.B. vor, daß es ein Mensch verleugnet, daß er sich selbst beschuldigt. Er macht statt dessen einen von außen kommenden „bösen strafenden Willen" dafür verantwortlich. (In der Übersteigerung ist dieser Vorgang z.B. typisch für den Verfolgungswahn.)

Den bei Menschen vom Muster SECHS anzutreffenden Argwohn, der sich beispielsweise in dem Gefühl, beobachtet und beurteilt zu werden, ausdrückt, versteht *Naranjo* als Verlagerung eines innerseelischen Prozesses auf die zwischenmenschliche Ebene.

Tieferer Sinn all dieser Projektionsvorgänge ist es nach seiner Auffassung, sich selbst zu entlasten oder Kritik zu vermeiden. Somit wirke der Projektionsvorgang wie ein Überdruckventil gegen übermäßige Schuld. Und die (Selbst-)Erzeugung dieser Schuld hält er für den Schlüssel zum Verständnis des Musters SECHS. Er setzt sie in Beziehung zu einem anderen Abwehrmechanismus: der *Identifikation mit dem Aggressor.* Es ist so, als ob der

Mensch vom Muster SECHS seine ‚Feinde' dadurch besänftigen wollte, daß er sich selbst zum Feind wird. Es scheint so, als hielte er es für eine kluge Strategie, durch (vorauseilende) Selbstbeschuldigung Ärger mit Autoritäten zu vermeiden.

Die Selbstbeschuldigung bringt es jedoch mit sich, daß seine Maßstäbe verzerrt werden: Wo in Wirklichkeit ein natürlich-spontaner Impuls am Werke ist, kann leicht etwas Monströses hineinphantasiert werden. Das wiederum darf aber nicht sein und muß also gehemmt werden, was im Ergebnis dazu führt, daß Spontaneität vermieden wird. Vermeidung der Spontaneität ist aber gleichbedeutend mit der Vermeidung von Selbsterkenntnis. Und dadurch wiederum wird das falsche Selbstbild aufrechterhalten, und die Tendenz, sich selbst herabzusetzen, erhält ständig neue Nahrung. Ein Teufelskreis.

Die Zwiebel

Es gab einmal eine Zeit und ein Land, wo Zwiebeln selten, ja, fast unbekannt waren.
Jemand ließ eines Tages eine riesige Zwiebel auf dem öffentlichen Platz der Hauptstadt zurück.
Die Bürger – jedenfalls viele von ihnen – interessierten sich für das merkwürdige Ding. Sie erkannten, daß es sich um eine Art Gemüse handeln mußte.
Der erste, der sich in die Nähe wagte, fing dabei zufällig zu husten an. Er ging sofort weg und lehrte: „Zwiebeln verursachen Husten."
Der zweite fand, sie habe einen starken Geruch. Obwohl er gern ein Stück von ihr genommen hätte, sagte er sich: „Wenn das Äußere schon so stark ist, dann muß das Innere unmöglich zu ertragen sein."
Also ließ er sie unangerührt.
Der dritte tat einen Schnitt in die Zwiebel. Eine Schicht löste sich und fiel dann in seine Hand.
„Wundersames Ding", sagte er zu allen und jedem. „Es hat magische Eigenschaften. Man schneidet es, und es legt sein ganzes Äußeres ab, worauf es ein Inneres zum Vorschein bringt, das genauso beschaffen ist!"
Ein vierter Mann löste eine weitere Schicht ab. Er nahm sie mit, kochte und aß sie. Er fand sie köstlich. Dann riet er anderen, es ihm gleichzutun.
„Wie viele Schichten man auch wegnimmt, dieses erstaunliche Gemüse schenkt einem immer wieder eine neue. Das ist eine Art immerwährender Ernte!" riefen die Leute.
Jemand bemerkte:
„Sie scheint kleiner zu werden!"
„Das ist nur eine optische Täuschung", meinten die anderen, weil sie glauben wollten, die Zwiebel sei unerschöpflich.
Und was geschah, als die letzte Schale der Zwiebel abgetrennt worden war?
Da riefen alle: „Was ist das doch für ein wunderbares, aber trügerisches Ding! Es kann nicht nur verschwinden – es tut das auch ohne jegliche Vorwarnung!"
Sie kamen alle überein, was das Vernünftigste war, daß die Menschen besser und ausgeglichener ohne Zwiebeln lebten. (G41)

Verwicklungstendenzen

Menschen vom Muster SECHS haben, verglichen mit den Menschen anderer Muster, die kürzeste und intensivste Verbindung zur eigenen Angst. Sie haben ihr ganzes Leben darauf ausgerichtet, Gefahren rechtzeitig zu wittern und ihre Umgebung ständig nach Quellen möglicher Bedrohung abzusuchen. Diese erhöhte Wachsamkeit, kombiniert mit einer üppig ausgeprägten Fähigkeit, sich in der Phantasie schreckliche Entwicklungen ausmalen zu können, lassen die Menschen vom Muster SECHS normalerweise eher angespannt als entspannt sein.

Eng wird es für sie, wenn sich ihre wachsamen Sicherheitsmaßnahmen als nicht ausreichend erweisen oder wenn sie ganz versagen. Oder wenn sie sich mit plötzlich und unerwartet auftretenden Veränderungen konfrontiert sehen. Ganz eng wird es, wenn sie von Menschen oder Gruppen, denen sie sich zugehörig fühlen, zurückgewiesen werden.

In dem so entstehenden Streß werden zunächst die Abwehrmechanismen aktiviert. Wenn es mit deren Hilfe nicht gelingt, die innere Anspannung auszugleichen, kommt es entweder zu Angriffs- oder zu Fluchtreaktionen – je nach der bei dem jeweiligen Menschen vorherrschenden Tendenz. Menschen mit kontraphobischer Tendenz gehen schnell zur Handlung über, weil das Nichthandeln ihre Angst vergrößern würde. Menschen mit phobischer Tendenz fühlen sich von der stärker werdenden Angst eher wie gelähmt.

Wenn die „vertrauten" Reaktionen nicht hinreichen, um mit einer bedrohlichen Situation fertigzuwerden, übernehmen sie Verhaltensweisen, wie sie für Menschen vom Muster DREI in deren verwickeltem Stadium typisch sind: Sie verfallen in hektische Betriebsamkeit, kompensieren ihre Unsicherheit durch vorgetäuschte Entschlossenheit oder durch forsch-aggressives Auftreten. Weil dieses Verhalten streßbedingt ist, gibt es ihnen jedoch weder die Sicherheit, die sie so dringend benötigen, noch festigt es ihr schwach ausgeprägtes Selbstwertgefühl. Im Gegenteil: Es kostet sie mehr als es ihnen einbringt. Was nicht zuletzt daran liegt, daß Menschen vom Muster SECHS „von Haus aus" eben nicht über die Flexibilität oder das organisatorische Geschick der Menschen vom Muster DREI verfügen. Erschwerend kommt hinzu, daß die ihnen eigene Ambivalenz und ihre Neigung zum Zweifeln sie ständig zwischen den Polen Aufgeben und Aufrichten-aller-Kräfte hin- und herschwanken läßt. Aber auch das ist ebenfalls nicht dazu angetan, ihr Selbstwertgefühl zu festigen.

In ihrer Verzweiflung kann es geschehen, daß ihre vorgetäuschte Entschlossenheit in überheblich-autoritäres Gehabe und ihre „normale" Besorgtheit in fast krankhaftes Mißtrauen umschlagen. In diesem Stadium werden selbst die sonst so zuverlässig wirkenden inneren Warnsignale übertäubt. Ihre Loyalität kann sich in feindseligen Haß verwandeln, und sie können auch zu den Mitteln der Lüge, des Betruges oder des Verrats greifen, um die eigene Haut zu retten. Ihre sonst vorherrschende masochistische Tendenz kann in sadistische Destruktivität umschlagen.

Phantasie und Projektion

Der Professor sagte:
„Meine Herren! Zu den lohnendsten Aspekten der Psychoanthropologie gehört die Analyse der Mythen und Legenden primitiver Völker. Solche Studie wirft ein hervorragendes Licht auf das Unvermögen des unentwickelten Menschen wie auch auf dessen Kompensationsmechanismus – wie er ein Wunder und magische Erklärungen für Erfüllung ersinnt, die er nicht erfahren hat.
Als Beispiel betrachte man die alten Legenden von der ‚Kamera', auf die man in verschiedenen Gemeinschaften stößt. Dieses Instrument soll angeblich in der Lage gewesen sein, Vorgänge ‚einzufrieren', die dem Zuschauer sichtbar waren, und sie, oder ein Abbild von diesen, nach Belieben wiederherzustellen. Ich brauche wohl kaum darauf hinzuweisen, daß das gesamte Konzept eines solchen Apparats lediglich dem sehr menschlichen Wunsch entspringt, reizvolle und vergnügliche Augenblicke zu konservieren.
Dann haben wir die Fabel über die Herstellung einer Energie besonderer Art, die in einigen Sprachen ‚Elektrizität' genannt wird. Es handelt sich hierbei um wahrhaft wundervolle Charakteristika der Wunscherfüllung. Ja, indem man verschiedene Apparaturen an diese ‚Elektrizität' anschloß, war der Mensch angeblich fähig, Wärme oder Kälte zu erzeugen, zu töten oder zu stimulieren und die menschliche Stimme über unermeßliche Entfernungen zu übertragen.
Es gibt, ich bedaure, das sagen zu müssen, auch heutzutage, arme irregeleitete Personen, die sich einbilden, diese Legenden enthielten einen ‚wahren Kern'. Einige von ihnen sind sogar so weit gegangen, Theorien aufzustellen, weshalb sie angeblich wahr sind. Doch die Erklärungen sind immer viel zu absurd. Diese vom Wunschdenken Geleiteten müssen dazu wiederum einen Mythos erfinden oder zumindest einen Mythos auf einen anderen übertragen. Ein Exempel ist die Antwort dieser Spinner auf die Frage: ‚Warum gibt es heutzutage keine Kameras oder elektrische Geräte?' Sie lautet, man beachte die verblüffende Rationalisierung: ‚Weil in einer gewissen Zeit alles Metall auf der Welt atomisiert wurde und wir sie jetzt nicht mehr herstellen können.'
Sie sehen, daß es hierbei, um die Phantasie aufrechtzuerhalten, notwendig war, eine wundersame Substanz zu erfinden, die in den Legenden einiger Stämme unter der Bezeichnung ‚Metall' auftaucht." (G42)

Entwicklungstendenzen

Weil Menschen vom Muster SECHS bereits das geringste Verdachtsmoment verwenden, um ihre Zweifel wuchern zu lassen, ist die *Ja-aber-Haltung* ihr charakteristischstes Merkmal. Sie „bezahlen" diese Haltung mit erhöhter Ängstlichkeit und einem nur schwach ausgeprägten Selbstwertgefühl. Dies bringt sie dazu, auf korrekte Pflichterfüllung besonderen Wert zu legen und um sich herum kompensatorisch viele Sicherheiten aufzubauen.

Um sich zu entwickeln, müßten Menschen vom Muster SECHS lernen, Sicherheit im eigenen Innern zu finden, damit sie ihre Ambivalenz sich selbst und anderen gegenüber auflösen können. Sie müßten lernen, ihrer eigenen Intuition zu vertrauen und nicht mehr ängstlich auf das ausgerichtet zu sein, was andere Menschen über sie denken. Sie müßten weiterhin lernen, ihr Verantwortungsgefühl von der Tendenz zur Übertreibung zu befreien und ihre Beziehung zu Autoritäten zu entkrampfen und sie auf eine zweckdienliche Basis zu stellen. Menschen vom Muster SECHS finden das, was ihrer Entwicklung gut tun könnte, im Verhalten entwickelter Menschen vom Muster NEUN. Deren Ruhe und Gelassenheit sind die beste Medizin gegen ihre ängstliche Besorgtheit. Sie leben ihnen vor, wie man aus dem Gefühl optimistischer Zuversicht und gelassenen Selbstvertrauens Ziele erreichen kann, ohne dafür übermäßig viel bezahlen zu müssen. Sie zeigen ihnen, daß klug eingesetztes Nichthandeln keineswegs zum Stillstand in der Entwicklung einer Sache führen muß. Sie geben ihnen ein Beispiel dafür, daß ein eher gelassener Umgang mit Sicherungstendenzen dennoch nicht zu der von ihnen befürchteten katastrophischen Entwicklung führen muß. Im Gegenteil: daß man ohne sie sogar zufriedener und fröhlicher leben kann. Sie lehren sie aber auch, daß man zuerst lernen muß, mit sich selbst in Frieden zu leben, bevor man mit anderen in Frieden leben kann. Und auch, daß zwischenmenschliche Harmonie und innerer Friede unerläßlich anzustrebende Bestandteile einer jeden menschlichen Gemeinschaft sind, wenn sie diesen Namen wirklich verdienen soll.

Menschen vom Muster SECHS, die sich an diesen Vorbildern orientieren, gewinnen attraktive Qualitäten hinzu: Die Angst verliert den dominierenden Stellenwert in ihrem Leben. Das läßt sie emotional stabiler werden, Neuem gegenüber aufgeschlossener und weniger skeptisch. Ihre Abhängigkeit vom Urteil anderer verringert sich. Sie werden autonomer in ihrem eigenen Urteil und verkleinern damit gleichzeitig die Barrieren, die sie sich vor vielen Handlungen selbst aufgebaut hatten; ihr Mut zum Handeln vergrößert sich. In dem Maße, wie sich ihre Angst und ihr Mißtrauen verringern, erweitert sich ihr emotionales Spektrum: Sie werden empfänglicher für ihre Mitmenschen. Anders gesagt: Je unabhängiger sie persönlich werden, desto näher können sie andere Menschen an sich heranlassen. Das steigert ihre Attraktivität beträchtlich. Und das nicht zuletzt auch deshalb, weil ihr verbindender Humor mit sinkender Angst mehr und mehr zur Entfaltung kommt. Weil sie gelernt haben, sich selbst zu vertrauen, können sie nunmehr anderen Menschen vertrauen.

Warum der Hund nicht trinken konnte

Man stellte jemand die Frage: „Wer war Dein Führer auf dem Weg?“
Er antwortete: „Ein Hund. Ich beobachtete ihn eines Tages, wie er halbtot vor Durst am Wasser stand. Jedesmal, wenn er sein Spiegelbild im Wasser erblickte, erschrak er und wich zurück, weil er es für einen anderen Hund hielt. Schließlich wurde sein Drang so groß, daß er die Furcht beiseite stieß und ins Wasser sprang; der ‚andere Hund‘ verschwand. So entdeckte er, daß er selbst das Hindernis war.
Die Barriere zwischen ihm und dem Ersehnten schmolz dahin. In gleicher Weise verschwand mein eigenes Hindernis, als ich erkannte, daß es das war, was ich für mein eigenes Selbst gehalten hatte. Und mein Weg wurde mir ganz zu Anfang gezeigt durch das Verhalten – eines Hundes!“ (G43)

SECHS im Bild *(E. Holz)*
Im Mittelpunkt des Bildes hält eine zur Faust geballte Hand mühsam zwei der Dämonen der Angst, um sie ihrer Macht zu berauben. Ein wesentlicher Teil aller Kraft- und Energiereserven wird aufgewendet, um der beiden starken und zugleich schlangenhaft wendigen Geschöpfe Herr zu werden. Alle Aufmerksamkeit ist auf den steil aufgerichteten Dämon gelenkt, denn es gilt, ihn zu zähmen, sich mutig dem vermeintlichen Feind gegenüber aufzurichten, zum Kampf bereit und durch die kämpferische Auseinandersetzung mit dem – oft nur scheinbar – Stärkeren einen Schritt näher zur persönlichen Befreiung, zur höheren Selbstachtung zu kommen. Über die schmerzliche Auseinandersetzung mit der Angst, den vielen Ängsten, über die Gelassenheit, durch „Loslassen" wird das Ziel erreicht, symbolisch durch Blumen, die statt Feuer aus dem Dämonenmaul quellen.
Noch lauert in dem Befreiungskampf die nächste Gefahr: Unbeobachtet kann sich der zweite Dämon, verdeckt durch die Blumen, der Faust, die ihn hält, nähern und zubeißen, zumal er das Handgelenk spielerisch umfängt und bis zur Handlungsunfähigkeit festhalten könnte. Dieser Dämon fühlt sich wohl in dem stetigen inneren Kampf von Angst und Überwindung der Angst, von Selbstzweifeln und der Neigung zur Selbstverleugnung, um den Attacken von außen und innen zu entgehen. Er bedroht diesen Menschen mit selbstzerstörerischer Angst vor der Angst. Die Atmosphäre des inneren Kampfes ist dargestellt durch Flammen, die hell auflodern und, in ihren Mustern engspurig, dem Menschen dieses Typs sehr vertraut sind. Und auch durch eine wabernde und diffuse „dicke Luft", den Dämonenmäulern entquellend.
Und da gibt es noch die Hand, die schützend um das Machtsymbol gewölbt ist, auch hier mit der Tendenz zur Selbstaufgabe und -verdichtung, denn hier lauert nicht nur der nächste Dämon, sondern er hat bereits einen Teil dieser schützenden Hand versengt.

E.H. 9/95

Darf's ein bißchen mehr sein? Über die Menschen vom Muster SIEBEN

So werden die Menschen vom Muster SIEBEN von anderen Autoren benannt

Autor(en)	Bezeichnung des Musters
Beesing u.a.	SIEBEN
Böschemeyer	Der Glückssucher
Frings Keyes	Das Programm: unbekümmerter Optimismus und nervöse Aktivität
Gallen/Neidhardt	Das Muster SIEBEN
Jaxon-Bear	Das magische Kind
Hurley/Dobson	Die TräumerInnen
Naranjo	Völlerei, Betrügerei und narzißtische Persönlichkeit (Opportunistic Idealism)
Palmer	Der Epikureer
Rohr/Ebert	Typ SIEBEN
Riso	Der Vielseitige
Vollmar	Der Optimist

Dämonische Verwandtschaft

Der Dämon der Völlerei hätte sich gerne zu den Menschen des Enneagramm-Musters SIEBEN gesellt. „Alles Übermaß ist von den Dämonen" wußten die alten Mönche und sagten ihnen außerdem noch nach, daß sie keine *discretio* gehabt hätten: Die Dämonen berücksichtigen nicht die Umstände, unter denen eine bestimmte Verhaltensweise sinnvoll gewesen sei. Sie hätten auch nicht erkannt, wann eine gewöhnliche Regel den Zeitumständen nach hätte modifiziert werden müssen. Sie rieten zur Unzeit das Richtige und machten es dadurch falsch.

Das galt im Prinzip so für alle Dämonen. Aber vielleicht war der Dämon der Völlerei mit diesen Eigenschaften besonders üppig ausgestattet. Seine Verführungskünste standen denen anderer Dämonen keinesfalls nach. Das mußte auch so sein, denn schließlich setzte er den Hebel gewissermaßen am Lebensnerv des mönchischen Daseins an, indem er versuchte, den Mönch in seinem Streben nach Askese zu entmutigen. Er suggerierte ihm, daß er die

enthaltsame und entsagende Lebensweise, die sich der Mönch zur Verwirklichung seiner religiösen Ideale auferlegen sollte, ohnehin nicht durchhalten würde und daß ein baldiges Scheitern absehbar sei.
Des weiteren hielt der Dämon der Völlerei dem geplagten Mönch seinen Magen, seine Leber, seine Milz vor Augen und suggerierte ihm, wie diese durch die Enthaltsamkeit geschädigt werden könnten.
Oder er ließ ihn an Mitbrüder denken, die an diesen Krankheiten litten und flüsterte ihnen ein, daß jene wegen ihrer asketischen Bemühungen so krank geworden seien.
Und manchmal trieb er sein teuflisches Werk auf die Spitze, indem er kranke Mönche verleitete, zu jenen Mitbrüdern zu gehen, die gerade im Begriff waren, sich in Askese zu üben, und ließ sie abschreckend wirken, indem sie sich als leibhaftige Opfer der Askese ausgaben.
Auch der Dämon der Völlerei vermeidet den primitiven Weg, den Mönch zu übermäßigem Genuß anzustacheln. Auch er führt genügend vernünftige Gründe ins Feld, das Fasten bleibenzulassen, ja, es gar nicht erst zu versuchen.
Und das Heilmittel, wie sieht es aus? „Der Herr ist mein Hirte, nichts wird mir fehlen." (Psalm 23,1) Schlanker geht's fast nicht mehr, wäre man beinahe versucht, anzumerken.
Die folgende Geschichte übertreibt die vernünftigen Gründe, die gegen das Fasten sprechen, ein bißchen. Das Völlern ist zur genetischen Information geworden.

Das Überleben der Dreimägigen (Triventriculi)

Es gab einmal eine Zeit, da lebten auf einem gewissen Planeten drei Arten von Menschen: solche mit einem Magen, solche mit zwei Mägen und solche mit drei Mägen.
Anfangs erkannte niemand, daß es überhaupt einen Unterschied zwischen ihnen gab. Sie lebten in verschiedenen Gebieten und übernahmen die Nahrung und die Gewohnheiten, die am besten den Gegebenheiten ihrer Mägen entsprachen.
Doch als sie sich vermehrten, boten ihre Verschiedenheiten Anlaß zu Kontroversen. Manchmal gewannen die Einmagigen (Monoventriculi) die Oberhand, manchmal die Zweimägigen (Biventriculi), und manchmal waren es die Dreimägigen (Triventriculi).
Dann beschlossen sie, geleitet von einem Sinn für Realismus und dem Wunsch nach Gleichheit, alle durch die Mägen bedingten Unterschiede abzuschaffen. Das Ergebnis war, daß die Leute schließlich glücklicherweise vergaßen, daß es überhaupt diese anatomischen Unterschiede gab. Sie hatten jetzt eine vereinheitlichte Kultur, die völlig blind für diesen Punkt war. Sogar die technischen Geräte, die von den Leuten ersonnen wurden, registrierten keine Magenunterschiede.
Und dann schlich sich ein neuer Faktor ein. Als die Nahrungsmittel in der Quantität zunahmen und sich dabei die Qualität verringerte (aus nicht vorhergesehenen Gründen), konnten die Einmagigen und die Zweimägigen die neue Kost nicht vertragen und begannen auszusterben.
Da das alte Tabu, etwas über die Mägen zu wissen, sogar ins genetische Erbmaterial der Menschen eingegangen war, vermochte niemand das Problem zu lösen, und nur die Dreimägigen überlebten. (G44)

Ein totaler Sieg der Gier.

„Erst die Freizeit, dann das Vergnügen“ (Julius, 10 Jahre)

Der Weg der Menschen vom Muster SIEBEN

Ich kann mich gar nicht so schnell vergnügen, wie ich es gerne möchte.
Menschen vom Muster SIEBEN neigen auf verschiedenen Ebenen zur Völlerei: Sie völlern mit Wortreichtum und mit guten Rechtfertigungsgründen, um sich oder jemand anderen zu etwas zu überreden. Sie völlern mit leiblichen Genüssen genauso wie mit ihrer optimistischen Ausstrahlung und ihrer Freundlichkeit; sie sind exzessiv in ihrer Großzügigkeit und ihrer Anpassungsbereitschaft; sie völlern mit ihrer Aufgeschlossenheit für neue Ideen wie mit ihrer Suche nach Abwechslung und Abenteuern: Durch alles scheint sich die Grundüberzeugung wie ein fröhlich-bunter Faden hindurchzuziehen, daß *mehr von etwas* größeren Lustgewinn zur Folge habe.
Es ist erstaunlich, wie resistent ihr Optimismus gegen das Einbrechen der Wirklichkeit sein kann: Nichts scheint ihn in seinem Kern wirklich erschüttern zu können. Außer vielleicht eine Routine, durch die sich die Menschen vom Muster SIEBEN in eine Wiederholung des immer Gleichen gezwungen sähen. Aber gegen ihren Einfallsreichtum haben es selbst die meisten Routinen schwer, denn irgendein Ausweg wird sich schon finden lassen, um dennoch Abwechslung zu bekommen.
Menschen vom Muster SIEBEN neigen dazu, anderen Menschen auf Vorschuß zu vertrauen. Sie scheinen aus der tiefen Zuversicht zu leben, daß sich die Dinge des Lebens schon irgendwie zu ihrem Vorteil entwickeln werden. Und da sie gekonnt ihre Diplomatie, ihren Charme und ihre Freundlichkeit einzusetzen wissen, ecken sie relativ seltener an als andere Menschen. Sie finden sich dadurch wiederum häufiger in ihrer optimistischen Grundhaltung bestärkt.

Für sie ist es selbstverständlich, einen Anspruch auf Genuß zu haben. Sie finden deshalb manchmal auch nicht viel dabei, Verbindlichkeiten dranzugeben, wenn der Genuß gefährdet scheint. Wohl deshalb wiederum sagen ihnen manche Menschen einen Hang zur Oberflächlichkeit nach.
Selbst entwickelte Menschen vom Muster SIEBEN geraten nicht in Verzückung, wenn sie sich zurückerinnern sollen, welche Wege und Umwege sie bis zu ihrer Selbstfindung gegangen sind. In ihrem früheren – verwickelten – Dasein hatten sie ohnehin mit selbstquälerischen Rückblicken und mit peinigender Detailgenauigkeit nicht viel „am Hut". Näher lag ihnen, Vergangenes schönzureden und es in ihren Erinnerungen zu glorifizieren und dabei das Unangenehme, das Bedrückende einfach auszublenden: Vergangen ist vergessen – Schwamm drüber! Wozu sich noch mit Dingen belasten, die ohnehin nicht mehr zu ändern waren?
Sie waren davon überzeugt, ihres Glückes Schmied zu sein. Sie dachten, Glück sei das Produkt weitsichtiger Planung und kreativ-ungehemmten Einfallsreichtums, und für sie schien es festzustehen, daß Glück seinen Ort in der Zukunft habe. Die Antennen, mit denen sie Anlässe und Gelegenheiten aufspürten, müßten nur weit genug ausgefahren sein, um die Bandbreite potentieller Vergnügungsquellen frühzeitig abtasten zu können und sich dadurch möglichst viele Optionen offenzuhalten.
Schwierig wurde es immer dann, wenn es die Umstände verlangten, sich einer einzigen Sache oder einer einzigen Handlungsweise zu verpflichten. Das bedeutete zwangsläufig, sich *gegen* die anderen Möglichkeiten zu entscheiden. Es entstand das mulmige Gefühl, mit dieser Entscheidung für das eine die vielen anderen Gelegenheiten zu verpassen.
Wenn eine Situation anfing, belastend oder gar qualvoll zu werden, waren sie bei den ersten, die das Feld räumten, selbstverständlich charmant und verbindlich. Denn genauso wie für die Gelegenheiten, die ein Vergnügen oder gar dessen Steigerung versprachen, hatten sie hyperfein reagierende Sensoren auch für das Gegenteil.
Eine äußerst gesteigerte Empfindlichkeit und hohe Durchlässigkeit für Reize und Eindrücke von außen trieben sie nicht selten in eine fast manische Hyperaktivität: Vor ihnen lagen die *irre* vielen Möglichkeiten, alle schienen ihrerseits nach Verwirklichung zu gieren. Von außen sah es wie Erlebnisheißhunger aus, eine hohe Drehzahl war selbstverständlich, der dabei entstehende Nervenkitzel wirkte als zusätzliches Stimulans. *Good vibrations* – das ganze Leben als ein gigantisch-vibrierendes Schwingungsfeld, einfach Wahnsinn!
Hinter allem Aufgedrehtsein lauerte die Angst, nicht genug von dem zu bekommen, was augenblicklich oder in der Zukunft glückverheißend erschien.

Alles auf einmal und am liebsten sofort, so lautete die Devise. Bedenkt man sie, wird unmittelbar einsichtig, daß die Ansprüche an das Leben und an die Welt oft maßlos übersteigert waren. Entsprechend waren die Enttäuschungen und der seelische Absturz, wenn sich keiner der illusionären Pläne erfüllen wollte. Das Leben spielte sich zwischen den Polen *himmelhoch jauchzend* und *zu Tode betrübt* ab. Und das Tempo, in dem die seelischen Aggregat-Zustände einander abwechselten, hatten für den Beobachter oft etwas beklemmend Atemberaubendes an sich.
Den Menschen vom Muster SIEBEN sagt man nach, daß sie über das größte energetische Potential aller Enneagramm-Muster verfügen. Das ist Segen und Fluch zugleich: Manch einer mit geringerem Energiereservoir würde – eben deshalb – zu einem früheren Zeitpunkt Lehren aus seinen Enttäuschungen gezogen haben. Die übergroße persönliche *Power* verführte zu glauben, daß es aber bestimmt beim nächstenmal klappen werde, insbesondere dann, wenn die eine oder andere Kleinigkeit einfach besser vorgeplant würde. Der rückblickende Vergleich zeigt, daß dem meistens nicht so war: Mit fast unheimlicher Automatik wurden identische Enttäuschungen herbeikonstelliert.
Es fällt schwer zu sagen, was genau die Umkehr, den Wandel, die Transformation bewirkt hat. Sicher ist, daß es sich auch hier – vom Ergebnis her betrachtet – um eine paradoxe Erfahrung handelt: Den Schmerz in ihrem Leben zuzulassen, ihn als wichtigen Teil des Lebens zu akzeptieren, durch das Leiden hindurchzugehen, das ist der Schlüssel zu dieser Erfahrung. Damit ist jedoch noch nichts darüber ausgesagt, *wie* diese Integration subjektiv zustande kam, oder gar, wie sie gelingen konnte. Denn Schmerzbejahung paßt zum Muster SIEBEN ungefähr so wie der Heißhunger auf Knoblauch zum Vampir. Vielleicht ist es auch in diesem Fall der Überdruß, die Sättigung, der Widerwille, stets und ständig *mehr desselben* zu produzieren.
Entwickelte Menschen vom Muster SIEBEN haben nichts von ihrer positiven, lebensbejahenden Ausstrahlung eingebüßt; sie wirkt lediglich nicht mehr so penetrant, sondern eher dezent. Das steigert ihre Attraktivität allerdings noch beträchtlich. Oberflächliche Vergnügungssucht ist nüchterner Freude gewichen. Sie haben gelernt, daß sie nicht zwanghaft *Strahlemann* oder *Strahlefrau* spielen müssen, sondern auch so von anderen Menschen angenommen werden.
Der Blick in ihr Innerstes hat sie positiv enttäuscht: Da drinnen gibt es nicht die befürchteten bestialischen Abgründe, sondern eine tiefe Quelle wirklicher Freude. Wenn sie mit dieser Quelle in Kontakt kommen, erleben sie eine ehrfürchtige Dankbarkeit für das, was sie haben. Das Leben selbst kommt ihnen wie ein Geschenk vor. Weil ihre Augen nicht mehr gierig auf Beutejagd

gehen und ihr Blick deshalb genauer und ihre Aufmerksamkeit zentrierter geworden ist, machen sie tiefgreifendere Erfahrungen. Manchmal stehen sie still und fasziniert vor den Wundern des Lebens. Ein ehrfürchtiger Schauder ergreift sie.

Sie wissen nun, daß alles und jedes sie mit wirklicher Freude erfüllen kann, vorausgesetzt, sie finden das richtige Maß im Umgang damit. Im Rückblick schämen sie sich fast ein bißchen dafür, daß sie früher die Welt als eine schier unerschöpfliche Einladung zum Konsum angesehen haben – heute spüren sie eher Verantwortung für deren Erhalt.

Verantwortung übernehmen sie auch für ihr eigenes Handeln. Sie reden sich nicht mehr wortreich heraus, wenn sie etwas verbaselt haben – sie stehen einfach dazu. Ihre Hintertürchen, die sie sich früher in großer Zahl offengehalten haben, sind ihnen einfach zu läppisch geworden. Es ist unter ihrer Würde, sich mit billigen Ausreden aus dem Staube zu machen. Genauso wäre es ihnen ein eher abstoßender Gedanke, sich mit Flunkern und Schwindeleien aus einer unangenehmen Situation herauszuwinden.

Ihr Zugang zu anderen Menschen fällt ihnen genauso leicht wie früher. Während sie in ihrem verwickelten Dasein in ihrem gierig-selbstverliebten Überschwang manchmal jedes Gespür dafür vermissen ließen, ob ihre augenblicklichen Pläne und Interessen dem anderen tatsächlich gerade in dessen Situation passen könnten oder nicht, sind sie nunmehr rücksichtsvoll und vorsichtig geworden. Sie teilen sich nach wie vor gerne anderen Menschen mit, ihre emotionale Freigiebigkeit hat jedoch den plappernd-schwatzhaften Charakter verloren. Sie antizipieren heute aus liebevoller Distanz Stimmungen und Befindlichkeiten anderer, wo sie früher blind drauflos gestürmt wären. Gerade deswegen können sie heute Menschen Freude bereiten und Hoffnung geben, die verzweifelt sind. Früher ließ ihre Tendenz zu maßloser Überdosierung manchmal von ihnen beabsichtigte Wohltaten zur Plage verkommen.

Ihr Mut zur Selbstreflexion, ihr Mut zu genauem und schonungslosem Blick in ihre Innenwelt hat sie wahrhaftiger und mitfühlender gemacht. Sie können sich heute wirklich in die Lage anderer Menschen hineinversetzen. Früher haben sie es sich und den anderen nicht selten vorgegaukelt, um über den so entstehenden Kontakt ihr eigenes Vergnügen zu steigern.

Seit sie ihr hektisches Lebenstempo verlangsamt haben, seit sie sich aus der permanenten Überlastung der Sinne zurückgezogen haben, können sie sich daran erfreuen, das Leben in seiner ganzen Komplexität wahrzunehmen: das Schöne und das Häßliche, das Wohltuende und das Schmerzhafte. Dies gibt ihrem Erleben Tiefe, und diese Tiefe verbindet sie intensiv und verläßlich mit anderen Menschen.

Ihnen ist deutlich geworden, daß sie die Faszination, die sie auf andere Menschen ausüben – manche nennen es ihr *Charisma* –, nicht aus sich selbst heraus schöpfen können. Sie spüren, daß dieses Charisma aus einer Quelle gespeist wird, die größer ist als sie selbst. Diese Ahnung macht es ihnen immer öfter unmöglich, ihren *Charme* als taktisches Mittel einzusetzen. Sie haben gelernt, und sie bejahen es zutiefst, daß das Wesentliche im Leben selten mit dem Angenehmen deckungsgleich ist.
Seit sie die geistige Freiheit erworben haben, die ganze Wirklichkeit des Lebens in den Blick zu nehmen, gelingt es ihnen überzeugender, Gegensätze miteinander zu vereinen, eine Verbindung oberhalb der Gegensätze zu finden. Das führt sie zu ihrem wahren Bedürfnis und zu ihrem wirklichen Glück: Aus dem Zusammenfluß von Geduld, ehrlicher Arbeit, Freude und Leid gelingt es ihnen, sich für eine tatsächliche und wirksame Verbesserung der Welt, in der sie leben, einzusetzen.

Der glücklichste Mensch der Welt

Ein Mann lebte in komfortablen Umständen, kannte keine materiellen Probleme und war dennoch nicht glücklich. Genau betrachtet wurde er eigentlich immer unausgeglichener. Über Jahre hinweg hatte er versucht, Antworten auf die Fragen in seinem Innersten zu finden und mit der Welt wirklich ins Reine zu kommen. Es gelang ihm nicht.
Eines Tages suchte er einen weisen Mann auf und bat ihn um Rat, wie er aus diesem Zustand befreit werden könne. Der weise Mann sagte ihm, er wisse ein Mittel gegen sein Leiden – es sei jedoch keine gewöhnliche Therapie: Er solle sich auf die Reise begeben und den glücklichsten Menschen der Welt suchen. Wenn er ihn gefunden habe, solle er ihn bitten, ihm sein Hemd zu überlassen.
Der rastlose Mann machte sich auf die Suche. Nach langer Zeit, angefüllt mit vielen Irrungen und fehlgeschlagenen Versuchen, fand er schließlich den glücklichsten Menschen der Welt. Irgendwo in einem Wald saß dieser mitten auf einer Lichtung und lachte sein hellstes Lachen.
Der Mann schilderte ihm sein Anliegen und bat ihn, ihm sein Hemd zu überlassen. Der glücklichste Mensch musterte ihn mit genauem Blick und konnte sich vor Lachen schließlich nicht

mehr halten. Der Mann war reichlich verärgert über solch eine Reaktion. „Hast Du den Verstand verloren, daß Du über solch ein ernsthaftes Anliegen lachst?"
„Vielleicht", sagte der glücklichste Mensch, „aber wenn Du Dir die Mühe gemacht hättest, genau hinzusehen, dann wäre Dir aufgefallen, daß ich gar kein Hemd besitze."
„Was soll ich denn jetzt tun?" „Du wirst nun geheilt sein. Das Streben nach etwas Unerreichbarem sorgt für die nötige Übung, das zu erreichen, was nötig ist: Wie ein Mensch, der seine ganze Kraft sammelt, um über einen Fluß zu springen, so als wenn dieser viel breiter wäre. Er gelangt über den Fluß." Dann nahm der glücklichste Mensch der Welt seinen Turban ab, dessen Ende sein Gesicht verhüllt hatte. Der rastlose Mann sah, daß es niemand anderes als der große Weise war, der ihn zu Anfang beraten hatte. „Aber warum hast Du mir das nicht schon damals vor diesen langen Jahren gesagt, als ich Dich besucht hatte?" fragte der rastlose Mann verwundert. „Weil Du damals noch nicht bereit warst zu verstehen. Du brauchtest erst ganz bestimmte Erfahrungen, und die mußten Dir auf eine Weise vermittelt werden, die sicherstellte, daß Du sie auch durchmachen würdest." (G45)

Ein genauerer Blick in die innere Dynamik des Musters SIEBEN

Mustertypische Verzerrung der Weltsicht

Menschen vom Muster SIEBEN neigen zur Übertreibung: Sie neigen dazu, sich zu sehr *okay* zu fühlen, und sie übertreiben diese Haltung in bezug auf andere. Ihre Weltsicht hat eine Verzerrung in Richtung Optimismus. Sie schauen gleichsam vom entgegengesetzten Pol in die Welt wie die Menschen vom Muster VIER: Deren Blick trifft auf eine Welt, der anscheinend nur mit Pessimismus begegnet werden kann.

Menschen vom Muster SIEBEN verhalten sich so, als ob es nichts gäbe, was ihnen ernsthaft verboten wäre. Tief im Innern scheinen sie zu glauben, daß Autorität etwas Schlechtes sei und daß man alles tun könne, was man wolle, wenn man es nur *clever* anstelle. Und sie neigen zu übertriebener Nachsicht, wenn es um sie selbst geht. Außerdem scheinen sie zu glauben, daß sie wegen ihrer Talente besondere Ansprüche stellen dürften. Und sie scheinen die tiefe Überzeugung zu teilen, daß persönlicher Charme das beste Mittel zum Erfolg ist.

Abwehrmechanismen

Menschen vom Muster SIEBEN bedienen sich bevorzugt der *Rationalisierung,* der *Idealisierung* und der *Sublimierung* als Abwehrmechanismen. Scherzhaft gewendet könnte man meinen, daß ihr Motto: Darf's ein bißchen mehr sein? auch für ihre innerseelischen Prozesse zuzutreffen scheint. Unter *Rationalisierung* versteht man einen seelischen Vorgang, bei dem versucht wird, Handlungen, Gedanken oder Gefühlen, deren wirkliche Motive nicht erkannt werden, eine logisch stimmige oder moralisch akzeptable Begründung zu geben. Die Tendenz der Menschen vom Muster SIEBEN, sich selbst und den eigenen Wünschen gegenüber besonders nachsichtig zu sein, wäre ohne *gute Begründungen* von ihnen gar nicht durchzuhalten.

Rationalisierung zeigt sich auch, wenn sie mit einfallsreichen Erklärungen versuchen, andere zu überzeugen. Sie versuchen damit, Hindernisse zu umgehen, die ihrer Lusterfüllung im Wege stehen.

Naranjo nimmt an, daß die Rationalisierung als einfacher Abwehrmechanismus den komplexeren Mechanismus der *Idealisierung* stütze. Ziel dieses seelischen Prozesses ist es, einer gegebenen Qualität Vollkommenheit zuzuschreiben. Dies geschieht dadurch, daß sie „überhöht" wird. Er nimmt an, die Menschen vom Muster SIEBEN betrieben zuallererst eine Art Selbstidealisierung. Das zeige sich z. B. in der Art und Weise, wie sie für sich selbst Propaganda machten oder wie sie sich manchmal zu ihrer eigenen Großartigkeit beglückwünschten. Und daran, daß sie offenbar an diese idealisierte Version ihres Selbst glaubten. Die Selbstidealisierung diene sowohl der Verleugnung von Schuld als auch ihrem Narzißmus, samt den damit verbundenen Ansprüchen.

In ihrem Verhältnis zur Umwelt sei die Idealisierung unabdingbar, weil die Menschen vom Muster SIEBEN ohne sie ihren Optimismus und ihre lebensbejahende Freude gar nicht aufrechterhalten könnten. Dieser Optimismus, der aus der Idealisierung entstehe, ermögliche es ihnen, Kritik und Tadel nicht so wichtig zu nehmen und dadurch ihr Bild von sich (als eines liebevollen und liebenswürdigen Menschen) aufrechtzuerhalten. Sie tendierten darüber hinaus zu einer Art „kosmischen" Optimismus: Die Welt sei, so wie sie nun einmal ist, gut und in Ordnung. Deshalb gäbe es keine Notwendigkeit zu kämpfen.

Als dritten Abwehrmechanismus nennt *Naranjo* die *Sublimierung.* In der psychoanalytischen Theorie wird darunter ein seelischer Prozeß verstanden, mit dessen Hilfe Handlungen, deren treibende Kraft der Sexualtrieb ist, scheinbar ohne Zusammenhang zu ihm erscheinen. Als sublimierte Handlungen werden z. B. künstlerische und intellektuelle Betätigungen angesehen: Vom Niederen ins Erhabene zeigt die Richtung, so gesehen.

Naranjo glaubt, daß die Menschen vom Muster SIEBEN mit Hilfe der Sublimierung für ihre Bedürftigkeit und ihre Instinktgetriebenheit blind geworden sind. Sie bleiben sich nur der Motive bewußt, die von Großzügigkeit gespeist sind. Nur mit Hilfe der Sublimierung könne man verstehen, weshalb die Menschen vom Muster SIEBEN eine so starke Neigung zur Phantasie hätten: Sie ersetzten das eigentliche Ziel ihrer Wünsche durch Vorstellungen und Pläne. Die Phantasie wirke daneben als Bestätigung für ihren Einfallsreichtum.

Gier, Gefallen und Unmöglichkeit

Ein Lehrer sagte:
„Niemand vermag den Menschen zu verstehen, bevor er nicht den Zusammenhang zwischen Gier, Gefallen und Unmöglichkeit erkennt."
„Das ist ein Rätsel", entgegnete sein Schüler, „das ich nicht verstehen kann."
Der Lehrer antwortete:
„Versuche nie, durch Rätsel zum Verstehen zu kommen, wenn du es durch Erfahrung tun kannst."
Er nahm den Schüler zu einem Laden auf dem nahegelegenen Markt mit, wo Gewänder verkauft wurden.
„Zeigt mir Euer bestes Gewand", sagte der Lehrer zu dem Ladenbesitzer, „denn ich bin gerade in der Laune, eine Unmenge auszugeben."
Ein wunderschönes Gewand wurde hervorgeholt und ein extrem hoher Preis dafür verlangt.
„Es ist ziemlich genau das, was ich wollte", sagte der Lehrer „aber ich hätte gern noch Ziermünzen um den Halsausschnitt und etwas Pelzverbrämung."
„Nichts leichter als das", entgegnete der Kleiderverkäufer, „denn ich habe gerade so ein Gewand in der Werkstatt meines Geschäftes."
Er verschwand einige Augenblicke und kam dann zurück, nachdem er Pelz und Münzen an ebendasselbe Gewand genäht hatte.
„Und was kostet dieses hier?" fragte der Lehrer.
„Zwanzigmal den Preis vom ersten", antwortete der Ladeninhaber.
„Ausgezeichnet", sagte der Lehrer „ich nehme beide." (G46)

Verwicklungstendenzen

Menschen vom Muster SIEBEN benutzen ihren Intellekt häufiger als andere Menschen, um attraktive Pläne für eine bessere Zukunft oder für ein gesteigertes Vergnügen zu schmieden. Ihr Optimismus erfährt Bestätigung, wenn ihre Pläne wahr werden oder durch noch schönere Pläne, die ihrerseits mit noch besseren Aussichten verbunden sind, ersetzt werden können. Abweichungen in „nicht geplante" Richtungen werden, wenn sie nicht zu gravierend sind, mit Hilfe der Abwehrmechanismen aufgefangen.

Menschen vom Muster SIEBEN geraten in schlimmen Streß, wenn ihre Pläne einerseits und die Wirklichkeit andererseits so weit auseinanderklaffen, daß die entstandene Kluft nicht mehr schöngeredet oder wegargumentiert werden kann. Die aufkommende Angst, mit Schmerz oder dunklen Erfahrungen in Berührung zu kommen, bringt sie nun dazu, noch mehr und noch hektischer zu handeln und in noch mehr Bereichen nach möglichen Quellen für Lust und Vergnügen zu suchen. Wenn der Druck weiter anhält, übernehmen Menschen vom Muster SIEBEN Verhaltensweisen, wie sie für Menschen vom Muster EINS in deren verwickeltem Stadium charakteristisch sind. Sie verlieren ihre freundlich-optimistische Ausstrahlung, werden aggressiv, grollen dem Schicksal, hadern damit, weshalb ausgerechnet sie von ihm heimgesucht werden mußten. Sie beginnen, ihren Standpunkt intolerant nach außen zu vertreten, werden rigide und verbohrt, konzentrieren ihre Energie wie besessen auf eine Sache und hoffen, dadurch wieder die Kontrolle über ihre Gefühlswelt zu bekommen. Wer sich ihnen in den Weg stellt oder ihre Ansicht nicht teilt, wird kritisiert oder lächerlich gemacht. An diesem Punkt suchen Menschen vom Muster SIEBEN nicht selten Zuflucht in Systemen, die eine geschlossene Ordnung suggerieren. Aus diesen beziehen sie Rechtfertigungen für ihre ‚positive' Weltsicht. Und sie verteidigen diese Systeme aggressiv, anmaßend und rechthaberisch. Die Erfüllung der damit verbundenen Prinzipien klagen sie zornig ein.

Die Ursache für ihre Misere suchen sie bei anderen und geben ihnen die Schuld an ihrer Lage. Sie erwarten voller Selbstmitleid, daß andere Menschen sich um sie kümmern. Ebenso kann es vorkommen, daß sie ihre Aufmerksamkeit in dieser Lage übermäßig auf einen Menschen oder ein Ereignis fixieren, von dem sie einen Ausweg aus ihrer unglücklichen Lage erhoffen. Hilft ihnen dieser Mensch z.B., mit ihren zerstörerischen Impulsen auf konstruktive Weise umzugehen, kann er sich plötzlich selbst zum Ziel des Hasses gemacht fühlen, den die Menschen vom Muster SIEBEN auf diejenigen haben, die der Erfüllung ihrer Wünsche im Wege stehen.

Alles und sofort

Ein Reicher starb, und als er an die Pforte des Jenseits kam, klopfte er und bat um Einlaß. Ein Wächter schloß ihm auf und fragte, was er wolle. Der Reiche sagte: „Ich hätte gern ein Zimmer erster Klasse, mit schöner Aussicht auf die Erde, und dazu täglich meine Lieblingsspeise und die neueste Zeitung."
Der Wächter sträubte sich zuerst, doch als der Reiche ungeduldig wurde, führte er ihn in ein Zimmer erster Klasse, brachte ihm die Lieblingsspeise und die neueste Zeitung, drehte sich noch einmal um und sagte: „In tausend Jahren komme ich wieder!", und schloß dann hinter sich die Tür.
Nach tausend Jahren kam er wieder und schaute durch die Luke in der Tür. „Da bist du endlich!" rief der Reiche. „Der Himmel hier ist schrecklich!"
Der Wächter schüttelte den Kopf. „Du irrst dich", sagte er. „Hier ist die Hölle." (G47)

Entwicklungstendenzen
Menschen vom Muster SIEBEN neigen dazu, ihre Sinne zu überlasten und ihren Kopf übermäßig zu stimulieren. Diese Neigung verführt sie, von etwas sehr schnell angetan und fasziniert zu sein und ein bißchen flatterhaft und oberflächlich nach ständig neuen Objekten ihrer Begierde Ausschau zu halten.
Entwickelte Menschen vom Muster FÜNF geben ein gutes Modell ab, wie sich für sie eine positive Entwicklung ausnehmen könnte. Da aber die Menschen vom Muster SIEBEN egalitär bzw. anti-autoritär eingestellt sind, wäre es kein günstiger Weg, wenn jemand versuchen würde, sie zu dieser Entwicklung zu drängen. Vielmehr muß die Entscheidung, sich zu verändern, zu ihrer eigenen Sache geworden sein. Sie wird durch biologische Umstände insofern begünstigt, weil sich in der Lebensmitte die Zahl der vielen positiven, aufregenden Optionen auf natürliche Weise reduziert. Die Zeit für eine etwas weniger hektische Lebensweise ist jetzt auf natürliche Weise gekommen. Nun wird es ihnen möglich, innezuhalten und genauer zu beobachten, sich selbst zu prüfen und das hinter dem Daueroptimismus und der nervösen Betriebsamkeit verborgene Motiv zu verstehen: die Flucht vor Tiefe, weil sie befürchteten, daß dort der Schmerz lauere. Erste Voraus-

setzung für eine Entwicklung ist der gelegentliche Rückzug von anderen, wie es entwickelte Menschen vom Muster FÜNF mit ruhiger Selbstverständlichkeit tun. Erst aus der heilsamen Distanz heraus wird es ihnen möglich, sich eine Draufsicht auf ihr eigenes Leben zu verschaffen und dessen positive wie auch negative Seiten in den Blick zu nehmen. Halten sie dieser Draufsicht stand, verändert sich allmählich ihre Beziehung zur Realität. Wie entwickelte Menschen vom Muster FÜNF erkennen sie an, wie komplex das Leben wirklich ist. Sie erkennen, daß diese Komplexität sorgfältigen Umgang erfordert und sich deswegen schnelle und einfache Lösungen verbieten.
Ihr Respekt gegenüber der Integrität der Dinge wächst, je genauer und sorgfältiger sie hinschauen. Sie spüren, daß die Welt keineswegs nur da ist, damit sie es gut haben. Diese Einblicke ermutigen sie, den Schmerz aus ihrem Leben nicht länger zu verdrängen. Vielmehr steht ihnen immer klarer vor Augen, wie untauglich ihre Tendenz zu Zerstreuung, Konsumismus und Realitätsflucht war, ihre innere Balance dauerhaft aufrechtzuerhalten.
Das Akzeptieren mühevoller Aufgaben, das Erleben von Leid, der genaue Hinblick und das geduldige Dranbleiben ermöglichen ihnen tiefgreifende Erfahrungen. Je komplexer ihre Weltsicht wird, desto mehr Respekt und Achtung wird ihnen entgegengebracht. Je stärker sie sich auf ihre Erfahrungen konzentrieren, desto größer wird der Lohn für ihre Mühen: Die größere Erfahrungstiefe bringt eine größere Befriedigung mit sich. Dies macht es ihnen möglich, darauf zu vertrauen, daß ihre Fröhlichkeit und ihr Optimismus stark genug sind, sich dem *ganzen* Leben zu stellen und die Realität in ihrer Widersprüchlichkeit mit klarem und festem Blick wahrzunehmen.

Die Fülle

Ein Junger fragte einen Alten:
„Was unterscheidet dich, der fast schon war, von mir, der ich noch werde?"
Der Alte sagte:
„Ich bin mehr gewesen.
Zwar scheint der junge Tag, der kommt,
mehr als der alte,
weil der alte vor ihm schon gewesen.
Doch kann auch er, obwohl er kommt,
nur sein, was er schon war,

und er wird mehr,
je mehr auch er gewesen.
Wie einst der alte, steigt auch er am Anfang
steil zum Mittag auf,
erreicht noch vor der vollen Hitze den Zenit
und bleibt, so scheint es,
eine Zeitlang auf der Höhe –
bis er, je später desto mehr,
als ziehe ihn sein wachsendes Gewicht,
sich tief zum Abend neigt,
und er wird ganz,
wenn er, so wie der alte, ganz gewesen.
Doch was schon war, ist nicht vorbei.
Es bleibt, weil es gewesen,
wirkt, obwohl es war,
und wird durch Neues nach ihm mehr.
Denn wie ein runder Tropfen
aus einer Wolke, die vorüberzog,
taucht, was schon gewesen,
in ein Meer, das bleibt.
Nur was nie etwas werden konnte,
weil wir es nur erträumt,
doch nicht erfahren, gedacht, doch nicht getan,
und nur verworfen,
aber nicht als Preis für das, was wir gewählt, bezahlt,
das ist vorbei:
von ihm bleibt nichts.
Der Gott der rechten Zeit
erscheint uns daher wie ein Jüngling,
der vorne eine Locke
und hinten eine Glatze hat.
Von vorne können wir ihn bei der Locke fassen.
Von hinten greifen wir ins Leere."
Der Junge fragte:
„Was muß ich tun, damit aus mir,
was du schon warst, noch wird?"
Der Alte sagte:
„Sei!" (G48)

SIEBEN im Bild *(E. Holz)*

Das Gesicht der SIEBEN ist gekennzeichnet von einem sehenden und einem blinden Auge und reduzierten Sinnen, die durch eine teilweise verschlossene Nase und einem eingeschränkt sprachbereiten Mund dargestellt wurden. Der Lustgewinn fördernden, fast ungezügelt der blühenden Schönheit sich hingebenden Seite des Lebens kann die SIEBEN nur frönen, wenn sie Schmerz und Trauer nicht sieht, wenn sie den Unrat nicht riecht und ihren Mund verschließt, statt Konflikte heraufzubeschwören.

Das „wirkliche" Leben der SIEBEN spielt sich in ihrem Kopf ab.

Die blinde Seite der SIEBEN produziert durch Spiel, Musik, Abenteuer und tausend Ablenkungsmanöver ein Netz, das die Tränen des Schmerzes und der Trauer auffängt und ein trügerisches Gleichgewicht aufrechterhält.

Aus dem blühenden Garten der Lust windet sich spielerisch der Dämon der Schmerzvermeidung.

Durch scheinbar tiefgründige Wellen und Strudel schlängelt er sich bis zu der Träne, die das Spiel, die Abenteuer und das Vergnügen überlisten konnte und frißt sie mit weitgeöffnetem Maul.

Vielleicht gelingt es der SIEBEN zu bemerken, daß ihr blindes Auge nicht blind, sondern nur geschlossen ist, und vielleicht hat sie Lust, es zu öffnen. Mag sein, daß sie dann den Grund mancher Dinge sieht, die auch in den schneckenförmigen Muscheln verborgen sind.

E.H. 4/95

Wo steht das Klavier?
Über die Menschen vom Muster ACHT

So werden Menschen vom Muster ACHT von anderen Autoren benannt

Autor(en)	**Bezeichnung des Musters**
Beesing u.a.	ACHT
Böschemeyer	Der Starke
Frings Keyes	Die Programme: Selbstgerechtigkeit und Arroganz
Gallen/Neidhardt	Das Muster ACHT
Jaxon-Bear	Der Krieger
Hurley/Dobson	Die KämpferInnen
Naranjo	Der sadistische Charakter und die Wollust (Coming on Strong)
Palmer	Der Boß
Rohr/Ebert	Typ ACHT
Riso	Der Führer
Vollmar	Der Vermittler

Dämonische Verwandtschaft
Der Dämon der Unzucht hätte vermutlich am liebsten mit den Menschen vom Muster ACHT gekämpft. Er versuchte, sie in den Zwang zu versetzen, verschiedene Körper begehren zu müssen. In seiner Unverschämtheit machte er sich am liebsten an die Enthaltsamen heran und versuchte sie zu überreden, von ihrer Enthaltsamkeit abzulassen. Sie habe ja doch keinen Zweck. Er legte es darauf an, sie zu schändlichem Tun zu verleiten. Er ließ sie unanständige Worte sagen und ließ sie entsprechende Worte hören, so, als ob das Objekt ihrer unzüchtigen Begierde körperlich anwesend wäre.
Im Unterschied zu anderen Dämonen, die raffiniert operierten, ging der Dämon der Unzucht den kürzesten und direktesten Weg. Er gab den Mönchen unreine Phantasien ein und entfachte – wie ein Blitz aus heiterem Himmel – eine heftige Leidenschaft in ihnen. Vor allem nachts tat der Ruchlose dies mit Vorliebe.
Diese unverblümte und überfallsartige Heftigkeit, mit welcher der Dämon angriff, brachte die Mönche dazu, den Dämon der Unzucht für einen schier übermächtigen Gegner zu halten. Ihm waren sie oftmals hilflos ausgeliefert.

Und dieser eingestandenen Hilflosigkeit entsprach das „Heilmittel“: „Fort von mir, ihr Frevelnden all. Denn der Herr erhörte meinen Ruf. Der Herr hat mein flehentlich Bitten erhört.“ (Psalm 6,9)
Aus eigener Kraft und eigenem Willen konnte der entfachte Mönch dem Dämon nicht beikommen. Gottes Beistand war unerläßlich, um in Momenten der Versuchung genug Kraft aufzubringen, ihr widerstehen zu können. Die Herrschaft des bösen Triebes konnte jedoch nur mit dem unerbittlichen Willen, ihn zu besiegen – und sich damit für die Seite Gottes zu entscheiden –, gebrochen werden. Aus der Bereitschaft, den offenen Kampf mit dem Dämon aufzunehmen, wuchsen dem Mönch neue Kräfte zu.

Der gerechte Niedermacher

Ein Mensch, der dafür bekannt war, daß er andere auf recht unerträgliche Weise kritisierte, kam eines Tages zu einem Lehrer.
„Ich habe es mir zur Lebensaufgabe gemacht, gegen all die anzugehen, deren Überzeugungen unwahr sind, und all die zu bekämpfen, die Irrtümer predigen“, erklärte er. „Und mir gelingt es meist, sie dahin zu bringen, daß sie um Gnade bitten, derart ist die Kraft meiner gerechten Angriffe.“
Der Lehrer entgegnete: „Hast du dich an ihre Stelle versetzt, bevor du es tatest?“ „Ja, natürlich“, erwiderte der Mann. „Ich habe es getan, damit ich sie noch besser angreifen konnte und mir auch ihre Schwächen klarer wurden.“
Da fing sein Lehrer an, ihn wüst zu beschimpfen. Er schrie und zürnte und belegte den glücklosen Menschen mit allen nur schrecklichen Bezeichnungen unter der Sonne. Dieser war dem Zusammenbruch nahe und flehte seinen Lehrer an, damit aufzuhören.
Der Lehrer sagte ihm: „Ich tat das alles, damit du wirklich fühlen konntest, was deine Widersacher fühlen, wenn sie von dir angegriffen werden. Du sagst, du hättest dich an ihre Stelle versetzt. Aber ich merke, wenn ich dich an deren Stelle setze, daß du es dann endlich auch fühlst.“ (G49)

Der Weg der Menschen vom Muster ACHT

Quod licet jovi non licet bovi – was Jupiter erlaubt ist, ist nicht dem Ochsen erlaubt. Die Menschen vom Muster ACHT hätten in ihrer verwickelten Version keinen Zweifel darüber aufkommen lassen, daß die Privilegien Jupiters nur ihnen zustehen und daß die Ochsen selbst daran schuld sind, wenn für sie nur wenig Attraktives übrigbleibt. Wer sich ihnen dabei in den Weg stellte, lief Gefahr, einfach überrannt zu werden. Zumindest konnte er fast sicher sein, daß ihm diese Entscheidung im nachhinein leidtat. Wer ihnen hintenherum mit versteckten Angriffen kam, konnte davon ausgehen, direkt und von vorne angegriffen zu werden. Diese Zuverlässigkeit im Rachenehmen machte sie für ihre Umwelt genauso berechenbar wie furchterregend.
Sie trugen immer gerne ein bißchen dick auf, sei es, daß sie Eindruck machen wollten mit dem, was sie alles angestellt hatten, in wievielen Auseinandersetzungen sie bis aufs Blut gekämpft und letztlich obsiegt hatten; sei es, daß sie damit imponieren wollten, wie knallhart sie einen Gegner auf dessen natürliche Größe reduziert hatten. Das Bild, das sie von sich entwarfen, war immer in der Gefahr, überlebensgroß zu werden. *Zeig dich stark, sonst bist du verloren,* muß eine innere Stimme ihnen unablässig eingeredet haben.
Und so kam es, daß sie auch mal skrupellos Menschen benutzt, sie für ihr schieres Vergnügen oder aus Profitgier mißbraucht, ihnen Schmerzen und Wunden zugefügt haben. „Wo gehobelt wird, da fallen Späne!“, und ihr Ansinnen zielte in erster Linie darauf, Hobel zu bleiben. (Insgeheim verachteten sie die Leute, die sich zu Spänen machen ließen.)
Wichtig war für sie, alles *im Griff* zu behalten, anderen – am liebsten aus einer emotionalen Distanz – die Richtung anzugeben und sich dabei deren ungeteilter Aufmerksamkeit sicher sein zu können. Sie wollten andere ohne

Umschweife das tun sehen, was sie für richtig erkannt hatten. Wenn sie mit irgendetwas unzufrieden waren, machten sie dies lautstark und unüberhörbar deutlich.
Oft kamen von anderen auch deshalb keine Einwände mehr, weil der Mensch vom Muster ACHT sie gar nicht zu Wort kommen ließ. Sein Redefluß war ungehemmt, und er zwang dadurch andere in die Zuhörerrolle – in seiner Selbstgerechtigkeit kam er sich als großer Kommunikator und begabter Redner vor. Oft war er nicht weit weg von dem Löwen, der in der Fabel meint: „In meinem Reich gibt es keine Zensur; bei mir kann jeder sagen, was ich will."[34]
Die Haupttriebkraft der Menschen vom Muster ACHT war ihre Aggressivität. Wenn sie ihre Wut erbarmungslos und ohne Filter nach außen gerichtet hatten, fühlten sie sich am lebendigsten. Ihr Kopf wurde klar, ihr Standpunkt war ihnen fühlbar gewiß, die Situation bekam fast eine erotisch-sexuelle Vibration. Und dann gab es manchmal eben kein Halten mehr. Die Welt gehörte ihnen, sie nahmen sich exzessiv, was es zu holen gab – ohne Schuldgefühle, versteht sich.
Im Rückblick geht ihnen auf, wie wenig sie sich um Grauzonen geschert haben. Ihr zwanghafter Durchsetzungswille hätte ihnen das ohnehin wie einen sehr entbehrlichen Luxus vorkommen lassen. *Freund* oder *Feind,* das mußte klar sein, alles andere hätte schon den Geruch von Schwäche und Verweichlichung gehabt.
Sie hielten sich für gerecht. Das zeigten sie der Welt, indem sie unerschrocken ungerechte Vorkommnisse anprangerten. Im Rückblick geht ihnen auf, daß sie dabei manchmal in ihre eigene Falle getappt waren: Die anzuprangernde Ungerechtigkeit war oft nicht mehr als ein willkommener Anlaß, eine Auseinandersetzung vom Zaune zu brechen. Rechthaberisch behaupteten sie sich auf Kosten anderer und haben sie nicht selten mit ihrer Macht erniedrigt.
Wer nimmt, der kriegt! Allmählich hat sie die Erfahrung, fast immer zu bekommen, was sie wollten, ziemlich arrogant werden lassen. Und aus dieser Arroganz entstand eine willkürliche Idee von Gerechtigkeit. Sie war nicht selten gnadenlos und weit davon entfernt, mildernde Umstände walten zu lassen. Im nachhinein geht es ihnen nicht gut, wenn sie sich daran erinnern, wie harsch sie andere demaskiert haben, wenn sie ihnen dank ihrer instinktiven Witterung mal wieder auf die Schliche gekommen waren.
Erst recht nicht gut geht es ihnen, wenn sie erkennen, daß ihre großherzige Beschützerattitüde manchmal nichts anderes als der Versuch war, ihre per-

---

34 *Gerhard Branstner:* Der Esel als Amtmann. Eschborn bei Frankfurt am Main 1995[2], Nr. 29.

sönliche Macht und Überlegenheit aufrechtzuerhalten. Und es unterlief ihnen auch, daß sie diejenigen, als deren Beschützer sie sich wähnten, manchmal *mit geschlossener Faust* streichelten.
Eine einmal getroffene Entscheidung wurde mit finsterer Entschlossenheit durchgesetzt. Das ging so, weil sie glaubten, im Besitz der Wahrheit zu sein; Fehler zu machen war eine Domäne der anderen. Es war gleichsam ihr Habitus, anderen die Schuld zu geben.
Es fällt schwer zu glauben, daß sich hinter dieser Fassade ein weicher, fast sentimentaler Kern verborgen hält. Menschen vom Muster ACHT machen es selbst dem Schicksal nicht leicht, dieser weichen Seite zum Durchbruch zu verhelfen. Denn schwach, verwundbar und hilfebedürftig zu sein, das fürchteten sie wie der Teufel das Weihwasser. Die Lektionen des Lebens mußten entsprechend hart daherkommen (z. B. als Krankheiten, Unfälle, körperliche Gebrechen), um von ihnen überhaupt registriert und vielleicht gelernt zu werden. Am ehesten hatten noch die Menschen eine Chance, sie zu erreichen, die ihnen den Kampf angeboten haben, also vor ihnen nicht zurückwichen, sondern versuchten, sie mit ihren eigenen Mitteln zu schlagen. Aber sie durften auch dann nicht kopfscheu werden, wenn der Selbsthaß aus ihnen hervorbrach.
Nun haben sie gelernt, sich selbst an die Regeln zu halten, deren Befolgung sie anderen abverlangten. Ihr größtes Kapital ist ihre aufkeimende Fähigkeit geworden, an sich zu zweifeln, sich selbst in Frage zu stellen. Was sie besonders berührt und zugleich verblüfft, ist die Tatsache, daß ihnen statt Respekt nunmehr echte Zuneigung entgegengebracht wird, und daß sie auch leben können, ohne gefürchtet zu werden. Je mehr sie einen Blick für die wirklichen Nöte anderer Menschen entwickelt haben, desto mehr erkennen diese die Bedürfnisse und Nöte der Menschen vom Muster ACHT an.
Sie haben gelernt, es zuzugeben, wenn sie im Unrecht sind. Hin und wieder gelingt es ihnen, ihre Mitmenschen dafür um Verzeihung zu bitten. Dadurch haben sie ein feineres Gespür für den konfrontativen Umgang mit anderen gewonnen: Es ist ihnen wichtig geworden, bei ihren Konfrontationen eine Form zu wählen, die dem anderen auch tatsächlich eine Chance zur Umkehr gibt und ihn nicht „niedergemacht" zurückläßt. Wenn sie die Tendenz zu übermannen droht, Vorwürfe gegen andere zu richten, wissen sie dies inzwischen als Signal für ihre eigene Verletzlichkeit zu deuten.
Sie haben den Glauben an ihre Unabhängigkeit als Illusion entlarvt. Sie fühlen sich nunmehr sogar wohl bei dem Gedanken, die gleichen Rechte wie andere Menschen zu haben. Es läge ihnen heute eher fern, deren Bedürfnisse zu übergehen oder gar zu verletzen. Seit sie es immer häufiger riskieren, ihre Verwundbarkeit zu respektieren, erwacht in ihnen echtes Mitgefühl. Und das

ist zugleich ihr schwerster Kampf: Denn nichts wäre ihnen früher verächtlicher vorgekommen, war doch Mitgefühl in ihren Augen mit Schwäche gleichzusetzen. Dieser Entwicklungsweg ist ihre eigentliche und wirkliche Heldentat!
Erst jetzt sind sie die *natürlichen Führungspersönlichkeiten* geworden, für die sie sich früher immer selbst hielten. Sie lieben die Herausforderung und engagieren sich bereitwillig. Sie fordern viel von sich und von anderen. Sie achten aber darauf, daß sie auf andere noch herausfordernd und noch nicht bedrohlich wirken. Seit sie Herr über sich selbst sind, fällt es ihnen leicht, anderen gegenüber großmütig zu sein. Sie vermitteln anderen Sicherheit und Unterstützung und ermutigen sie, auf ihre Lebenskraft zu vertrauen.
Die Vielfalt der Erscheinungsformen des Lebendigen macht sie nicht bange; ihr instinktives Gespür für Wahrheit und Aufrichtigkeit hilft ihnen, das Wesentliche vom Unwesentlichen, falschen Schein von echter Substanz klar zu unterscheiden.
So gehen sie auch mit Freundschaften um: Ein Freund kann sich der gemeinsamen Basis sicher sein. Er weiß stets, womit er bei seinem ACHTER-Menschen dran ist, denn nichts läge dem ferner, als eine Mogelpackung zu sein. Versucht der Freund, ihn in Abhängigkeit zu manövrieren, wird er auf erbitterten Widerstand stoßen: Das Gefühl der Freiheit ist für den Menschen vom Muster ACHT gleichbedeutend mit seiner Würde.
Seine Verletzlichkeit ist zum wesentlichen Bestandteil seines Menschseins geworden. Aus ihr erwächst seine neue Fähigkeit, Mitleid zu empfinden. Und erst dies bedeutet wirkliche Stärke. Mit Hilfe dieser Stärke hinterläßt er absichtslos jenen bleibenden Eindruck, den er früher mit aufgeblasenem Imponiergehabe zu erzielen hoffte, den er aber planmäßig verfehlte.
Indem die Menschen vom Muster ACHT Sanftheit und Stärke miteinander vereint haben, können sie andere Menschen wirklich aufrichten und sie inspirieren. Die Milde, die sie walten lassen, wird von anderen Menschen selten mißbraucht. Seit sie gelernt haben, mitfühlend zu sein, haben sie es nicht mehr nötig, ihre Stärke zur Schau zu stellen. Die neue Stärke wirkt anziehend und bewundernswert – ein Herrscher, dem das Dienen zur Selbstverständlichkeit geworden ist, gibt anderen Menschen durch sein Sosein Hoffnung und Zuversicht.

Himmel und Hölle

Ein großer, starker Samurai ging einst zu einem kleinen Mönch. „Mönch," sagte er mit einer Stimme, die Gehorsamkeit verlangte, „lehre mich, was Himmel und Hölle sind!"
Der Mönch schaute diesen Krieger mit großer Verachtung an und sagte: „Dich soll ich über Himmel und Hölle belehren! Dir könnte ich nichts beibringen. Du bist schmutzig. Du stinkst. Du bist eine Schande und eine Beleidigung für den Stand der Samurai. Hinaus! Ich kann deinen Anblick nicht länger ertragen!"
Der Samurai war wutentbrannt. Er zitterte, wurde im Gesicht ganz rot und konnte vor Zorn nicht sprechen. Er zog sein Schwert aus der Scheide und hob es über sein Haupt, um den Mönch zu töten.
„Das ist die Hölle," sagte der Mönch sanft.
Der Samurai war überwältigt. Das Mitgefühl und die Hingabe dieses kleinen Mannes, der sein Leben eingesetzt hatte, um ihm diese Lektion über das Wesen der Hölle zu geben, hatten ihn so stark berührt! Er senkte langsam sein Schwert, voller Dankbarkeit und jetzt plötzlich von Frieden erfüllt.
„Und das ist der Himmel," sagte der Mönch sanft. (G50)

Ein genauerer Blick in die innere Dynamik des Musters ACHT

Mustertypische Verzerrung der Weltsicht
Menschen vom Muster ACHT scheinen das Leben als einen Kampf anzusehen, in dem die Starken erfolgreich sind und die Schwachen verlieren. Sie scheinen zu glauben, daß es wichtig ist, furchtlos zu sein, damit man siegen kann, und daß man bereit sein muß, Risiken einzugehen. In dem Maße, wie Menschen vom Muster ACHT Stärke überbewerten und Schwachheit verachten, bewerten sie ebenso Selbständigkeit und Unabhängigkeit über und verleugnen Bedürftigkeit. Für Menschen vom Muster ACHT scheint es in Ordnung zu gehen, wenn sie Leid erzeugen, um ihre Befriedigung zu finden. Es hat den Anschein, als wollten sie Rache nehmen für eine Zeit, in der sie leiden mußten, damit andere ihre Befriedigung finden konnten.
Sie scheinen zu glauben, daß man sich einfach etwas nehmen müsse, wenn man etwas haben will, ganz gleich, was sich einem dabei in den Weg stellt.

Und sie scheinen zu glauben, daß das, was die Menschen „Tugend" nennen, nichts als Heuchelei sei. Menschen vom Muster ACHT scheinen die Beschränkungen, die von sozialen Autoritäten ausgehen, als ihren Gegner zu betrachten. Sie glauben, daß man seinen Impulsen folgend handeln sollte.

Abwehrmechanismen

Menschen vom Muster ACHT lassen sich nicht direkt mit den in der psychoanalytischen Theorie beschriebenen Abwehrmechanismen in Verbindung bringen. Man kommt dem Verstehen dieses Musters näher, wenn man eine gegenläufige Ausprägung üblicher Abwehrmechanismen in Betracht zieht. Gehemmtheit aggressiver oder sexueller Impulse, die für die Menschen einiger Muster typisch sind, werden hier in ihr Gegenteil verkehrt: in Ungehemmtheit und wollüstige Impulsivität. So könnte es Sinn machen, diese fast durchgängige *Kontra-Haltung als Lebensausrichtung* insgesamt als Abwehr gegen Abhängigkeit und Passivität aufzufassen. Mittels exzessiver Selbstbehauptung und Aggressivität (die einem Klischee übersteigerter „Männlichkeit" entspricht), versuchen die Menschen vom Muster ACHT, Machtlosigkeit zu vermeiden (und damit das Klischee des „Weiblichen"). Machtlosigkeit setzen sie gleich mit der Unterwerfung unter gesellschaftliche Beschränkungen und dem Verzichtenmüssen auf eigene Impulse. Bei der Mißachtung anderer entstehen Gefühle von Schuld und Scham. Diese kompensieren die Menschen vom Muster ACHT durch *Verleugnung.*

Sie sind in einer Hinsicht das genaue Gegenteil der Menschen vom Muster VIER. Während diese schlechte Qualitäten anderer gleichsam in ihre Seele „schlucken" (introjizieren), charakterisiert die Menschen vom Muster ACHT die konträre Haltung: Sie „spucken aus", was mit ihren Bedürfnissen nicht übereinstimmt. Auch im Umgang mit Schmerz sind sie wie Antipoden: Während Menschen vom Muster VIER Schmerz bewußt erleben und sich (masochistisch) in ihm „suhlen" können, halten Menschen vom Muster ACHT Schmerz aus ihrem Bewußtsein fern und können so z.B. ernsthafte körperliche Krankheitssymptome ignorieren. Seelisch machen sie sich auf ähnliche Weise unempfindlich: Scham- und Schuldgefühle scheinen sie kaum zu haben.

Naranjo hält diesen Vorgang der *Desensibilisierung* für eine weitere Charakteristik der Menschen vom Muster ACHT. Die Desensibilisierung erkläre auch, weshalb sie sich von angstmachenden und riskanten Situationen geradezu angezogen fühlten: Das Angstgefühl würde (in einem „sadistisch" gegen sich selbst gerichteten Prozeß) in eine Erregung umgewandelt.

Dadurch erhöhe sich ihre Schmerzschwelle auf die für sie typische Weise. Die hieraus entstehende Gefühllosigkeit hänge mit zwei weiteren Aspekten des Musters eng zusammen: daß sie die Erwartung, von anderen Liebe zu bekommen, anscheinend aufgegeben hätten und daß es „in Ordnung" sei, gesellschaftliche Normen für sich abzulehnen.

Der richtige Mann

Ein General, der durchs Land ritt, wurde von seinem Stab getrennt und gelangte schließlich, nachdem er sich völlig verirrt hatte, zu einem kleinen Dorf.
Die Dorfbewohner scharten sich um ihn, und er fing an, ihnen Befehle zu erteilen. Er trug ihnen auf, sein Pferd zu füttern, aber sie reagierten überhaupt nicht. Darauf verlangte er nach einem Stall, nach Wasser, nach Decken, und niemand rührte sich.
„Wenn ihr mir nicht auf der Stelle gehorcht", brüllte der General, „werde ich mit äußerster Schärfe gegen euch vorgehen!"
Der Dorfchef entgegnete: „In meinen Augen siehst du nicht besonders stark aus – wie willst du uns etwas antun, wie kannst du das überhaupt?"
„Das ist nicht eine Frage meines Tuns!" schrie der General höchst verärgert, „das ist eine Frage der Befehlskette."
„Und was ist die Befehlskette?"
„Nun, ich befehle dem Oberst, und der befiehlt dem Major, und der befiehlt dem Hauptmann, und der befiehlt dem Leutnant, und der befiehlt dem Feldwebel, der einen Trupp Männer bringt. Die stellen dich an die Wand und erschießen dich – peng! einfach so!"
„Jetzt wird's klarer", sagte der Dorfchef, „dieser Feldwebel muß wirklich ein mächtiger Mann sein. Doch bisher haben wir nur dich gesehen. Aber hätten wir es von Anfang an mit dem Feldwebel zu tun gehabt, wäre das eine große Sache gewesen." (G51)

Verwicklungstendenzen

Menschen vom Muster ACHT wollen ihre Umwelt kontrollieren. Macht und Einfluß bedeuten ihnen mehr als die Zuwendung ihrer Mitmenschen. Sie richten ihr Augenmerk darauf, ihren Einfluß zu sichern und möglichst alles unter Kontrolle zu behalten. Großen Wert legen sie deshalb auf die Vertrauenswürdigkeit ihrer Verbündeten und auf die Zuverlässigkeit der Menschen, die von ihnen abhängig sind. Da Menschen vom Muster ACHT die Welt als feindlichen Ort betrachten, befürchten sie, von anderen hereingelegt zu werden. Davor sind sie auf der Hut. Sollte jemand versuchen, sie „über den Tisch" zu ziehen, wird er automatisch zum Feind und bekommt die Rache „gnadenlos" zu spüren. Zumindest aber erhält er intensiv Gelegenheit, seine „Untat" zu bereuen.

Für die Menschen vom Muster ACHT wird es eng, wenn es ihnen mit ihrer Angriffslust und ihrer Vorwärtsstrategie nicht gelingt, die Hindernisse, die sich ihnen in den Weg stellen, zu überwinden. Noch enger wird es für sie, wenn sie von Menschen, die sie für ihre Verbündeten hielten, hintergangen und menschlich enttäuscht werden. Sie versuchen, die aufkommende Angst durch *Verleugnung* abzuwehren. Und nach außen versuchen sie, diese Angst durch um so entschlossener und forscher wirkendes Verhalten zu überdecken. Dabei vermischt sich ihre gewohnheitsmäßige Selbstsicherheit mit Rigidität, und diese Mischung bringt sie dazu, sich bei der Verfolgung ihrer Ziele sowohl sich selbst als auch anderen gegenüber immer mehr zu verhärten. Die Wahrscheinlichkeit, auf diesem Weg ihr Ziel zu erreichen, wird jedoch geringer.

Wahrscheinlicher ist, daß sie in immer stärkere soziale Isolation geraten, weil das unbegrenzte Ausleben ihrer aggressiven Energien andere Menschen verprellt und zum Rückzug zwingt.

Wenn „nach vorne" nichts mehr geht, übernehmen Menschen vom Muster ACHT Verhaltensweisen der Menschen vom Muster FÜNF, wie sie für deren verwickeltes Stadium charakteristisch sind: Sie tauchen ab oder ziehen sich zurück wie eine kranke Katze. Sie fangen an zu grübeln, machen sich selbst und ihrer Umwelt Vorwürfe und geraten in Verzweiflung. Sie meiden den Kontakt mit anderen und starren lieber stundenlang die Wände an. Oder sie versuchen, durch intensives Nachdenken raffiniertere Strategien zu entwickeln, mit deren Hilfe sie überlegter vorgehen und vielleicht doch noch gewinnen könnten. Die aufkommenden Ängste kreisen vor allem um die Vorstellung, die Macht zu verlieren und sie gegen lähmende Ohnmacht eintauschen zu müssen. In diesem Stadium verzweifelten Grübelns kann die Furcht sehr groß werden, andere könnten ihre Schwäche ausnutzen und sich für erlittene Demütigungen rächen. Unrecht, das sie begangen haben, steht ihnen nun übergroß vor Augen. Und in einer Mischung aus sado-masochistischer Lust und Verzweiflung richten sie ihre Aggressivität gegen sich selbst, indem sie sich die angemessene Bestrafung und Vergeltung vorstellen. Wenn sie keinen Ausweg finden, wächst ihre Angst, von lauter Feinden, denen sie nicht gewachsen sein könnten, umstellt zu sein. Und in dieser Verzweiflung kann es geschehen, daß sie gewalttätig und zerstörerisch werden. Mit finsterer Entschlossenheit hämmern sie sich ein, daß der Umwelt die Zerstörung deshalb gebühre, weil sie es nicht anders gewollt habe. Menschen vom Muster ACHT tauchen aus der Isolation und dem Rückzug auf, wenn sie das Gefühl haben, die Lage wieder „in den Griff" zu kriegen. Wie Menschen vom Muster FÜNF ist es ihnen dann eher lästig, über das, was sie in der Zeit des Rückzugs beschäftigt hat, anderen etwas mitzuteilen.

Entwicklungstendenzen

Menschen vom Muster ACHT zeigen der Welt also bevorzugt ihre harte Schale. Sie versuchen, andere zu dominieren und dies durch eine Haltung überlegener Distanziertheit aufrechtzuerhalten. *Gegen andere* vorzugehen ist für sie gleichsam eine Art Überlebensstrategie. Zu ihrer harten Schale paßt es, daß sie Standpunkte unbeugsam vertreten und rigide auf Teilwahrheiten beharren, oder daß sie sich strikt weigern können, sich für andere Gesichtspunkte zu öffnen. Zu ihrer harten Schale paßt es auch, daß sie zur Selbstverteidigung die eigene Unschuld beteuern und anderen die Schuld geben, und daß sie diesen Vorgang nicht selten als „anderen-die-Wahrheit-Sagen" umdeuten. Aber auch ohne das Selbstverteidigungsmotiv ist das Wahrheitensagen eine ihrer Lieblingsbeschäftigungen. Dabei drücken sie „die Wahrheit" allerdings nicht selten so aus, daß der andere in die Defensive gerät und ihm nur noch ein Streit oder der Rückzug übrigbleiben. Nicht selten wird dem Gegenüber obendrein noch vorgeworfen, die Wahrheit nicht hören zu wollen.

Unter dieser harten Schale verbirgt sich ein weicher, fast sentimentaler Kern. Dieser weiche Kern kommt zum Vorschein, wenn Menschen vom Muster ACHT zu anderen Menschen Vertrauen gefaßt haben, genauer: wenn diese Menschen ihr „Herz" berührt haben. Sie bewirken dies, indem sie auf sie zugehen und ihnen einfach zeigen, daß sie sie mögen. Noch eindringlicher ist für die Menschen vom Muster ACHT die Erfahrung, daß sie um ihrer selbst willen und nicht wegen ihrer starken Auftritte gemocht werden.

Erfahrungen dieser Art ermöglichen es ihnen, ihre weiche und sanfte Seite leben zu können. Sie übernehmen in diesem Stadium Verhaltensweisen, wie sie für entwickelte Menschen vom Muster ZWEI charakteristisch sind: Ihre gewohnte aggressive Zudringlichkeit weicht einer sensiblen Wahrnehmung der Bedürfnisse anderer und einer Ausrichtung auf das, was in der jeweiligen Situation angemessen ist, statt sich von bloßem Eigennutz leiten zu lassen. Sie gehen auf Menschen in helfend beschützender Absicht zu. Sie identifizieren sich mit ihnen und versuchen, durch aufmerksames Interesse deren Wertschätzung oder Zuneigung zu gewinnen, statt sich von vorneherein *gegen* sie zu stellen und reflexartig mit ihnen die Kräfte zu messen.

Wenn Menschen vom Muster ACHT in wichtigen persönlichen Beziehungen lernen, die Bedeutung der Gefühle im zwischenmenschlichen Bereich besser zu verstehen, werden sie milder und aufmerksamer für die Bedürfnisse anderer. Durch wachsendes Mitgefühl verschiebt sich ihre Idee von Gerechtigkeit, die früher manchmal Züge von Gnadenlosigkeit hatte, hin zu einer eher großzügig-verzeihenden Haltung. Damit geht eine Erweiterung der Bandbreite ihrer Möglichkeiten einher, auf soziale Situationen nuancenreicher zu reagieren: Statt *mit voller Power* einzusteigen, wie sie es früher unbewußt und gewohnheitsmäßig zur Übernahme der sozialen Kontrolle für nötig gehalten haben, gelingt es entwickelten Menschen vom Muster ACHT, ihren Energieeinsatz auf die tatsächliche Qualität einer gegebenen Situation abzustimmen. Dieses moderatere Vorgehen, gepaart mit kommunikativer Klarheit, trägt ihnen echte Sympathie und Wertschätzung ein. Der Unterschied zwischen konstruktiver und destruktiver Machtausübung wird ihnen überdeutlich; der Einsatz ihrer machtvollen Stärke zum Wohle anderer wird für sie ungleich attraktiver.

Ungeheuerliches

Ein Mann verirrte sich und kam ins Land der Narren. Auf seinem Weg sah er Leute, die voller Schrecken von einem Feld flohen, wo sie Weizen ernten wollten. „Im Feld ist ein Ungeheuer", erzählten sie ihm. Er blickte hinüber und sah, daß es eine Wassermelone war.
Er erbot sich, das „Ungeheuer" zu töten, schnitt die Frucht von ihrem Stiel und machte sich sogleich daran, sie zu verspeisen. Jetzt bekamen die Leute vor ihm noch größere Angst, als sie vor der Melone gehabt hatten. Sie schrien: „Als nächstes wird er uns töten, wenn wir ihn nicht schnellstens loswerden", und jagten ihn mit ihren Heugabeln davon.
Wieder verirrte sich eines Tages ein Mann ins Land der Narren, und auch er begegnete Leuten, die sich vor einem vermeintlichen Ungeheuer fürchteten. Aber statt ihnen seine Hilfe anzubieten, stimmte er ihnen zu, daß es wohl sehr gefährlich sei, stahl sich vorsichtig mit ihnen von dannen und gewann so ihr Vertrauen. Er lebte lange Zeit bei ihnen, bis er sie schließlich Schritt für Schritt jene einfachen Tatsachen lehren konnte, die sie befähigten, nicht nur ihre Angst vor Wassermelonen zu verlieren, sondern sie sogar selbst anzubauen. (G52)

ACHT im Bild *(E. Holz)*
Die Tragik der Acht ist ihre innere Gestalt, unauflöslich verbunden mit den aus ihr selbst sich schmerzvoll nährenden und bekämpfenden Zornesdämonen. Die kraftvolle und lebensenergiespendende Wut mußte sich aufspalten in einen Dämon, die die ACHT beschützen möchte, und einen Dämon, der die ACHT, rücksichtslos gegen sich selbst, zerstören muß.
Ihr Innerstes ist die nicht endenwollende Sehnsucht nach Gerechtigkeit und das Feuer der Leidenschaft, aber auch tiefe Trauer.
Diese doppelköpfige und durch die Gestalt der ACHT endlos gewordene Verschlingung ist im Feuer geboren und findet ihre Vollendung im Feuer. Dies geschieht, wenn die nährenden Leidenschaften gestalterische Ausdrucksmöglichkeiten erhalten, ohne zu bedrohen oder zu zerstören.
Symbolisch sehe ich den Prozeß des Schmiedens in einer metamorphorischen Veränderung durch Feuer und Kraft im Hintergrund.

E.H. 2/95

Es gibt viel zu tun, warten wir's ab!
Über die Menschen vom Muster NEUN

So werden die Menschen vom Muster NEUN von anderen Autoren benannt

Autor(en)	**Bezeichnung des Musters**
Beesing u.a.	NEUN
Böschemeyer	Der Ursprüngliche
Frings Keyes	Das Programm: Friedfertigkeit und träge Unschlüssigkeit
Gallen/Neidhardt	Das Muster NEUN
Jaxon-Bear	Der Heilige
Hurley/Dobson	Die BewahrerInnen
Naranjo	Psychospirituelle Trägheit und die Veranlagung zu übertriebener Anpassung (Going with the Stream)
Palmer	Der Vermittler
Rohr/Ebert	Typ NEUN
Riso	Der Friedliebende
Vollmar	Der Liebende

Dämonische Verwandtschaft

Der Dämon der Acedia hätte mit den Menschen vorlieb nehmen müssen, bei denen sich die anderen Dämonen nicht vorgedrängt haben: den Menschen vom Muster NEUN.

An früherer Stelle wurde bereits skizziert, daß der Mittagsdämon von den alten Mönchen als der beschwerlichste angesehen wurde. Man hatte es bei ihm nicht mit einem klar auszumachenden Gegner zu tun, sondern mit einer diffusen, eher klebrigen Kraft, die einem einfach den Elan und die Spannkraft raubte. Der vom Dämon der Acedia belagerte Mönch hatte das Gefühl, daß der Tag fünfzig Stunden hätte, und die Sonne schien sich nur schwer oder gar nicht zu bewegen. Dann veranlaßte der Dämon den Mönch, ständig zum Fenster zu schauen, ob die Sonne noch nicht bald in der neunten Stunde angekommen sei, oder ob nicht ein anderer Mönch vorbeikäme, von dem er sich Ablenkung hätte versprechen können.

Allmählich wurde ihm der Ort zuwider, an dem er sich befand. Der Dämon gab ihm die Sehnsucht nach anderen Orten ein, an denen er all das finden würde, was er nötig hätte, um ein bequemes und weniger beschwerliches Leben zu haben. Schließlich könne man Gott ja an jedem Ort zu Gefallen sein. Und um die Unlust noch zu steigern, hielt ihm der Dämon in verklärender Weise vor Augen, wie angenehm doch seine früheren Lebensumstände gewesen seien und wie lang das Leben dauern würde, das noch vor ihm lag. Und dazu kämen noch die quälenden Beschwerden der Askese.

Zu den Folgen der Acedia zählte man: *Verzweiflung, Entmutigung, Mißmut, Verbitterung, Gleichgültigkeit, Schläfrigkeit, Langeweile, Flucht vor sich selbst, Überdruß, Neugier, Zerstreuung im Gerede, Unruhe des Geistes und des Körpers, Unstetheit, Hast* und *Wankelmut.*

Gegen einen ebenso heimtückischen wie unfaßbaren Gegner ließ sich natürlich nicht leicht ein griffiges „Heilmittel" finden. Es handelte sich ja um die schwerste Krise des Geistes, wie man leicht an dem Katalog der Folgen der Acedia ablesen kann.

Im wesentlichen gab es folgende Ratschläge, um den beschwerlichen Kampf letztlich dennoch zu gewinnen: „Verlasse Dich auf den Herrn, und tue, was recht ist." (Psalm 37,3) „Es ist keiner, der meine Seele tröstet. Denke ich an Gott, dann muß ich stöhnen." (Psalm 77,3 f.) „Dies ist meine Ruhstatt für ewig, hier will ich wohnen, ich hab es gewünscht." (Psalm 132,14)

Gemeint war das wohl so, daß der Mönch durch Vertrauen in Gott aus seiner Selbstmitleidsspirale befreit werden könnte und aus der Lethargie wieder zum Handeln zurückfände (Psalm 37); daß der Zustand, so unangenehm er auch sei, durchgestanden werden müsse und nicht nur durch billigen Trost oder Ablenkung durch andere zu überwinden sei (Psalm 77), und daß der Mönch aufhören solle, vor sich selbst und vor seinen Konflikten davonzulaufen und sich der schmerzhaften Auseinandersetzung hier und jetzt stellen müsse. (Psalm 132)

Der Eisbär

Ein Eisbär war jahrelang in einem Zirkus mitgefahren. Er trat nicht in der Vorstellung auf, sondern wurde nur in der Ausstellung gezeigt. Sein Leben spielte sich also ausschließlich im Käfigwagen ab. Dieser war so eng, daß er sich nur zwei Schritte vorwärts und zwei Schritte rückwärts bewegen konnte.
Irgendwann bekamen die Zirkusleute Mitleid mit dem Eisbären und beschlossen, ihn an einen Zoo zu verkaufen. Dort hatte er nun ein großes, freies Areal für sich. Doch tapste er da auch immer nur zwei Schritte vor und zwei zurück.
Ein anderer Eisbär, dem das merkwürdig vorkam, fragte ihn: „Sag, warum machst du das?“
Er antwortete: „Das kommt daher, weil ich so lange in dem Käfigwagen war!“ (G53)

Der Weg der Menschen vom Muster NEUN

Alles verstehen heißt alles verzeihen: Wie kaum jemand anderer der übrigen acht Enneagramm-Muster sind die Menschen vom Muster NEUN hierzu gewillt und in der Lage. Es fällt ihnen von Natur aus leicht, sich in viele mögliche Standpunkte hineinzuversetzen, denn jeder Standpunkt hat in ihren Augen seinen eigenen Wert. Sogar die entgegengesetzte Position macht nach ihrem Dafürhalten manchmal genausoviel Sinn. Dies ist jedoch kein Opportunismus, sondern ein Abbild tatsächlichen inneren Erlebens.
Und so verwundert es nicht, daß Menschen vom Muster NEUN als anpassungsfähig, umgänglich, pflegeleicht, friedfertig, bedürfnislos, leutselig, gewährend, beschützend, freundlich und harmonisch erlebt werden. Diese positiven Umweltwirkungen sind charakteristischer Ausdruck ihrer Fähigkeit, zu jenem „Rundum-Verständnis“ – auch divergierender Standpunkte – zu gelangen.
Schwierig wird es für die Menschen vom Muster NEUN immer dann, wenn sie ihren eigenen Standpunkt markieren sollen und wenn von außen ein Druck gesetzt wird, aus diesem Standpunkt Handlungskonsequenzen abzuleiten. Dann findet sich der Mensch vom Muster NEUN manchmal zwischen allen Stühlen wieder und erlebt schlimmsten Streß.
In seinem verwickelten Dasein traten solche Momente mit gewisser Regelmäßigkeit auf. Sie waren Folge seiner Neigung, schwerwiegende Entscheidungen aufzuschieben und statt dessen lieber gewohnheitsmäßig-vertrauten Lösungen den Vorzug zu geben. Wenn sich der Entscheidungsdruck unabwendbar zuspitzte, fühlte er sich manchmal in dieser Lage nur noch wie gelähmt: Weil es soviel zu tun gab, konnte er plötzlich gar nichts mehr tun. Je stärker der Druck wurde, desto handlungsunfähiger erlebte er sich. Und

dann tat er eben gar nichts mehr, sondern wartete einfach ab. Es war sein unverwechselbarer Totstellreflex. Er hoffte, daß die Welle der Anforderungen irgendwie über ihn hinwegbranden und daß sich die Situation wie von selbst zum Guten wenden würde.
Auch das Gegenteil gehörte zu ihm: eine wuselige Hyperaktivität voll quirliger Geschäftigkeit, aber leider oft ohne Ziel und Zweck. Denn nicht selten war es der Versuch, vor lauter Beschäftigtsein mit nebensächlichen Dingen das Eigentliche, das Wesentliche nicht tun zu müssen.
Versuchte jemand, ihn unter Druck zu setzen, konnte er manchmal auch erstaunlich stur werden. Nichts und niemand hätte ihn in solchen Momenten dazu bringen können, etwas zu tun, was ihm zu kompliziert oder zu anstrengend vorkam. Irgendwann wurde ihm klar, welches Machtmittel auch das Nichthandeln darstellte, denn er übte damit eine sehr wirksame Form von Kontrolle auf seine Umwelt aus: Er konnte andere dazu bringen, angesichts seiner Untätigkeit vor lauter Frustration ihre Beherrschung zu verlieren.
Angenehm war ihm diese Wirkung allerdings überhaupt nicht, denn er verabscheute Konflikte zutiefst. Sein ganzes Sehnen und Streben galt dem Gegenteil: der Harmonie und dem Frieden. Wo immer möglich, ging er Konflikten aus dem Weg. Wenn sich ein Konflikt aber nicht vermeiden ließ, hatte er verschiedene Mittel und Wege, seinen inneren Frieden aufrechtzuerhalten: Er zeigte sich beispielsweise denen gegenüber versöhnlich und unterwürfig, die ihn herausgefordert hatten und mit denen er sich eigentlich hätte konfrontieren müssen. Oder er beschönigte Probleme und leugnete reale Schwierigkeiten, um sich mit ihnen nicht auseinandersetzen zu müssen.
Manchmal, wenn er befürchten mußte, einem Gegner nicht gewachsen zu sein, paßte er sich ihm an, indem er einfach dessen Position zu der seinigen machte. So kam es, daß er hin und wieder auch ein an sich völlig unakzeptables Verhalten anderer einfach hinnahm. Denn die Aussicht, daß bestehende Gegensätze unüberbrückbar sein könnten, wäre ihm unerträglich gewesen. Kam eine solche Entwicklung dennoch zustande, blieb ihm manchmal nur noch der Ausweg, sich zu „narkotisieren“: mit Alkohol, Tabletten oder übermäßigem Fernsehkonsum, mit Scheinaktivitäten, mit innerem Rückzug und nicht zuletzt mit einer inneren Entwertung der Bedeutung dessen, was sich konflikthaft zuspitzte: „Wozu mich darüber aufregen? Was ist denn die Sache schon wirklich wert?“ Wenn es ganz schlimm kam, war ihm der Gedanke, in den letzten Schlaf zu fallen, aus dem es kein Erwachen mehr gibt, auch nicht fremd.
Erst im Rückblick und durch die Draufsicht wird ihm klar, wie hoch der Preis war, den er für seine zwanghaften Harmoniebestrebungen und für seine Beschönigungsversuche zu zahlen hatte: ein unterschwelliger Zorn,

eine passiv-aggressive Haltung gegen seine Mitmenschen, die ihn weit vom Ort seiner Sehnsucht, der ganzheitlichen Verbundenheit mit anderen, wegbrachte. Seine Umwelt erlebte ihn unaufmerksam, vergeßlich und zurückgezogen.

Markant und erschreckend zugleich waren seine seltenen Zornesausbrüche. Sie fanden fast immer dann statt, wenn der Anlaß, der sie ausgelöst hatte, eigentlich längst vergangen war. Deswegen stand die vulkanische Heftigkeit, mit welcher der Zorn hervorbrach, für seine Umwelt in keinem nachvollziehbaren Kontext. Um so größer war deren Verblüffung, denn ihm, dem Friedliebenden, hätte man so etwas nicht zugetraut.

Seine Krise begann, als ihm dämmerte, daß er sich in seinem bisherigen Leben meistens so verhalten hatte, als seien die Interessen anderer Menschen seine eigenen Interessen. Es machte ihn wütend auf sich selbst, als er anfing, sein Doppelspiel zu begreifen: Seine nach außen gezeigte Nachgiebigkeit und seine Anpassungsbereitschaft entsprachen gar nicht seinem inneren Erleben. Sein Lieblingssignal: „Ach, das macht (mir) doch gar nichts aus!" wurde in seinem Inneren von der Ahnung begleitet, daß er damit schon wieder eine Gelegenheit, sich selbst ernst und wichtig zu nehmen oder von anderen wichtig genommen zu werden, verpaßt hatte. Im stillen wütete er, denn tatsächlich war er sehr empfindlich und sehr darauf angewiesen, daß seine Leistungen gewürdigt wurden, und daß er als Person Anerkennung erfuhr.

Diese Verkettung verpaßter Gelegenheiten, auf sein Leben hochgerechnet, hätte nämlich die düstere Bilanz ergeben, nicht wirklich gelebt zu haben, sondern am Ende von anderen gelebt worden zu sein. Er fand diesen Gedanken ebenso erschreckend wie empörend. Er mußte sich aufraffen, sich nicht länger seiner fatalistischen Passivität zu überlassen; er mußte aufhören, sich einzuigeln und sich gehenzulassen und den Gedanken, sich selbst aufzugeben, mußte er ganz weit von sich wegscheuchen.

Seine „Falle" stand ihm nun klar vor Augen: Er mußte aufpassen, sich durch Nebensächlichkeiten nicht vom Eigentlichen ablenken zu lassen, mußte sich davor hüten, seine Aufmerksamkeit wegdriften zu lassen. Denn allzuleicht konnte ihn früher Nebensächliches in seinen Bann ziehen. Das „Eigentliche" war, was die Situation gerade zu tun gebot, was die jeweiligen Umstände forderten. Das hieß, sich einlassen, Konflikten nicht aus dem Weg gehen, Auseinandersetzungen durchzustehen.

Ihm hat es geholfen, sich immer wieder zu fragen: „Ist das, was ich gerade tue, auch das, was ich wirklich tun will?" Wahrscheinlich hätte seine geringe Energie nicht ausgereicht, auf sich alleingestellt die Wende in seinem Leben herbeizuführen. Er brauchte ganz dringend die Unterstützung und die liebevolle Herausforderung von Menschen, denen er etwas bedeutete. Sie halfen ihm, indem sie seinen Standpunkt deutlich einforderten und es ihm versagten, sich einfach nur an ihnen zu orientieren. (Früher wußte er genauer, was er nicht wollte, als das, was er wollte.)

Mit jeder durchgestandenen Krise wuchs seine Selbstachtung. Indem er innere und äußere Lebendigkeit zuließ – was auch bedeutete, notwendige Auseinandersetzungen entschlossen anzugehen –, wuchs seine Ahnung, was innerer Friede tatsächlich sein konnte. Mit steigender Selbstachtung wurde es ihm ein Bedürfnis, auf seine zwischenmenschliche Attraktivität zu achten und sie aktiv zu pflegen.

Allmählich fand er es albern, der verlorenen Harmonie nachzutrauern. Er fing an zu bejahen, daß das Leben ein Spannungsfeld unterschiedlicher oder manchmal auch gegensätzlicher Interessen ist, daß es auch seine Aufgabe ist, um diese Unterschiede miteinander zu ringen. Je mehr er wagte, sich einzulassen, statt sich – wie früher – wegzuschleichen, desto mehr schwand sein verdeckter Zynismus. Ihm ging auf, daß es oftmals nur *Bequemlichkeit* war, was er früher für *Liebe* gehalten hatte.

Im Leben entwickelter Menschen vom Muster NEUN verwirklicht sich eine Paradoxie deutlich, die besagt, daß man nur das besitze, was man zuvor losgelassen habe. Ihre Illusion von Frieden, der oft genug ein „fauler Frieden" war, ist dem Wunsch gewichen, klare Lösungen zu erreichen und den erforderlichen Preis an Konflikten und Auseinandersetzungen zu bezahlen. Ihre Vitalität und ihre Lebensfreude sind – eben durch das leidenschaftliche Sicheinlassen auf das Leben – aus ihrem inneren Gefängnis freigesetzt. Sie haben aufgehört, sich über die Erwartungen anderer zu definieren. Sie beziehen Stellung und übernehmen auf uneitle und unmittelbare Weise Verantwortung, sollte es die Situation erfordern. Persönliche Befriedigung steht dabei für sie nicht im Vordergrund.

Stilisiertes und Gekünsteltes ist ihnen zuwider. Sie legen Wert auf eine einfache Moral, die durch Herzensgüte und Arglosigkeit besticht. Seit sie Vertrauen zu sich selbst gefunden haben, können sie anderen vertrauen und sie wirklich akzeptieren. Ihre hohe Durchlässigkeit für andere, die früher Ursache ihrer Selbstverleugnung war, macht sie heute empfänglich für die Nöte ihrer Mitmenschen. Diese Signale treffen jetzt auf einen Menschen mit einem stabilen emotionalen Kern, der Gelassenheit ausstrahlt, geduldiges und großzügiges Interesse zeigen kann, der aber bei aller Anteilnahme und Aufgeschlossenheit keinen Zweifel daran aufkommen läßt, daß er andere Menschen anders bleiben lassen kann. Weil er ganz bei sich ist, ist er zu tiefen zwischenmenschlichen Beziehungen fähig. Seine Hilfsangebote sind dezent, sie erheischen keine Befolgung. Solchen Menschen vertraut man sich

gerne an; ihre sanfte und optimistische Ausstrahlung hilft anderen, innerlich zur Ruhe zu kommen, nimmt ihnen die Angst, gibt ihnen Halt und läßt sie wieder Vertrauen zu sich selbst finden. Ihre unprätentiöse Art läßt keine Zweifel daran aufkommen, daß diese Hilfe schlichter Ausdruck einer selbstlos-liebevollen Mitmenschlichkeit ist.
Je mehr sie von ihren eigenen inneren Quellen zehren können, desto sicherer bewegen sie sich auch in jenen Situationen unerschrocken und zielgerichtet, die sie früher gelähmt und handlungsunfähig gemacht hätten. Sie strahlen eine sanfte, aber kraftvolle innere Stärke aus, die andere zuversichtlich werden läßt.
Nun erst sind sie die Friedensstifter geworden, für die sie sich schon früher unkritisch selbst hielten. Ihre bemerkenswerte Unparteilichkeit ist das Ergebnis ihres aktiven Selbstfindungsprozesses; erst durch ihn bezieht sie ihre Wirkkraft und ihre Glaubwürdigkeit. Ihr ehrlicher Respekt vor der ‚Anderheit des Anderen' ist ihr eigentliches Gütesiegel.

Die Pforten des Paradieses

Es war einmal ein guter Mensch. Er hatte sein ganzes Leben damit zugebracht, all die Tugenden zu entfalten, die jenen aufgetragen sind, die das Paradies erreichen möchten. Großzügig gab er den Armen, er liebte seine Mitmenschen und diente ihnen. Im Gedanken daran, wie notwendig Geduld ist, ertrug er oft um anderer willen große und unerwartete Mühsal. Auf der Suche nach Erkenntnis machte er Reisen. Seine Demut und sein beispielhaftes Verhalten ließen seinen Ruf als weiser Mann und guter Bürger vom Osten bis zum Westen, vom Norden bis zum Süden widerhallen.
All diese Tugenden übte er tatsächlich aus – wann immer er daran dachte. Aber er hatte eine Schwäche, und das war die Unachtsamkeit. Diese Neigung war nicht stark in ihm, und er meinte, daß sie, wenn man sie gegen all das Gute, was er tat, aufwöge, nur als kleiner Fehler gelten könne. Es gab da ein paar arme Leute, denen er nicht half, weil er bisweilen unempfindlich war für ihre Nöte. Auch die Liebe und das Dienen wurden manchmal vergessen, wenn das, was er als rechtmäßige persönliche Ansprüche oder doch zumindest als berechtigte Wünsche ansah, in ihm an

die Oberfläche drang und Oberhand gewann in seinen Entscheidungen und in dem, was er tat.
Er liebte den Schlaf, und manchmal, wenn er schlief, gingen Gelegenheiten ungenutzt vorüber, bei denen er Erkenntnis suchen oder Einsicht gewinnen, Demut üben oder die Summe seines guten Betragens noch um ein Gutes hätte vergrößern können. Und diese Gelegenheiten kamen nicht wieder.
Genauso wie die guten Eigenschaften ihre Spuren in seinem Wesen hinterließen, so auch die Eigenschaft der Unachtsamkeit. Und dann starb er. Wie er sich nun jenseits dieses Lebens wiederfand und auf den Weg zu den Toren des „Ummauerten Gartens" begab, hielt er inne und prüfte sein Gewissen. Und er fand, daß er ausreichend Aussicht habe, durch die „Hohen Tore" eintreten zu dürfen.
Er sah, daß die Pforten geschlossen waren, und dann wandte sich eine Stimme an ihn und sagte: „Sei achtsam! Denn die Pforten werden alle hundert Jahre nur einmal geöffnet." Er ließ sich nieder und wartete voller Spannung. Aber ohne die Möglichkeit, seine Tugenden gegenüber der Menschheit auszuüben, fand er, daß die bloße Achtsamkeit für einen Mann wie ihn doch zu wenig sei. Nachdem er eine Zeit, die ihm so lang wurde, als sei es ein Jahrhundert, gewartet hatte, wurde er schläfrig. Für einen einzigen Augenblick schlossen sich seine Augenlider. Und in diesem unendlich winzigen Augenblick taten die Pforten sich weit auf.
Noch ehe er die Augen wieder ganz geöffnet hatte, schlossen sich die Tore schon wieder unter donnerndem Getöse, laut genug, Tote zu erwecken. (G54)

Ein genauerer Blick in die innere Dynamik des Musters NEUN

Mustertypische Verzerrung der Weltsicht
Die anpassungsbereiten Menschen vom Muster NEUN scheinen zu fühlen und zu denken: Je weniger Konflikte es gibt, desto besser ist es. Sie scheinen davon auszugehen, daß man nicht zuviel nachdenken dürfe, wenn man Leiden vermeiden will. Ein Nebenprodukt ihrer Tendenz, Konflikte zu vermeiden, ist ihre Neigung zu Konformität und Konservatismus. Ganz tief drinnen, jenseits der Ratio, scheint es in ihnen die Vorstellung zu geben, daß es besser sei, sich selbst ums Leben zu bringen, statt das Risiko einzugehen, von einem anderen umgebracht zu werden.
Selbstsucht scheint für sie sowohl ein emotionales als auch ein intellektuelles Tabu zu sein. Menschen vom Muster NEUN scheinen zu glauben, daß es nicht gut sei, selbstsüchtig zu sein, sondern daß man sich besser den Bedürfnissen anderer beugen solle. Sie scheinen nach dem Motto zu leben: *Bring das Boot nicht zum Schaukeln!*

Arzt: „Alkohol macht gleichgültig."
Patient: „Ist mir egal, Herr Doktor!"

Abwehrmechanismen

In der klassisch-psychoanalytischen Theorie fand *Naranjo* keinen adäquaten Begriff für den Abwehrmechanismus der Menschen vom Muster NEUN. Der von *K. Horney* benutzte Begriff der *Betäubung* schien ihm am ehesten die charakteristische Art zu kennzeichnen, wie Menschen vom Muster NEUN sich von ihren Erfahrungen ablenken, indem sie ihre Aufmerksamkeit auf die sie umgebende Welt richten. Sie „driften" also nicht weg in einen Zustand des Dämmerns, sondern versetzen sich aktiv in eine Art „inneren Schlaf", indem sie sich z.B. in die Arbeit stürzen oder sich mit äußeren Reizen „volldröhnen" (z.B. durch Fernsehkonsum, Musikhören, Zeitungslektüre.)
Naranjo nennt diesen Abwehrmechanismus *Selbstzerstreuung:* Die Aufmerksamkeit wird vom Wesentlichen einer Situation abgezogen und richtet sich auf das Nebensächliche. Im zwischenmenschlichen Bereich bezweckt die Selbstzerstreuung, sich dem direkten Kontakt mit anderen Menschen zu entziehen. Im Umgang mit sich selbst bezweckt sie ähnliches: den direkten Kontakt zum eigenen Innern abzustumpfen. Anders ausgedrückt: Selbstzerstreuung dient der Vermeidung des sich Einlassenmüssens auf den verschiedensten Ebenen des Lebendigen.
Einen weiteren Abwehrvorgang, der für Menschen vom Muster NEUN typisch ist, beschreibt das gestalttherapeutische Konzept der *Konfluenz*. Es bedeutet, daß sie sich der Phantasie bedienen, mit der Umwelt quasi verschmolzen zu sein. Sie machen also ihre Ich-Grenzen sehr durchlässig. Mit Hilfe der Konfluenz vermeiden sie, sich ihrer Einsamkeit und ihres individuellen Abgetrenntseins bewußt zu werden. Es liegt auf der Hand, daß *Konflikte* dieses ersehnte Gefühl des Einsseins mit der Umwelt stark bedrohen. Deshalb sind Konflikte für Menschen, die zur Konfluenz neigen, kaum aushaltbar. Folgerichtig werden sie versuchen, die Störung des Einsseins umgehend aufzuheben. In der Regel neigen sie dazu, zur Wiederherstellung des konfluenten Zustands große Opfer zu bringen. Diese können zu Lasten ihrer Individualität gehen: Sie laufen Gefahr, zum Ja-Sager zu werden, neigen dazu, (fast um jeden Preis) zu besänftigen oder gar eine kriecherische Attitüde zu übernehmen.
Gelingt die Wiederherstellung der Konfluenz nicht, können sie sich demonstrativ und beleidigt-schmollend zurückziehen: Der andere, dem die Haupt-

schuld gegeben wird, solle die Sache wieder ins Reine bringen. Weigert sich der „Störer", kann er mit Feindseligkeit und Nichtbeachtung, aber auch mit Zwang und Schikane rechnen. Ihre sonst so außerordentliche Nachgiebigkeit schlägt in ihr Gegenteil, in eine extreme Sturheit um. Man ist gut beraten, sie dann nicht zum Gegner zu haben.

Du hast recht!

Eine Frau kam zum Rabbi und beklagte sich über ihren Mann. Der Rabbi hörte zu und sagte: „Du hast recht." Die Frau ging heim und berichtete dem Mann: „Der Rabbi hat gesagt, ich habe recht." Anderntags ging der Mann zum Rabbi und beklagte sich bei ihm über seine Frau. Der Rabbi hörte zu und sagte: „Du hast recht." Der Mann ging heim und sagte zur Frau: „Der Rabbi hat gesagt, ich habe recht." Erbost ging daraufhin die Frau zum Rabbi zurück und sagte: „Erst sagst du mir, ich habe recht, und dann sagst du meinem Mann, er habe recht." Der Rabbi sagte: „Du hast recht." (G55)

Verwicklungstendenzen

Menschen vom Muster NEUN haben ein deutlicheres Gespür für die Wünsche und Bedürfnisse anderer als für die eigenen. Weil es ihnen wichtig ist, in Harmonie mit ihrer Umwelt zu sein, versuchen sie, Spannungen und Konflikte zu vermeiden. Sie erleben ihren Alltag von einem relativ niedrigen Energieniveau aus.

Bereits diese wenigen Charakteristika markieren die Schwelle, an der es für sie eng wird: grundsätzlich immer dann, wenn ihre Anpassungs- und Beschwichtigungsstrategie oder ihre Tendenz zum Aufschieben unangenehmer Dinge keine zureichende Antwort auf eine gegebene Situation darstellen. Im einzelnen: wenn ihnen ein Termindruck von außen unabweisbar gesetzt wird und sie nichts mehr aufschieben können. Oder wenn eine Konfliktsituation entstanden ist, die ihnen abfordert, sich offen gegen jemanden stellen zu müssen, und sie sich dadurch gezwungen fühlen, das harmonische Miteinander zu gefährden oder zu zerstören. Oder wenn zuviele Erwartungen auf einmal an sie gerichtet werden und sie vor lauter Wichtigem nicht wissen, womit sie zuerst beginnen sollen. Diese Herausforderungen beanspru-

chen sie über die Grenze des sonst gewöhnlicherweise Gemiedenen hinaus. Sie verstärken zunächst ihre Passivität und Antriebslosigkeit und weiten sie zu einem Gefühl des Gelähmtseins aus. Ihre üblichen Ablenkungsmanöver verlieren die gewohnte puffernde Wirkung und bringen keine Entlastung mehr. Im Gegenteil: Sie verstärken die Selbstzweifel und das Gefühl persönlicher Nichtswürdigkeit. Gleichzeitig steigt ihre Angst, daß ihr Rückzug ins Nichthandeln dazu führen könnte, es sich mit Menschen, die für sie wichtig sind, endgültig zu verderben.
In dieser Lage neigen Menschen vom Muster NEUN dazu, Verhaltensweisen der Menschen vom Muster SECHS zu übernehmen, wie sie für deren verwickeltes Stadium typisch sind: ihre Tatenlosigkeit schlägt in hyperaktive, aber ziellose Betriebsamkeit um. Ihre sonst übliche unbekümmerte Zufriedenheit verwandelt sich in Schreckhaftigkeit und Furcht. Sie fangen an, sich über ganz banale Dinge Sorgen zu machen. Ihre Unschlüssigkeit verstärkt sich, ihre Wahrnehmung bekommt mißtrauisch-lauernde Züge.
All die negativen Gefühle und unangenehmen Einsichten, die sie bis dahin erfolgreich abwehren konnten, brechen jetzt über sie herein. Aus den Selbstvorwürfen werden nun Vorwürfe gegen andere. Diese seien an allem Schuld und sollten dafür zur Rechenschaft gezogen werden. Sie selbst werden zunehmend starrer und buchstabengläubiger. Sie suchen Sicherheit bei anderen Personen, indem sie deren Meinungen oder Standpunkten den Status von Autoritäten zuweisen. An diesen Autoritäten versuchen sie, ihre Entscheidungen auszurichten. Je mehr sie sich jedoch von ihnen abhängig machen, desto tiefer sinkt ihr Selbstwertgefühl ins Depressive. Masochistische Selbstbestrafungstendenzen können sich verstärken, insbesondere dann, wenn sie in einer Überreaktion auf andere Menschen losgegangen sind, mit denen sie es sich gerade nicht verscherzen wollten.
Durch all diese Aktivitäten manövrieren sie sich in eine noch unglücklichere Lage. Jetzt wird es für sie besonders wichtig, daß sich ihrer jemand verständnisvoll annimmt und ihnen hilft, einen Ausweg aus dieser verwickelten Misere zu finden.

Der Vorwurf

Irgendwo im Süden, als es gerade anfing, Tag zu werden, stieg ein kleiner Affe auf die Palme, schwang eine schwere Kokosnuß in seiner Hand und brüllte aus Leibeskräften.
Das hörte ein Kamel, kam etwas näher, schaute zu ihm hoch und fragte: „Was ist denn heute mit dir los?"
„Ich warte auf den großen Elefanten. Dem knall' ich eine mit der Kokosnuß, daß ihm Hören und Sehen vergeht!"
Das Kamel aber dachte: „Was will er denn wirklich?"
Am Mittag kam ein Löwe, hörte den kleinen Affen, schaute zu ihm hoch und fragte: „Fehlt dir was?"
„Ja!" brüllte der kleine Affe, „mir fehlt der große Elefant. Dem knall' ich eine mit der Kokosnuß, daß ihm der Schädel kracht!"
Der Löwe aber dachte: „Was fehlt ihm denn wirklich?"
Am Nachmittag kam ein Nashorn, wunderte sich über den Affen, schaute zu ihm hoch und fragte: „Was ist denn mit dir heute los?"
„Ich warte auf den großen Elefanten. Dem knall' ich eine mit der Kokosnuß, daß ihm der Schädel kracht und ihm Hören und Sehen vergeht!"
Das Nashorn aber dachte: „Etwas will er wirklich."
Am Abend kam der große Elefant, rieb sich an der Palme, griff mit dem Rüssel nach den Zweigen, und über ihm war es mucksmäuschenstill. Dann schaute er nach oben, sah den kleinen Affen hinter einem Ast und fragte: „Fehlt dir was?"
„Nein!" sagte der kleine Affe, „nichts! Ich habe zwar heute etwas herumgebrüllt, aber das wirst du doch nicht ernst genommen haben?!"
Der Elefant aber dachte: „Etwas fehlt ihm wirklich!" Dann sah er seine Herde und stampfte davon.
Der kleine Affe saß noch lange still. Dann nahm er die Kokosnuß, kam wieder auf den Boden, knallte sie gegen einen Stein, daß es krachte… und trank ihre Milch und aß ihre Frucht.
(G56)

Entwicklungstendenzen

Menschen vom Muster NEUN leben also zu sehr für andere und zuwenig für sich selbst. Ihr Leben nimmt eine positive Entwicklung, wenn sie sich dafür entscheiden, ihre seelisch-geistige Fremdbestimmtheit allmählich durch autonomes Handeln zu ersetzen. Dazu ist es erforderlich, daß sie sich aus der Falle der Trägheit herauswinden und ihr Leben und die Befriedigung ihrer tatsächlichen Bedürfnisse selbst in die Hand nehmen.

Ein gutes und für sie passendes Vorbild geben ihnen hierfür entwickelte Menschen vom Muster DREI. Diese zeigen ihnen, wie man sein eigenes Leben zielgerichtet und wirkungsvoll gestalten kann. Wie man, indem man die Initiative ergreift und gestaltend auf eine Situation einwirkt, persönliche Zufriedenheit gewinnen *und* zugleich die Wertschätzung anderer erwerben kann, weil diese sich bereichert fühlen. Sie führen ihnen vor, daß niemandem gedient ist, wenn sich jemand „unter Wert" verkauft. Daß sich hingegen Wohlbefinden in dem Maße einstellt, wie es ihm gelingt, die eigenen Fähigkeiten realistisch einzuschätzen und sie zu einem angemessenen „Preis" anzubieten. Sie zeigen ihnen, daß es der Steigerung der persönlichen Vitalität eher zuträglich ist, sein äußeres Erscheinungsbild zu pflegen und dadurch für andere attraktiver zu werden. Die zielgerichtete Aktivität entwickelter Menschen vom Muster DREI ist das wirksame Gegenmittel gegen die Tendenz der Menschen vom Muster NEUN, sich vom Leben zurückzuziehen.

Wenn sie sich in diese Richtung ausprobieren, tritt allmählich ihre Neigung in den Hintergrund, sich von den Erwartungen und Impulsen anderer her zu definieren und das eigene Leben durch andere Menschen zu begründen. Sie machen die befreiende und belebende Erfahrung, daß sie ganz sie selbst sein können und dennoch Wertschätzung von anderen bekommen.

Ihre Angst vor Veränderungen nimmt ab, ihre Flexibilität und ihre Anpassungsfähigkeit nehmen zu. Es gelingt ihnen allmählich, Mut zu eigenen Lebensentwürfen zu fassen und diese vorsichtig zu verwirklichen. Gleichermaßen wird es für sie unattraktiv, sich Rollenklischees anzupassen. Sie entlarven die früher damit verbundene Hoffnung, daß sich aus dieser Anpassung Selbstachtung und Identität gewinnen ließen, als trügerisch.

Mit wachsender Selbstachtung werden ihre zwischenmenschlichen Beziehungen tiefer und befriedigender. Nicht zuletzt auch deshalb, weil sich ihre Beziehung zu den eigenen aggressiven Impulsen verändert hat: Diese werden nicht mehr von vorneherein als destruktiv bewertet und deshalb unterdrückt. Vielmehr wird die in ihnen liegende entwicklungsfördernde Kraft deutlich gespürt und bejaht.

Was für alle anderen Muster bereits gesagt wurde, gilt auch für die Entwicklung der Menschen vom Muster NEUN: Sie bleiben in ihrem Muster. Sie können nur gewisse Haltungen der Menschen vom Muster DREI übernehmen. So werden sie weder zum Energiebolzen noch zum Dynamiker. Ihr geringes Energieniveau bleibt gleichsam ihr Brandzeichen. Ihre Spannkraft läßt immer wieder nach, und es kostet sie jedesmal eine Anstrengung, sich neu in Gang zu setzen, sich auf Neues einzulassen. Aber: Aus der Zufriedenheit, mit der sie Geleistetes genießen können, wachsen ihnen Kräfte für neue Aktivitäten zu.

NEUN im Bild[35] *(E. Holz)*
Der Zornesdämon ruht in einem fast noch embryonalen Stadium zusammengerollt auf dem Grund eines friedlich wogenden Ozeans und döst. Seine Haltung läßt ihn noch einssein mit den Muscheltieren, die geduldig auf Nahrung warten, ohne sich aggressiv mit ihren Opfern auseinanderzusetzen. In unmittelbarer Nähe des Zornesembryos hat einmal eine Katastrophe stattgefunden: Sie störte seinen Ruhezustand nicht wesentlich. Sein Atem hüllte die Ruinen sanft ein, so daß sie dem weiteren Zerstörungswerk des Meeres nicht mehr ausgeliefert waren. Der Zornesembryo weiß heute nicht mehr, ob er an der Katastrophe beteiligt war. In seiner Gegenwart verwandelt sich sein Atem und bringt, begünstigt durch die mikrobenhaltige Meeresflüssigkeit, zunächst schneckenhausähnliche Muscheln hervor, die sich an der Wasseroberfläche zu einem sanft emporstrebenden Schmetterling umgestalten.
Diese Verwandlung wird der Vollendungszustand sein. Gleichwohl, dieser Schmetterling wird ob seiner Größe eine gewisse Trägheit der Bewegung behalten. Das nach dem friedlichsten Platz suchende Auge des Schmetterlings schützt ihn vor dem tödlichen Kontakt mit der Sonne und den unheilbergenden Wolken, die ihn umtreiben.

35 Abbildung im Querformat.

E.H. 3/95

Wie alles mit dem Ganzen zusammenhängt

Über Verwandtschaften, Ähnlichkeiten und Gegensätze zwischen den Mustern

In der vorangegangenen Darstellung wurde aufgezeigt, wie jedes Muster mit seinem Verwicklungs- und seinem Entwicklungspunkt in Verbindung steht und wie diese Verbindung beschaffen ist. Daneben gibt es noch andere Beziehungen der Muster untereinander, die den dynamischen Charakter der Enneagramm-Theorie weiter erhellen und differenzieren.
Betrachten wir zunächst die Ebene der vorherrschenden Leidenschaften, welche die Triebfedern des mustertypischen Verhaltens sind, oder, anders gesagt, die dessen zugrundeliegende geistige Disposition kennzeichnen. *Naranjo* hebt hervor, daß wir uns zum wirklichen Verstehen der subtilen Zusammenhänge die ursprünglichen Bedeutungen der Begriffe wieder vergegenwärtigen müßten: *Zorn* habe ursprünglich nicht nur die Bedeutung einer explosiven Gereiztheit, sondern auch die eines grundsätzlichen Nichteinverstandenseins mit oder eines Widerstreits gegen die Wirklichkeit gehabt. *Wollust* habe mehr das exzessiv-leidenschaftliche Habenwollen gemeint; sexuelle Befriedigung sei dabei nur eine von vielen möglichen Varianten gewesen. *Völlerei* habe sich nicht nur auf maßloses Essen bezogen, sondern habe im erweiterten Sinn eine Neigung zur Unersättlichkeit und ein alles beherrschendes Streben nach Glück gemeint. *Geiz* sei mehr als nur die Habsucht hinsichtlich materieller Dinge gewesen; im erweiterten Sinne sei er als ängstliches und gieriges Anklammern zu verstehen; quasi als das zurückgezogene Gegenstück zu den eher draufgängerischen Leidenschaften wie Wollust oder Völlerei.[36]
Bleiben wir also bei der Ebene der vorherrschenden Leidenschaften und beginnen mit dem inneren Dreieck 9 → 6 → 3: *Trägheit, Furcht/Angst* und *Täuschung/Eitelkeit. Naranjo* zeigt auf, daß man die jeweilige Leidenschaft als Grundlage und Ausgangspunkt der nächstfolgenden betrachten könne.

Beginnen wir z.B. bei den Menschen vom Muster NEUN. Wir erinnern uns, daß sie an einem Mangel an Seinsgefühl leiden und sich deshalb vorwiegend über die Bedürfnisse anderer definieren. Seinsgefühl („Ich weiß, wer ich bin“) ist jedoch die Voraussetzung zum Handeln. Umgekehrt wird die Handlungsbereitschaft gehemmt, wenn es an Seinsgefühl mangelt. Blockierte Handlungsfähigkeit führt zu Angst, also zu einer seelisch-geistigen Disposition, wie sie für Menschen vom Muster SECHS charakteristisch ist. Da Leben jedoch heißt, handeln und sich entscheiden zu müssen, führt Nichthandeln in ein Dilemma. Die Befreiung hieraus wird im *Handeln hinter vorgehaltener Maske* gesucht, also von einem *falschen Selbst* aus. Allmählich identifiziert sich ein Mensch mit der oder den Masken und verhält sich so, wie es für

36 Vgl. hierzu: *Naranjo*, S. 48 f.

Menschen vom Muster DREI charakteristisch ist. Er entfremdet sich zunehmend von seinem wahren Selbst. Und diese Entfremdung verstärkt ihrerseits den Mangel an Seinsgefühl, was wiederum Angst erzeugt. Ein Teufelskreis.

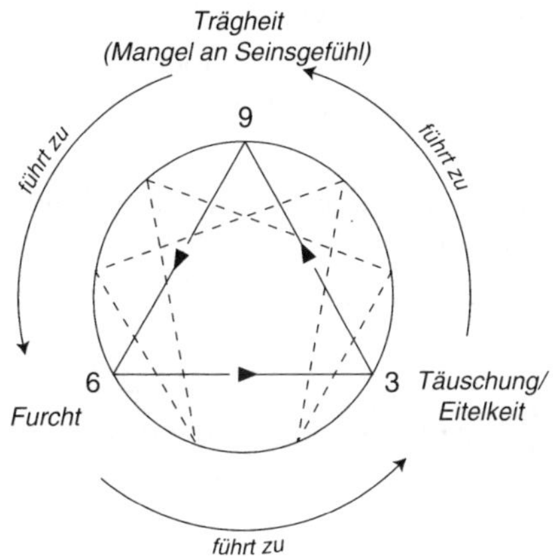

Wie hängen die übrigen, auf dem unregelmäßigen Sechseck angeordneten Leidenschaften zusammen? Betrachten wir sie in der bereits vertrauten Reihenfolge: 1→4→2→8→5→7→1. Oder, „leidenschaftlich“ gesehen: *ZORN →NEID →STOLZ →WOLLUST →GEIZ →VÖLLEREI →ZORN.*

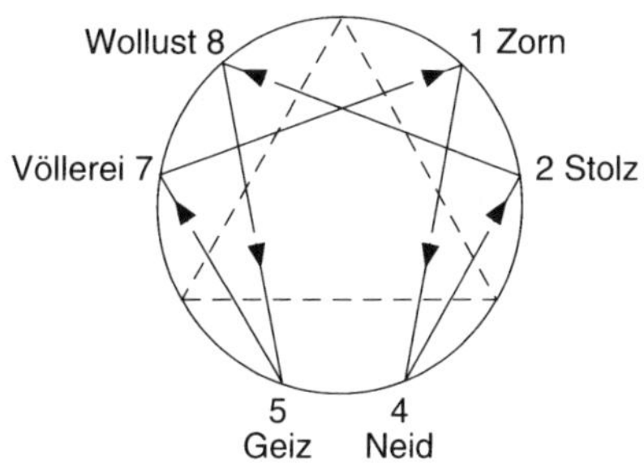

ZORN (1) → läßt sich als Versuch dieser Menschen deuten, sich heftig gegen das Unmäßige und Zügellose der Menschen vom Muster SIEBEN zu wehren.

↓

NEID (4) → läßt sich als selbstzerstörerischer Impuls der Menschen vom Muster VIER interpretieren: Sie richten Zorn gegen sich selbst, weil sie überscharf den eigenen Mangel bzw. die eigene Minderwertigkeit in den Blick nehmen.

↓

STOLZ (2) → kann man den Versuch der Menschen vom Muster ZWEI nennen, diese (von ihnen verdrängte) Minderwertigkeit durch Großtuerei und Aufgeblasenheit überzukompensieren.

↓

WOLLUST (8) → kann man als einen „übererregten" und umgeformten Stolz verstehen, bei der die Menschen vom Muster ACHT die Abhängigkeit von der Zuwendung anderer nicht nur leugnen, sondern diese Abhängigkeit in eine Art sozialen Imperialismus umwandeln. Dieser wiederum wirkt sich in Ausbeutung und rachsüchtiger Unterdrückung anderer aus.

↓

GEIZ (5) → Die für die Menschen vom Muster FÜNF charakteristische soziale Rückzugstendenz läßt sich ebenfalls als eine Art Rachsucht auffassen (wie sie für Menschen vom Muster ACHT typisch ist): Anderen Menschen wird Liebe und Zuwendung verweigert. Sie werden nicht in das eigene Innere hereingelassen. Gleichsam so, als ob an ihnen Rache genommen werden müßte.

↓

VÖLLEREI (7) → Den Mangel, den Menschen vom Muster FÜNF durch geiziges Festhalten auszugleichen versuchen, kompensieren Menschen vom Muster SIEBEN durch scheinbare Fülle und nebeneinander existierende Optionen, die Überfluß vortäuschen sollen.

↓

ZORN (1) → Siehe oben. Auch im Sechseck handelt es sich also um die zugrundeliegende Dynamik eines Teufelskreises.

Diese Betrachtungsweise veranschaulicht, daß im geistig-seelischen Bereich tatsächlich „alles mit dem Ganzen" zusammenhängt, wie es der Volksmund ahnungsvoll-hintergründig ausdrückt. Und es wird deutlich, daß zwischen den Mustern Verwandtschaftsbeziehungen existieren, wie sie im „richtigen Leben" ebenfalls vorkommen: Diese können von direkterer oder entfernterer Natur sein, Verwandtschaft also gleichsam „um mehrere Ecken" darstellen. Man könnte annehmen, daß die Möglichkeit, sich in die innere Dynamik eines Musters einfühlen zu können, auch etwas mit dem Verwandtschaftsgrad zu tun hat. Vermutlich gilt: *je entfernter desto fremder.*

Weitere Zusammenhänge

Rechte Hälfte – linke Hälfte

Teilt man das Enneagramm mittels einer Nord-Süd-Achse in zwei Hälften, könnte man sagen, daß die rechte Hälfte (bestehend aus den Mustern 1-2-3-4) eher *pro-sozial orientiert* ist bzw. mit *Verführung* arbeitet. Die linke Hälfte (bestehend aus den Mustern 5-6-7-8) ist dagegen vergleichsweise *anti-sozial orientiert* bzw. arbeitet mit *Rebellion.*

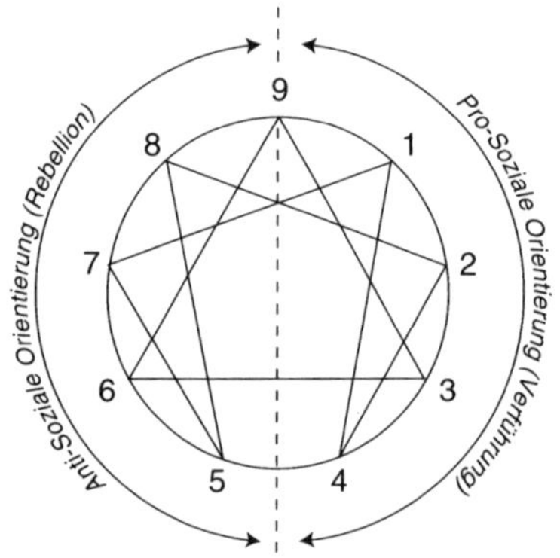

Oben/Unten

Vergleicht man das Muster NEUN mit den Mustern VIER und FÜNF, kann man einen gegensätzlichen Umgang mit *Innerlichkeit* feststellen. Während Menschen vom Muster NEUN *Innerlichkeit* vermeiden (um ihre Zufriedenheit aufrechtzuerhalten), „suhlen" sich die Menschen der Basismuster VIER und FÜNF geradezu in ihr. Sie machen, verglichen mit den Menschen vom Muster NEUN, einen eher unzufriedenen Eindruck: die Menschen vom Muster FÜNF, weil sie meinen, so wie sie sind, nicht zu genügen, und Menschen vom Muster VIER, weil sie mit der Gegenwart nicht einverstanden sind, sondern Vergangenem nachtrauern oder Künftiges herbeisehnen. Oberhalb dieser Gegensätze gibt es jedoch eine Verbindung: Menschen vom Muster NEUN teilen mit Menschen vom Muster FÜNF eine Tendenz zur *Resignation,* mit den Menschen vom Muster VIER verbindet sie eine *latent depressive* Tendenz.

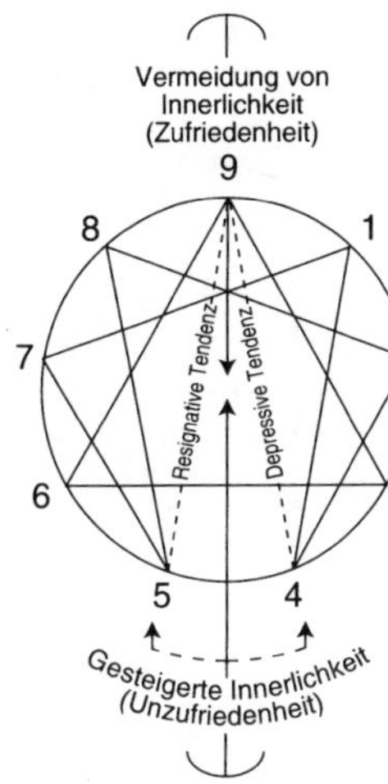

Flügelmuster als Gegensätze

Betrachten wir die Flügelmuster, die den Grundmustern 3-6-9 benachbart sind, dann wird ein weiterer aufschlußreicher Aspekt sichtbar. Wie bereits an früherer Stelle angedeutet wurde, bilden diese Nachbarn ebenfalls Polaritäten, die sich jetzt genauer benennen lassen. Die dem Muster NEUN benachbarten Muster ACHT und EINS sind bezüglich ihrer *Moralität* polar entgegengesetzt: Während Menschen vom Muster ACHT eher *amoralisch* eingestellt sind („Recht ist, was mir nützt"), verhalten sich die Menschen vom Muster EINS eher *hypermoralisch* („Es muß aber mit rechten Dingen zugehen!").

Auch zwischen den Mustern ZWEI und VIER gibt es diese Polarität: Während Menschen vom Muster ZWEI *gut „drauf"* sind und so tun, als hätten sie keine Probleme, sind Menschen vom Muster VIER normalerweise *schlecht „drauf"* und beklagen ihre Probleme, manchmal durchaus genüßlich. Menschen vom Muster FÜNF sind den Menschen vom Muster SIEBEN hinsichtlich der Dimension *Zurückhaltung* polar entgegengesetzt: Während jene mit Vorliebe „Rumpelstilzchen" spielen, tun diese alles dafür, bloß nicht übersehen zu werden.

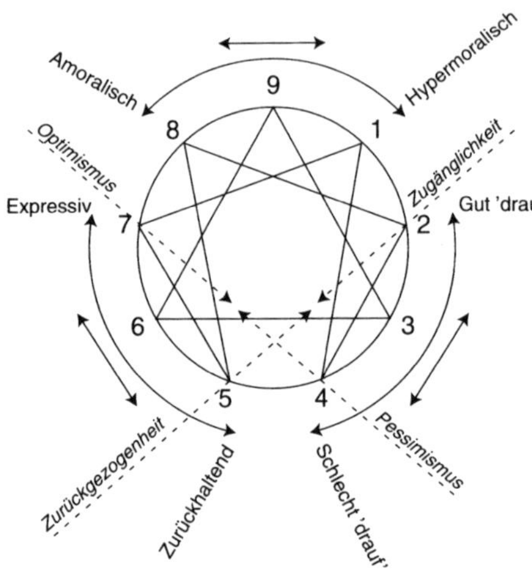

Weitere Gegensätze gibt es zwischen den Mustern ZWEI und FÜNF und zwischen VIER und SIEBEN: Menschen vom Muster ZWEI finden nichts dabei, *direkt auf andere zuzugehen* (manche nennen es ‚aufdringlich'); Menschen vom Muster FÜNF vermeiden dies gezielt und versuchen es mit dem Gegenteil: mit *sozialer Zurückgezogenheit.*
Menschen vom Muster VIER neigen zu *Traurigkeit* und *Pessimismus,* während Menschen vom Muster SIEBEN *Glücklichsein* und *Optimismus* verkörpern.

Horizontale Achsen
Legt man horizontale Achsen durch das Enneagramm (8↔1, 7↔2, 6↔3 und 5↔4), ergeben sich zusätzliche interessante Beziehungen: Den Menschen vom Muster ACHT und denen vom Muster EINS ist etwas Zupackendes gemeinsam. Sie begegnen den Herausforderungen des Lebens mit Aktivität. Wir könnten diese Verbindung als *Handlungsachse* bezeichnen. *Naranjo* nennt sie „aktive Disposition".
Die Menschen vom Muster SIEBEN und die vom Muster ZWEI verbindet eine Neigung zum Sich-Ausdrücken und Sich-Mitteilen an andere. Daneben sind sie leiblich-sinnlichen Genüssen gegenüber aufgeschlossen. *Naranjo* nennt diese Verbindung die *oral-rezeptive* Achse, die Bezeichnung *Mitteilungsachse* könnte ebenfalls Sinn machen.
Die Menschen vom Muster SECHS und die Menschen vom Muster DREI haben die Tendenz gemeinsam, sich über Leistung zu definieren. Erstere, weil sie sich gehorsam anpassen, letztere, weil sie ihr Selbstwertgefühl aus

erfolgreicher Leistung beziehen. *Naranjo* nennt diese Achse *phallisch,* weil die Leistungen *vorgezeigt* werden müssen, um die gewünschte Anerkennung einzubringen.
Die Achse, die die Menschen vom Muster FÜNF mit denen vom Muster VIER verbindet, ist durch *Innerlichkeit* gekennzeichnet (*Naranjo* nennt sie *introversive Achse*). Den Menschen beider Muster sind eine starke Empfänglichkeit für Außenreize, eine Tendenz zur Zurückgezogenheit und eine Aura der „Zerbrechlichkeit" gemeinsam. Sie unterscheiden sich jedoch deutlich in der Tendenz, *intensiv* (FÜNF) bzw. *phlegmatisch* (VIER) zu sein.

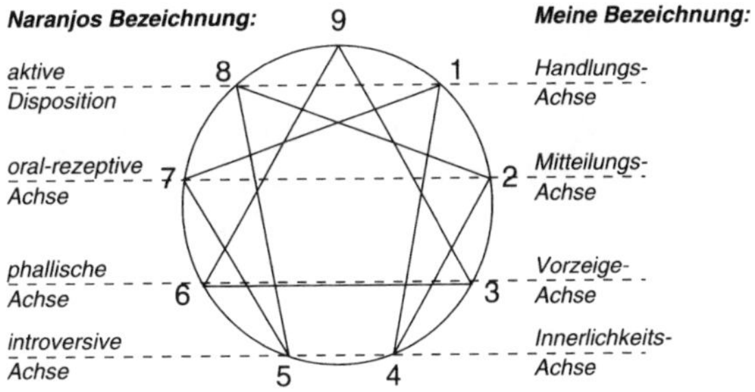

Diagonale Achsen
Und um das Bild der Beziehungen in seiner Differenziertheit noch auszuweiten, macht es Sinn, wenn *Naranjo* noch zwei Diagonal-Achsen in die Betrachtung mit aufnimmt: die Beziehung zwischen den Mustern EINS und FÜNF und zwischen VIER und ACHT.
Erstere nennt er die *anale Achse,* weil Ordnungstendenzen, die leicht zwanghafte Züge annehmen können, beiden Mustern gemeinsam sind. Vereinfacht gesagt bezieht sich die Ordnungstendenz der Menschen vom Muster EINS auf die Umwelt und das Äußere, während Menschen vom Muster FÜNF zu Ordnungsfanatikern im Innern, d.h. im Bereich logisch-rationaler Klärung von Gedanken oder Gedankensystemen werden können. So gesehen würde auch die Bezeichnung *Ordnungs-Achse* einen Sinn machen.
Die Verbindung zwischen den Menschen vom Muster VIER mit denen vom Muster ACHT nennt *Naranjo* die *sado-masochistische Achse.*[37] Menschen beider Muster dürsten nach Intensität. Während Menschen vom Muster ACHT sich ohne Schuldgefühle das holen, was ihre Bedürfnisse befriedigt (sog. *sadistische* Tendenz), fühlen sich die Menschen vom Muster VIER

37 *Naranjo*, S. 120.

schuldig wegen ihrer Bedürftigkeit (sog. *masochistische* Tendenz). Den Menschen beider Muster ist das In-der-Ordnung-Sein aus gegenläufigen Motiven eher zuwider, weshalb die Bezeichnung *Chaos-Achse* ebenfalls Sinn machen könnte.

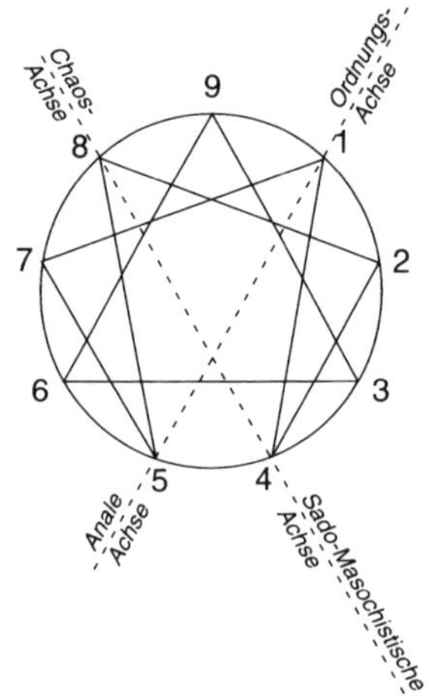

Rein optisch bleiben nun nur noch die Verbindungen zwischen den Mustern ACHT und DREI und zwischen EINS und SECHS offen. Nach meiner Auffassung zeigen sich hier ebenfalls interessante Zusammenhänge. Auch zwischen diesen jeweiligen Konstellationen kommt es bei der Selbsteinschätzung eines Menschen bezüglich seiner Zugehörigkeit immer wieder zu Verwechslungen. Die Menschen vom Muster EINS und die vom Muster SECHS verbindet eine Neigung, sich an *Pflichten* zu orientieren. Während die Menschen vom Muster EINS diese Orientierung aus ihrem Innern beziehen („innerer Kritiker"), bilden für Menschen vom Muster SECHS äußere Autoritäten den Maßstab. Beiden Menschengruppen eignet daneben eine Tendenz zur *Korrektheit.* Deshalb macht es Sinn, diese Achse *Pflicht-Achse (Correctness-Achse)* zu nennen.
Die Menschen vom Muster ACHT und die vom Muster DREI verbindet eine Neigung, sich mit ihren Interessen anderen gegenüber *durchzusetzen.* Beide teilen die Überzeugung, daß „an der Spitze kein Platz für mehr als eine Person ist". Beide neigen deshalb zu Konkurrenzverhalten, um diesen Platz einnehmen zu können. Sie tun es allerdings aus völlig verschiedenen inneren Beweggründen: Menschen vom Muster ACHT aus exzessivem Habenwollen, gepaart mit dem Selbstbild, daß es ihnen sowieso „natürlicherweise" zustünde, und Menschen vom Muster DREI, um (höchste) Anerkennung für (höchste)

Leistung zu bekommen. Verbindendes Element ist ihre *Durchsetzungskraft;* ihre Vorgehensweise bezeichnet der engl. Begriff *tough* sehr genau: zäh, hart, robust. Es liegt also nahe, diese Verbindung als *Durchsetzungs-Achse (Toughness-Achse)* zu bezeichnen.

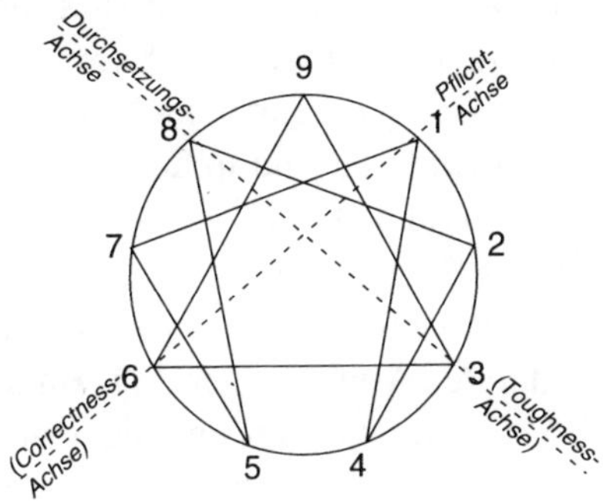

Und hier das ganze **Netz der horizontalen und diagonalen Verwandtschaftsbeziehungen** noch einmal im Überblick:

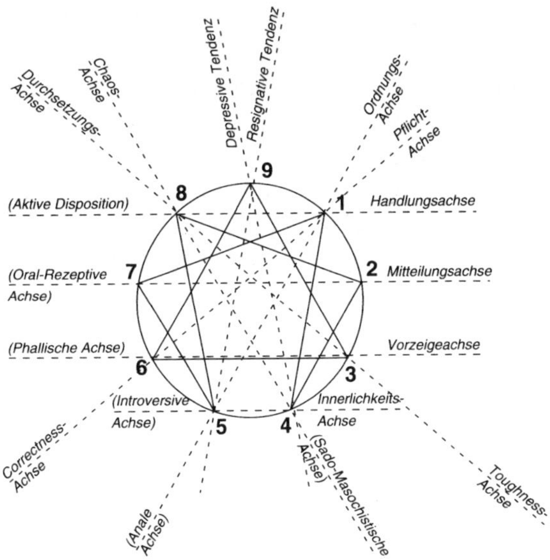

In Klammern: Naranjos Bezeichnung – ohne Klammern: Meine Bezeichnung

Wenn EINS mit ZWEI ...
Über den praktischen Nutzen dieser Zusammenhänge

Aus der vorangegangenen Darstellung wird offenkundig, daß Wechselwirkungen, die entstehen, wenn Menschen verschiedener Muster zusammentreffen, keineswegs zufällig sind. Vielmehr lassen sich bereits im vorhinein relativ genaue Aussagen darüber machen, wie sich diese Interaktionen auf der Zeitachse vermutlich entwickeln werden. Es würde den Rahmen dieses Buches sprengen, darauf im Detail einzugehen. Darüber hinaus wäre es überflüssig, denn diese Zusammenhänge sind in der vorliegenden Enneagramm-Literatur bereits ausführlich und differenziert beschrieben worden.[38]
Wie in der Einleitung dieses Buches bereits bemerkt, sind die Enneagrammbücher in der Art ihrer Darstellung und ihrer speziellen Akzentuierung Spiegelungen der individuellen Muster ihrer Autorinnen und Autoren. Deshalb heben die Autoren bei der Darstellung der Interaktionsbeziehungen zwischen den Mustern auf unterschiedliche Aspekte ab. Aber auch an dieser Stelle sei noch einmal bekräftigt, was am Anfang bereits gesagt wurde: Vielfalt ist Reichtum; Reichtum und Komplexität sind die hervorstechenden Merkmale der Evolution. Und die in meinen Augen prägnanteste Antwort auf eine der vermutlich ältesten Fragen der Welt: *„Welcher Mensch paßt am besten zu mir?“* und – im späteren Gang der Menschheitsentwicklung –: *„Mit wem kann ich am besten zusammenarbeiten?“* gibt *H. Palmer* bereits zu Beginn ihrer dann folgenden, knapp zweihundertseitigen Ausführungen: „Ihr bester Partner für Liebes- und Arbeitsbeziehungen ist jeder psychisch reife Mensch.“ (S. 136)
Und damit hätten wir's wieder einmal schwarz auf weiß, was die meisten von uns schon lange ahnten: daß nämlich die Antworten auf die komplexesten Fragen manchmal von geradezu lachhafter Einfachheit sind. Und – so würde der geniale Komiker *Karl Valentin* melancholisch-hintergründig hinzufügen: „Jaaaa! Des is! So einfach, und man kann sichs doch nicht merken!“ (Nachdem ihm der Apotheker zum drittenmal den Namen des Beruhigungsmittels genannt hatte: Isopropilprophemilbarbitursauresphenildimethildimenthylaminophirazolon.)[39]

38 Z.B. *H. Palmer* 1995, S. 315 – 506; *A. Gallen/H. Neidhardt* 1994, S. 231 – 268; *K. B. Vollmar* 1994, S. 184-218.
39 *K. Valentin:* In der Apotheke, in: Ders.: Gesammelte Werke. Bd. Monologe und Dialoge. München 1981, S. 142.

Autobiographie in fünf Kapiteln

1.
Ich gehe die Straße entlang.
Da ist ein tiefes Loch im Gehsteig.
Ich falle hinein.
Ich bin verloren … Ich bin ohne Hoffnung.
Es ist nicht meine Schuld.
Es dauert endlos, wieder herauszukommen.

2.
Ich gehe dieselbe Straße entlang.
Da ist ein tiefes Loch im Gehsteig.
Ich tue so, als sähe ich es nicht.
Ich falle wieder hinein.
Ich kann nicht glauben, schon wieder am gleichen Ort zu sein.
Aber es ist nicht meine Schuld.
Immer noch dauert es sehr lange, herauszukommen.

3.
Ich gehe dieselbe Straße entlang.
Da ist ein tiefes Loch im Gehsteig.
Ich sehe es.
Ich falle immer noch hinein … aus Gewohnheit.
Meine Augen sind offen.
Ich weiß wo ich bin.
Es ist meine eigene Schuld.
Ich komme sofort heraus.

4.
Ich gehe dieselbe Straße entlang.
Da ist ein tiefes Loch im Gehsteig.
Ich gehe darum herum.

5.
Ich gehe eine andere Straße.

(G57)

So nimm denn meine Hände ...
Vom Helfen und vom Geholfenbekommen

Vom Helfen

An dieser Stelle wird die Bemerkung, daß Helfen und Helfen neunerlei sind, niemanden mehr überraschen. Im Chinesischen sagt man, daß der Geist die Bewegung des Körpers lenke, und unsere Analogie zum Helfen müßte demnach lauten: Mein Muster entscheidet darüber, *wie* ich helfe bzw. was ich unter *Helfen* verstehe.

Greifen wir also noch einmal hinein ins volle Menschenleben und schauen uns an, ob es die neunfache Variation desselben Themas gibt und worin sie besteht. Schließlich ernährt *Helfen als Profession* in unserem Lande Millionen von Frauen und Männern.

In einem Wochenseminar zum Thema: „Grundprobleme der helfenden Beziehung“[40], zusammengesetzt aus Angehörigen helfender Berufe, haben wir versucht, den möglichen Zusammenhang zwischen dem Enneagramm-Muster und der persönlichen Hilfe-Philosophie genauer zu beleuchten. Wir haben uns ausreichend Zeit genommen, den Selbsterkenntnisprozeß bezüglich des eigenen Musters gründlich vonstatten gehen zu lassen. Wir haben versucht, selbst den geringsten Zweifel ernstzunehmen und haben erforderlichenfalls einige Stunden der Ungewißheit oder des Hin- und Hergerissenseins gemeinsam ertragen. So kam es dazu, daß der Erkenntnisschock darüber, wieviel einem selbst an unangenehmen Wahrheiten über die eigene Person durch das gnädige Walten des „blinden Flecks“ bislang verborgen geblieben war, bei manchen schon recht schnell in Heiterkeit umschlagen konnte. Den größten Anteil an diesem Prozeß hatten ganz zweifellos die Gespräche und Begegnungen mit seinesgleichen in der Selbsthilfegruppe von Angehörigen desselben Musters. Diese Gespräche ermöglichten ein gewisses Vertrautwerden mit den eigenen Schattenseiten, im besten Sinne der Redensart, daß geteiltes Leid halbes Leid sei.

Ohne eine gewisse Akzeptanz eigener Schwächen wäre eine Draufsicht auf persönliche Verhaltensmuster kaum möglich gewesen. Und ohne diese Fähigkeit zur Draufsicht hätte es keinen Sinn gemacht, die Teilnehmerinnen und Teilnehmer um eine Selbstcharakterisierung ihrer Hilfe-Philosophie zu bitten. Wie gesagt, unser gemeinsamer Weg war bis dahin günstig verlaufen, und so wurde es möglich, daß die Helferinnen und Helfer am Ende eines Wochen-

40 Ich danke den Teilnehmerinnen und Teilnehmern der Veranstaltung L-25/96 des Fortbildungswerks des Deutschen Vereins für ihren Mut, sich einzulassen. Ihrer couragiert-selbstironischen Charakterisierung – auch ihrer Schwächen – gilt mein Respekt!

seminars die Art und Weise ihrer helfenden Aktivitäten folgendermaßen charakterisieren konnten:

Die Helferinnen und Helfer vom Muster EINS:
(Sie berichteten, daß sie einen schwierigen Einstieg gehabt hätten. Es habe viel Konkurrenz untereinander gegeben. Heimliches Motto dieser Auseinandersetzungen sei gewesen: Wer hat mehr recht? Ihnen sei ein Bild dazu eingefallen: In der Wüste prallen zwei Schlangen aufeinander und zischen sich feindselig um die Vorherrschaft an. Als die Fronten geklärt gewesen seien, hätten sie an die Arbeit gehen können.)
„Wir Menschen vom Muster EINS bieten Hilfe nicht um jeden Preis an, sondern nur dann, wenn sie uns fachlich begründet erscheint. Wenn das nicht der Fall ist, können wir durchaus arrogant werden und wirken.
Wenn ein Hilfesuchender zu uns kommt und wir uns zuständig fühlen, lassen wir uns mit perfektionistischem Anspruch auf ihn ein. Wir fordern und verlangen die Einhaltung von Spielregeln. Und wir sind großzügig, solange sich der Hilfesuchende auf die Spielregeln einläßt und sich daran hält. Wir haben an uns selbst einen hohen Leistungsanspruch. Zufrieden sind wir erst, wenn die Arbeit hundertprozentig getan ist. Wir strukturieren unsere Arbeit und betrachten die Situationen differenziert. Wir urteilen zurückhaltend und abwägend. Regelverletzungen und Ungerechtigkeiten fallen uns sofort auf. Sie erregen unseren Unmut.
Wenn wir uns ereifern oder gar ‚festbeißen', werden wir für andere manchmal zur Plage. Wir haben dann etwas von einem Kampfhund, sind unerbittlich, können nicht loslassen.
Wenn andere zu ‚Kleinlichkeitskrämern' werden, können wir uns darüber tierisch ärgern oder auch amüsieren, je nachdem, wie weit wir mit unserer eigenen Entwicklung gekommen sind. Wir haben den Anspruch, alle Faktoren einer Situation zu erfassen und stets den Überblick zu behalten. Zur Tortur wird es für uns, wenn zu viele Dinge gleichzeitig auf uns einstürzen. Wir selbst lassen uns ungern helfen (‚Laß mal', ‚Ist nicht nötig' usw.). Aber wir beschweren uns, weil alles an uns hängenbleibt. Wer von den Kollegen unbedingt meint, mit uns Feindschaft haben zu sollen, der kann sie kriegen."

Die Helferinnen und Helfer vom Muster ZWEI:
„In den Seminartagen hier war es stinklangweilig, weil es keinen gab, dem wir helfen konnten. Wir hatten Entzugserscheinungen. Zwei bis drei (ängstliche) Menschen vom Muster SECHS wären gut für uns gewesen, auf die hätten wir uns gern mit großem Helfer-Appetit gestürzt. Es ist gut,

daß wir am Montag wieder in unsere Dienststellen dürfen. Wir haben in diesen Tagen zwischenzeitlich dort auch schon mal angerufen und nachgefragt, ob wir nicht gebraucht werden. Über das Ergebnis des Gesprächs in unserer Selbsthilfegruppe haben wir nichts aufgeschrieben."

Die Helferinnen und Helfer vom Muster DREI:
„Wir helfen kompetent, effektiv und erfolgreich. Und das nachzuweisen fällt uns leicht: Wir entwickeln komplizierte Systematiken, die nur wir selbst verstehen. Und somit können nur wir selbst den Erfolg nachweisen. Wir kennen das Neueste auf dem Markt früher als alle anderen und bringen es – mit unseren Abwandlungen versehen – wieder in den Markt zurück. Das ‚Neueste' holen wir uns auf Fortbildungen, Kongressen, Tagungen oder ähnlichem.
Den Klienten helfen wir durch geschickte Organisation und durch methodisches Vorgehen. Jeder Schritt, in welcher Richtung auch immer, wird von uns als Erfolg gefeiert.
Die Beziehung zum Klienten ist für uns ein eher schwieriges Thema. Wenn es in Gesprächen um Nähe und Verletzlichkeit geht, verstehen wir nicht viel. Auf die normale Größe geschrumpft und demaskiert, werden wir desorientiert und stur. Wenn man uns nicht als kompetente Berater akzeptiert, macht uns das träge. Die Klienten helfen sich selbst – oder auch nicht. Wir können nur unseren Anteil bieten und sie korrekt behandeln. Jede freie Leitungsstelle ist für uns erotisch."

Die Helferinnen und Helfer vom Muster VIER:
(Man stelle sich eine Theaterbühne vor. Die Sprache ist kunstvoll verfremdet. Durch diese Verfremdung verlieren die verwendeten Wörter das ihnen eigentlich anhaftende Vulgäre.)
„Für uns heißt ‚Helfen' Beziehungsangebote machen, aber auch: uns abgrenzen. Wir sind normalerweise mit Schlamm besudelt (Duschen wäre ganz gut gewesen). Wir helfen anderen gern, indem wir unsere eigene Scheiße anschauen. Wir ziehen uns raus, wenn uns die Probleme zu schwer werden oder wenn die Würde des Menschen in Gefahr ist.
Auf die Frage, wie es uns geht, können wir nicht klar ‚gut' oder ‚schlecht' sagen.
An manchen Tagen denken wir: Wir wollen heute in unsere eigene Scheiße blicken, nicht in die der anderen. An diesen Tagen sind uns diese unerträglichen ‚Happy-sunshine-Typen' besonders zuwider. Schon am Morgen hängen 5 Kilo Gewicht an unseren Beinen. Damit schleppen wir uns zur Arbeit. Und unversehens hängen weitere 10 Kilo dran.

Wir können nur helfen, wenn wir uns zuvor selbst geholfen haben. Aber wie können wir uns helfen? Bei der ganzen Scheiße haben wir enorm den Durchblick.“

Die Helferinnen und Helfer vom Muster FÜNF:
„Uns fiel auf, daß eure Räume überheizt sind. Ihr könntet Energie und damit Geld sparen.
Für uns sind Struktur und Ordnung wichtig. Wir sitzen gern in Arbeitskreisen, haben gerne viele Informationen; wir vernetzen gerne Menschen an einem Tisch. Wir fragen uns: Wie können wir welche Struktur anbieten, damit es gar nicht erst zum Problem kommt?
Wir wollen keine Energie verschwenden; wir sind keine selbstlosen Helfer. Wir verteilen die Arbeit untereinander, auch an andere. In Betreuungsverhältnissen schließen wir gerne Verträge und arbeiten mit Minimalanforderungen an die Klienten. Wir machen ihnen deutlich, wo es läuft und wo es hakt. Viele können mit unseren objektiv gemeinten Informationen schlecht umgehen. Dadurch kommen wir manchmal in die Rolle des Außenseiters oder wir treten ins Fettnäpfchen. Wir haben Freude an Statistiken, insbesondere machen wir uns gerne Gedanken darüber, wie sie gut visualisiert und präsentiert werden könnten.
Wir haben einen scharfen Blick für Leitungsfehler, denn wir sind eigentlich besser als unsere Chefs, nur leider unterbezahlt. Wir suchen für unsere Chefs den richtigen Weg. Wir brauchen Distanz und können es nicht gut haben, wenn alles so ‚dicht‘ wird. Wir machen keine Überstunden, wir brauchen Zeit für uns. Wir ziehen uns gerne zurück.“

Die Helferinnen und Helfer vom Muster SECHS:
(Sie bildeten stehend einen Kreis, gleichsam so, als wollten sie ein Energiefeld im Inneren des Kreises aufbauen. Ihr Sprecher entschuldigte sich dafür, daß ihr Beitrag nicht so souverän sei, wie es die Darstellungen vorangegangener Gruppen gewesen wären. Sie würden die Ergebnisse ihrer Besprechung quasi als Verlaufsprotokoll, d.h. schlagwortartig, wiedergeben.)
„Wir lieben es, im Recht zu sein. Wenn wir den Dämon der Angst besiegt haben, sind wir originell, sonst eher chaotisch. Man erkennt uns daran, daß wir so einen eigenen Ausdruck in den Augen haben. Die Bezeichnung ‚Helfer‘ finden wir negativ, das wollen wir nicht sein. Wir zielen auf Gleichberechtigung, wollen eher Medium sein, den Hilfesuchenden partnerschaftlich begleiten. Auf keinen Fall wollen wir manipulieren.
Wir laden uns Sachen auf, die nicht unser Päckchen sind. Zu oft sind wir zu nahe an den Klienten dran. Dann verspüren wir den Wunsch, uns abzu-

grenzen, unsere Position abzuklären. Wir versuchen, das Tempo vorzugeben und versäumen es dabei manchmal, die Blicke der Leute wahrzunehmen. Für uns bedeutet ‚Helfen' zuallererst Menschsein. Wir haben Angst davor, ausgenutzt zu werden. Wenn wir das spüren, können wir ‚zum Schwein' werden, wollen aber kein ‚Schwein' sein. Wir flüchten uns in Arroganz, werden sachlich, reagieren mit distanzierter Kühle. Wir haben Schwierigkeiten, nein zu sagen. Und deswegen heißt es, wir seien zu großzügig.
Wir sind bereit, in einen Konflikt zu gehen, vorausgesetzt, es geht dabei menschlich und fair zu. Wir haben ein starkes Bedürfnis nach einem humanen Umgang miteinander, das ist unser Traum.
Am liebsten würden wir die Probleme da lassen, wo sie hingehören. Es fällt uns schwer, für unsere eigenen Interessen zu streiten; oft trauen wir uns nicht, Dinge anzusprechen, die wir spüren. Wenn wir Ungerechtigkeiten aufdecken, kommt sofort die Unsicherheit: Was hast du jetzt gemacht? Wir suchen dann Autoritäten, die uns Recht geben.
Lob können wir schlecht aushalten. Viele von uns haben ein anderes Bild von sich selbst, als sie nach außen wirken: ‚Powertypen' sind wir gar nicht. Mit den Menschen vom Muster ACHT kriegen wir leicht Probleme, weil sie andere Menschen einschränken. Von ihnen geht auf uns ein Rechtfertigungsdruck aus.
Wir brauchen lange, bis wir uns öffnen. Wir warten ab und tauen langsam auf. Wenn wir zu schnell auftauen, befürchten wir, daß was Negatives zurückkommt. Unsere Stärke ist es, die Dinge auf den Punkt bringen zu können. Und wir sind die besten Helfer, wenn es uns gelingt, den Dämon der Angst zum Haushund zu machen. Wenn wir uns auf das verlassen, was wir wahrnehmen, dann können wir besser helfen."

Die Helferinnen und Helfer vom Muster SIEBEN:
„Wir haben uns im Casino getroffen, an einem sonnigen Platz, mit viel Kaffee. Unsere Horrorvorstellung: ein Arbeitszimmer und vor der Tür sitzen viele wartende Hilfesuchende. Dann kommt die Sorge auf, wie wir diese Situation schnell bewältigen können. Die Parole heißt: Wie darf die Frage lauten, damit ich die Antwort parat habe? Uns sind Klienten sympathisch, bei denen eine schnelle Problemlösung erwartet werden kann. Den Kick kriegen wir, wenn Beziehungen wachsen, nicht zu viel, nicht zu lang, vor allem nicht langfristig. Betreuungsfälle ohne raschen Erfolg zerstören unsere Lebensfreude. Deswegen ist z.B. die Arbeit in der Jugendgerichtshilfe gut: Bericht, Verhandlung, erledigt! Wichtig ist es also für uns, die Arbeit schnell abschließen zu können.

Was bedeutet ‚Helfen' für uns? Fördern, Aufklären, Unterstützen, Selbsthilfe, Beraten, Tröstende-Worte-finden, Sichgutfühlen, Aufheitern, Freundlichsein, Zuhören, Wachstum ermöglichen, Einen-Scherz-zur-rechten-Zeit-machen, Wohlwollen zeigen, Bewußtmachen, Zupacken, schnelles, aktives Eingreifen, Ungeduld, Bewegung, Weichenstellung. Wir möchten vorankommen, es möglichst allen recht machen. Unser Motto: allen wohl und niemand wehe. Schwierig wird es für uns bei den Themen ‚Tod' und ‚Abschied'.
Wir beherrschen die Kunst der emotionalen Piraterie: Wir saugen am Klienten rum, holen uns emotionale Befriedigung durch intensives Erleben, laden dadurch unsere Batterie wieder auf. Wichtig ist uns die „Herausforderung", die der Klient für uns darstellt. Insbesondere auch deshalb, weil uns die tägliche Routine langweilt. Unbekannte Problemstellungen, die neue Strategien erfordern oder auch der Anreiz, daß etwas „unmöglich zu schaffen" ist, treiben uns zu Höchstleistungen!
Wir können fünf Sachen auf einmal tun: Tee trinken, den Boten beauftragen, mit Kollegen quatschen, Termine planen usw. Wichtig sind uns Fluchtmöglichkeiten; wir müssen von Zimmer zu Zimmer gehen können. Deshalb sind Sprechstunden für uns eher fürchterlich; wir könnten ja in dieser Zeit etwas verpassen. Für uns gilt: verbindliche Unverbindlichkeit. Wir überspielen unsere Oberflächlichkeit mit Brillianz.
Peinlich ist es für uns, andere um Unterstützung zu bitten. Wir wollen alles aus uns selbst heraus schaffen. Das ist für uns Herausforderung, positiver Streß. Halt öfter mal was Neues.
Zu unseren Stärken zählt die Fähigkeit, Situationen schnell analysieren zu können. Wir haben ein gutes Differenzierungsvermögen und eine schnelle Auffassungsgabe. Und einen ausgeprägten Gerechtigkeitssinn: Für arrogante Leute spüren wir Todesverachtung, mit denen harmonieren wir nicht.
Fazit: Der Filter, nach dem wir die Klienten aussuchen, lautet: Bietet er mir Anerkennung und Bestätigung? Eben das Besondere für mich, den Kick."

Die Helferinnen und Helfer vom Muster ACHT:
„Die Ausgangslage ist klar: Ein Klient hat ein Problem und kann es nicht bewältigen. Wenn man sich eine Waage vorstellt, liegen auf der einen Schale die Anforderungen an den Klienten, auf der anderen seine Ressourcen. Und diese Waage gerät aus dem Lot. Wir setzen einen Stopper dagegen und verhindern erstmal, daß sich das Problem vergrößert. Im Gegensatz zu anderen aktivieren wir die Ressourcen. Wir wissen meistens sehr schnell, was die Frage ist. Wir geben sie gleich wieder an den Klienten zurück. Das macht Spaß. Uns interessiert das Problem, nicht unser Platz oder unsere Rolle."

Die Helferinnen und Helfer vom Muster NEUN:
Angehörige dieses Musters kamen in diesem Seminar gegen Ende leider nicht mehr vor. Diejenigen, die sich auf der Suche nach ihrem Muster anfangs bei der NEUN zu Hause wähnten, kamen nach gründlicher Prüfung und vielen Gesprächen zu anderen Zuordnungen. Und mir bleiben an dieser Stelle nur zwei Möglichkeiten: Entweder ich verlasse das Dokumentarische und versuche mich in einer Fiktion, oder ich überlasse es der Phantasie der Leserin/des Lesers, sich mit Hilfe der vorangegangenen Informationen über Menschen vom Muster NEUN selbst ein Bild zu machen, wie deren Hilfe-Philosophie wohl aussehen könnte. Mir gefällt letzteres. Mit anderen Worten: Ich nötige Sie zur Selbsthilfe. Einverstanden?

Vom Geholfenbekommen
Bliebe noch offen, einen genaueren Blick auf die Passivseite der helfenden Beziehung zu werfen. Auch Helfer sind Menschen. Und Menschen sind hin und wieder hilfebedürftig.[41] Und an dieser Stelle wird es kaum noch jemanden verwundern, daß es Sinn macht, die Hilfen für Helfer – oder allgemeiner: für Menschen – ebenfalls neunfach zu unterscheiden.
Den für meinen Geschmack attraktivsten Vorschlag machen hierzu *Beesing u.a.:*[42] Sie überschreiben ihre diesbezüglichen Ausführungen: „Hilfe durch einen guten Freund" und treffen damit einen schönen Ton. Und der wird um so schätzenswerter, wenn wir uns vergegenwärtigen, welche Funktion die Therapie in der amerikanischen Kultur (aus der die Autoren stammen) hat: *Don't bother me, go to therapy!* (sinngemäß: Reg' *mich* nicht auf, geh' zur Therapie!). Und deshalb ist die Bezeichnung *Rent-a-friend* für diesen Vorgang ebenso sarkastisch wie treffend. (Mehrere Autoren behaupten, die nordamerikanische Kultur sei eine typische DREIER-Kultur.)
Interessant ist in diesem Zusammenhang ein Blick auf die Herkunft des Begriffes „Therapie": Er kommt vom griech. *therapon* und meint: Diener, Gefährte, Weggenosse. Der *gute Freund* ist also jemand, der die „zwanghafte Neigung kennt und fähig ist, auf heilende Weise damit umzugehen". (*Beesing u.a.*, S. 182)

41 Nach meiner Auffassung spricht viel dafür, daß *W. Schmidbauer* mit seinen „hilflosen Helfern" (dieser Begriff ist in der Folge zu einer Art hämischer Gattungsbezeichnung für Menschen aus Sozialberufen verkommen) eigentlich Menschen vom Muster ZWEI in deren verwickeltem Stadium gemeint hat. Mithin hätte er 320 Grad der Wirklichkeit ausgeblendet.
42 Vgl. hierzu *Beesing u.a.*, S. 182 – 189.

Menschen vom Muster EINS hilft ein guter Freund eher durch Fragen als durch fertige Antworten. Indem er ihnen auf ihrer Wellenlänge zuhört, kann er aufnehmen und verstehen, was diesen Menschen ein wichtiges Anliegen ist. Denn sie wiederholen es immer wieder. Und weil sie eher rigoros und kritisch mit sich und anderen umgehen, könnte er ihnen dazu verhelfen, die „eigenen schwachen Seiten als merkwürdig zu empfinden" und ab und zu über sich selbst zu lachen, insbesondere, wenn sie etwas mal wieder übertrieben ernst nehmen. Ein guter Freund leistet gleichsam Beihilfe zur Gefangenenbefreiung: Der Gefangene ist ihr Humor.
Motto: Don't worry, be happy![43]

Menschen vom Muster ZWEI hilft ein guter Freund, wenn er sie dazu ermuntert, sich ihrer eigenen Gefühle, Bedürfnisse und Wünsche bewußt zu werden, und ihnen vermittelt, daß sie auch dann noch liebenswert sind, wenn sie solche „menschlichen" Seiten zeigen, denn „was ihnen fehlt, ist echte Zuneigung um ihrer selbst willen". Und um die betteln sie nicht. Wichtig ist auch, daß ein Freund darauf achtet, sie nicht dafür zu mißbrauchen, ihm Wünsche zu erfüllen. Denn wie in einer Art Reiz-Reaktions-Schema springt dieses Muster sofort an und verstärkt die Tendenz der Menschen vom Muster ZWEI zu glauben, daß sie nur wegen ihrer guten Taten liebenswert seien.
Motto: Du darfst! Nimm zwei für Dich!

Menschen vom Muster DREI hilft ein guter Freund, wenn er ihnen mit Wahrhaftigkeit begegnet, sich nicht von ihren „Erfolgen" blenden oder in den Bann ziehen läßt, sondern sie in ihrem Menschsein meint. Wenn er vorsichtig die „heiße Luft" aus ihren „Erfolgsmeldungen" herausläßt, indem er sie auf Zusammenhänge aufmerksam macht, über die sie in ihrem Enthusiasmus geneigt sind, leicht hinwegzugehen. Wenn er ihnen hilft, den Mißerfolg als solchen akzeptieren zu lernen, weil dieser ein wichtiger Teil des wirklichen Lebens ist. *Naranjo* weist daraufhin, daß die Jagd nach dem Erfolg so wirke, als gäben sich Menschen vom Muster DREI ständig selbst die Anweisung: „Steh nicht einfach herum. Tu was!" Ein guter Freund müßte sie ermuntern: „Tu nicht einfach etwas, sondern steh herum!"
Motto: Dumm gelaufen? Sympathisch!

43 Die Mottoformulierungen stammen von mir.

Menschen vom Muster VIER hilft ein guter Freund, wenn er sich der Mühe unterzieht, sie wirklich zu verstehen. Bis dahin, daß er versucht, ihre Perspektiven zu teilen und glaubwürdig den verschlungenen, subtilen und nuancenreichen Gefühlsdimensionen folgen zu lernen. Wenn er sie ermuntert, sich ihrer Stärken bewußt zu werden, statt sich in autoaggressiver Form mit ihrem Versagen und ihren Schwächen zu peinigen. Einen großen Dienst erweist er ihnen außerdem, wenn er versucht, in ihnen die Liebe zu den gewöhnlichen Dingen des Lebens zu wecken.
Motto: Kannst Du putzen und spülen?

Menschen vom Muster FÜNF hilft ein guter Freund, wenn er sie vorsichtig, aber mit beharrlichem Nachdruck ermuntert, ihren Beobachter-Hochsitz zu verlassen und sich zu zeigen: Position zu beziehen, sich einzulassen, zu handeln, ihren „sozialen Geiz" zu überwinden. Ein guter Freund weiß, daß Menschen vom Muster FÜNF endlos lange warten können, wenn sie von außen keinen Anstoß bekommen. *Beesing u. a.* bringen es auf die wohlwollend-prägnante Formel: „Hier ist die Bühne. Also tanz'!"
Motto: Just do it!

Menschen vom Muster SECHS hilft ein guter Freund, wenn er sie anspornt und ermutigt, sich auszuprobieren. Gute Ratschläge helfen hier nicht, ihre eigenen Entscheidungen sind gefragt. Ein guter Freund macht ihnen Mut dazu und steht auch dann zu ihnen, wenn sich ihre Entscheidungen als falsch herausstellen sollten. Seine Kunst besteht darin, Menschen vom Muster SECHS vorsichtig in Kontakt mit ihren Ängsten zu bringen und ihnen mit viel Zeit und Geduld dazu zu verhelfen, Vertrauen zu sich selbst zu entwickeln und gleichzeitig Mißtrauen gegen sich selbst und gegen andere abzubauen.
Motto: Sag JA oder NEIN!

Menschen vom Muster SIEBEN hilft ein guter Freund, wenn er sie mit liebevoller Klarheit an ihre Pläne erinnert und sie nach deren Verwirklichung fragt. Er hilft ihnen, wenn er sie zu einer Einsnachdemanderen-Haltung ermutigt. Von sich aus würden sie vieles gleichzeitig anfangen und weniges davon zu Ende bringen. Ihrer Schmerzvermeidungstendenz kann ein guter Freund gegensteuern, indem er sie auf die Folgen von aufgeschobenen – weil unangenehmen – Entscheidungen aufmerksam macht. Insbesondere auf deren negative Umweltwirkung im weitesten Sinne. Denn die Menschen vom Muster SIEBEN neigen von sich aus dazu, solche Folgen eher nicht wahrzunehmen, sondern die Wirklichkeit zu verklären.
Motto: Schau zweimal hin!

Menschen vom Muster ACHT hilft ein guter Freund, wenn er den Mut aufbringt, sie in einen Spiegel schauen zu lassen: was ihre draufgängerisch-zupackende Art mit ihm und anderen Menschen macht. Dieser Mut darf sich jedoch nicht in aggressiver Weise äußern, weil das deren Widerstand hervorrufen würde. *Authentische Behutsamkeit* wäre das Zauberwort, um in die gut gepanzerte Festung Einlaß zu finden. Ein guter Freund darf sich durch ihre Neigung zur Selbstgerechtigkeit nicht bange machen lassen: Er muß einkalkulieren, daß seine Rückmeldeversuche für ihn selbst zum Bumerang werden können. Mit freundlicher Unnachgiebigkeit sollte er immer wieder ihre verletzliche Seite ins Gespräch bringen und sie dazu ermuntern, die unendlich vielen Nuancen jenseits der Hau-Ruck-Methode kennenzulernen.
Motto: Öffne die Faust!

Menschen vom Muster NEUN hilft ein guter Freund, wenn er versucht, sie aus ihrer Passivität herauszuholen; sie liebevoll ermuntert, den „Allerwertesten hochzuheben" und „in die Gänge zu kommen", d.h. zum Beispiel, einen Standpunkt zu beziehen und ihre wirkliche Meinung auch zu sagen. *Beesing u. a.* vergleichen Menschen vom Muster NEUN mit einer Pumpe, die man bedienen müsse, damit sie Wasser gibt. Ein guter Freund weiß, daß es auf seine *echte* Wertschätzung ankommt. Vorgetäuschtes oder geheucheltes Interesse an ihnen quittieren die Menschen vom Muster NEUN eher mit gesteigerter Sturheit.
Motto: Fang sofort damit an!

Meditation über das Loslassen

Suche dir eine bequeme Position, in der du den Rücken gerade halten kannst, ohne daß er starr wird.

Betrachte einfach nur den Gedankenprozeß. Laß die Dinge so laufen, wie sie es möchten. Beobachte nur. Sei dir der Tatsache bewußt, daß die Gedanken da sind, während sie auftauchen, aber laß dich nicht von ihrem Inhalt gefangennehmen. Laß alle Bilder, Gedanken und Reize aufsteigen und wieder untergehen, ohne besorgt zu sein, ohne zu klammern, ohne zu beurteilen, ohne dich mit ihnen zu identifizieren. Laß einfach einen Gedanken nach dem anderen los.

Die Gedanken, die aufsteigen, stellen keine Hindernisse dar. Sie sind nur Objekte unserer Betrachtung. Richte den Geist sehr bewußt auf das, was von einem Moment zum anderen geschieht, und auf das, womit er sich selbst beschäftigt. Wenn dich die Beobachtung zu sehr anstrengt, dann entspanne dich einfach wieder. Der Himmel strengt sich nicht an, die Wolken zu betrachten. Alles ist einfach wie es ist.

Sei dir der Vorstellung des Loslassens bewußt. Während Gedanken, Reize, Erinnerungen oder Bilder auftauchen, beachte sie. Sei dir ihrer bewußt – und laß sie dann los. Natürlich kannst du auch die Vorstellung des Loslassens loslassen, sobald du dich entspannt und vertraut genug in der reinen Bewußtheit fühlst. (G58)

Einmal angenommen, es wäre wahr
Skizzen möglicher Konsequenzen

Erste Vermutung: Konsequenzen für die Erziehung

Wenn das bisher Gesagte sich tatsächlich als wahr erweisen würde, kämen wir in nicht allzuferner Zukunft dazu, unsere Grundannahmen über Gewicht und Einfluß von Umweltfaktoren in der menschlichen Entwicklung geringer veranschlagen zu müssen, als wir es z.B. in den letzten Jahrzehnten getan haben.

Wir können zwar nach wie vor die Kräfteverhältnisse zwischen Kindern und Eltern aus der David-Goliath-Perspektive sehen, zumindest was die physischen Kräfteverhältnisse betrifft. Wenn wir den biblisch überlieferten Gang der Ereignisse jedoch in unseren Vergleich mit einbeziehen, würde das bedeuten, daß die Eltern durch ihre Kinder stärker verändert und beeinflußt werden, als ihr Einfluß umgekehrt reicht. Und zwar, vom Enneagramm-Gesichtspunkt her, folgendermaßen argumentiert: Kinder legen durch ihr bloßes Dasein und die damit verbundenen Anforderungen die Grenzen der elterlichen Charaktermuster ebenso schonungslos wie absichtslos frei. Sie führen die Eltern in eine erzwungene Umstellung ihrer bis dahin tauglichen Lebensgewohnheiten. Diese Umstellung verstärkt ihre *Verwicklungstendenzen* und offenbart ihre seelischen Sollbruchstellen. Wir nennen das den „Erstkindschock". Die *Wucht* der Umstellung ist bemerkenswert und trifft die allermeisten unvorbereitet, weil ihr Vorstellungsvermögen für die tatsächlichen Veränderungen, die sich nach der Geburt einstellen, nicht ausreicht bzw. sie im vorhinein gar nicht offen dafür sein können.

Worin besteht die Wucht? Vielleicht in der Erfahrung (die zu diesem Zeitpunkt natürlich noch nicht begriffen werden kann), daß sich eine Persönlichkeit hinzugesellt hat, die nach ganz eigenen Regeln „funktioniert". Wenn wir den Gedanken wagen, daß diese kleine Person bereits von Anfang an ihr Charaktermuster lebt, dann werden viele „kuriose" oder „merkwürdige" Erfahrungen plötzlich sinnvoll. Sympathiebeziehungen größerer oder geringerer Intensität, die Eltern bei redlicher Rückschau vermutlich registrieren werden, würden über Musteranziehungen, Musterähnlichkeiten oder Musterfremdheiten bereits sehr früh erklärlich. (Natürlich setzt dies einen hohen Grad elterlicher Selbstreflexion und ein differenziertes Mustererkennungsvermögen voraus.)

Für die Erklärung und das Verstehen kindlicher „Fehlentwicklungen" könnte das bedeuten, daß wir uns von einer weiteren vertrauten Idee verabschieden müßten: daß nämlich Eltern gleichsam die *Konstanten* und Kinder die *Variablen* im erzieherischen Prozeß sind. Diese Idee unterstellt ja außerdem, daß die kindliche „Fehlentwicklung" dem „übermächtigen" elterlichen Zugriff geschuldet sei. Aus der Enneagramm-Perspektive betrachtet bekäme diese „Wirkungskette" eine andere Deutung: „Fehlentwicklungen" könnten als Unverträglichkeitsreaktionen zwischen elterlichen und kindlichen Mustern gedeutet werden. Weil den Eltern der Blick für die mustertypischen Eigenarten des Kindes verschlossen ist, begreifen sie das kindliche Verhalten als „unerwünscht" und versuchen, es durch erzieherische Beeinflussung der *eigenen Norm* anzugleichen. Daß hierbei tragische Verbiegungen entstehen können, davon wissen alle ein Lied zu singen, die später in therapeutischer Funktion damit konfrontiert sind.
Aus der Enneagrammperspektive gibt es hingegen eine positive Möglichkeit: die Orientierung der Erziehenden an den Grundideen der „Hilfe durch einen guten Freund". (Natürlich bedürfte dies wegen seiner komplexen Implikationen noch viel genaueren Nachdenkens und detaillierter Ausarbeitungen.)

Zweite Vermutung: Konsequenzen für therapeutische Prozesse
Wenn das bisher Gesagte sich tatsächlich als wahr erweisen würde, kämen wir in nicht allzuferner Zukunft dazu, unser Verständnis therapeutischer Prozesse zu verändern: Wenn es nämlich wahr sein sollte, daß die neun Muster gleichwertige und volltaugliche Formen menschlicher Existenz sind, und dies auch in das therapeutische Bewußtsein Eingang fände, könnten manche „heilend" gemeinten Anpassungsversuche aufgegeben und zugunsten eines einfühlenden Verstehens einer existentiellen Dynamik ersetzt werden. Dieses Verstehen wäre die Grundlage einer Begegnung. Aus dieser wiederum könnte „Heilung" erwachsen.[44]

Aus dem tieferen Verstehen der Anderheit des Anderen könnte sich der seelische Krankheitsbegriff ziemlich grundlegend verändern: Was *normal* und was *krank* ist, wäre nur innerhalb eines gegebenen Musters zu begreifen und dürfte nicht mehr „von außen" festgelegt werden. Die Versuchung, *Fremdes* als *krank* einzustufen, würde sich durch genauere Kenntnis der musterspezifischen Eigenarten und der großen Verschiedenheiten jedenfalls verringern. Ein Beispiel: Die für einen Menschen vom Muster FÜNF „normale" soziale Zurückgezogenheit könnte gesellschaftlich leicht als mangelnde Durch-

44 Vgl. hierzu: *H. Trüb*, Heilung aus der Begegnung, Stuttgart, 1971[3].

setzungsfähigkeit interpretiert und therapeutisch mit einem „Selbstbehauptungstraining“ beantwortet werden. Im Lichte des Enneagramms würde dieser Versuch jedoch eher den Tatbestand seelischer Grausamkeit erfüllen, als eine echte Hilfe darzustellen.

Durch einen sorgfältig unterstützten Selbsterkenntnisprozeß könnten dem betroffenen Menschen hingegen Einsichten an die Hand gegeben werden, die dieser nach seinem eigenen Willen und seiner eigenen Maßgabe als Grundlage und Ausgangsbedingung für die Veränderung seiner selbst verwenden könnte. Nach meiner Überzeugung gelingen Veränderungen ohnehin nur dann, wenn die Einsichten wie ein Schlüssel zu einem funktionsfähigen Schloß passen *und* der Schloß-Besitzer dieses auch wirklich betätigen will. Diese simple Tatsache kann durch keine noch so virtuose therapeutische Kompetenz aus der Welt geschafft werden. Den Veränderungszeitpunkt bestimmt ohnehin einzig und allein der leidende Mensch: Er hört vermutlich dann auf, an sich selbst zu leiden, wenn er dessen überdrüssig geworden ist.

Die Einsichten in die subtilen Dynamiken seines Musters können den Gang eines Menschen aufrichten, ihm etwas von der Würde zurückgeben, die ihm verlustig gegangen schien. Erst der genauere Einblick in das eigene Muster bietet wirklich *Hilfe zur Selbsthilfe* an. Er führt dem Menschen vor Augen, daß der Schritt zur *Individuation,* d.h. zum seelischen Erwachsenwerden, von niemand anderem als nur von ihm selbst getan werden kann. Was wiederum bedeutet, die volle Verantwortung für das eigene Leben in die eigenen Hände nehmen zu lernen und sich aus jeder, noch so bequem gewordenen, Abhängigkeit herauszulösen. Ich befürchte, daß wirkliche Veränderung billiger nicht zu haben ist; daß der Eigenbeitrag andererseits aber auch nicht geringer veranschlagt werden darf.

Dritte Vermutung: Über helfende Beziehungen im allgemeinen

Wenn das bisher Gesagte sich tatsächlich als wahr erweisen würde, kämen wir in nicht allzuferner Zukunft dazu, ein differenzierteres Verständnis von dem, *was hilft,* zu erwerben. Wenn wir die einzelnen Muster unter diesem Aspekt genauer betrachten, dann fällt auf, daß das, was dem einen hilft, vielleicht den anderen verschreckt, den dritten verstört, den vierten unberührt läßt, vom fünften „gar nicht erst ignoriert“ wird usw. Manche gutgemeinten Hilfeangebote sind, trotz sorgfältiger Wahrnehmung des anderen, letztlich leider nichts weiter als Hochrechnungen von der subjektiven Struktur und Bedürfnislage auf die der Allgemeinheit. Nach meiner Beobachtung fällt es selbst ausgewiesenen Experten helfender Berufe schwer (um nicht zu sagen:

Es ist ihnen von sich aus unmöglich), sich in die von der eigenen tatsächlich so verschiedenen Welt anderer Menschen hineinzuversetzen. Ihre stereotype Reaktion beim Kennenlernen der tatsächlichen ‚Anderheit des Anderen', wie sie durch die Ideen des Enneagramms herausgearbeitet wird, ist immer wieder: „Das ist ja unglaublich! Das hätte ich mir niemals so vorgestellt!" So fremd ist das von anderen Menschen erlebte 40-Grad-Segment der Welt, wenn es nicht zufällig mit dem eigenen identisch ist oder über die Verbundenheit mittels Verwicklungs- oder Entwicklungspunkten „irgendwie" bekannt vorkommt.
Provokant zugespitzt könnte man sagen: Wenn in Sachen Hilfe, dem „een sin Uhl, dem annern sin Nachtigall" ist (und dem dritten, vierten, fünften usw. noch etwas anderes bedeutet), dann richtet eine nicht „paßgenaue" Hilfebotschaft zwar keinen Schaden an, sie bewirkt aber auch (fast) nichts in Richtung wirklicher Hilfe. Es ist gleichsam wie ein Schuß neben die Zielscheibe. Der andere wird gar nicht erst erreicht; der Effekt ist wirkungsneutral. Wie stark wird diese Wirkung hingegen, wenn dem anderen Menschen „auf seiner Frequenz" begegnet werden kann. Wie muß er sich wertgeschätzt und verstanden fühlen, wenn die Botschaften mit den Signalen „seiner Welt" kompatibel sind.

Vierte Vermutung: Über Veränderbarkeit im allgemeinen
Wenn das bisher Gesagte sich tatsächlich als wahr erweisen würde, kämen wir in nicht allzuferner Zukunft dazu, Veränderbarkeit realistischer einzuschätzen und dadurch Enttäuschungen zu vermeiden, die ihrerseits wiederum Leid vergrößern. Würden wir hingegen zur Kenntnis nehmen, was wir eigentlich immer wieder bestätigt finden könnten (gutes Gedächtnis und Redlichkeit vorausgesetzt), daß sich nämlich tatsächlich viel weniger verändert als wir vorgeben, dann könnte daraus eine geradezu befreiende Wirkung entstehen. Konkret: wenn wir – was für mich unterdessen offensichtlich geworden ist – davon ausgingen, daß die Muster ausgesprochen zählebig und oftmals stärker sind als die meisten Vorsatzbildungen.

Am frappierendsten finde ich diese Behauptung bei Klassen- oder Jahrgangstreffen bestätigt. Und diese Erfahrung wird in ihrer Wirkung nochmals gesteigert, wenn zwischenzeitlich (vielleicht seit 25 oder mehr Jahren) kein Kontakt mehr bestand. Ich hatte bei solchen Anlässen jedesmal das Gefühl, als seien die Menschen fast alle so geblieben, wie ich sie von damals in Erinnerung hatte, von alters- oder krankheitsbedingten Veränderungen einmal abgesehen. Noch prägnanter gesagt: als hätte *keine Zeit* dazwischen gelegen – schon gar keine zwei oder drei Jahrzehnte.

Wenn Sie Vater oder Mutter von Kindern sind, wird dieser Zusammenhang noch ‚hautnäher' spürbar sein: Erinnern Sie sich bitte, wie Ihre Kinder im Säuglings–, im Kleinkind–, im Schulalter waren. Vergleichen Sie sie bitte mit heute und beurteilen Sie selbst, was konstant geblieben ist und was sich verändert hat. Und es könnte faszinierend sein, plausible Gründe für eine eventuelle Veränderung zu suchen. Ich vermute – wie bereits gesagt –, daß Sie das geistig-seelische Muster ihrer Kinder sehr weit zurückverfolgen können.

Fünftens: Befreiende Aussichten

Wenn sich das bisher Gesagte tatsächlich als wahr erweisen würde, dann gäbe es vermutlich nur einen Ausweg aus unserem Dilemma, und der könnte sich gleichzeitig als Qualitätssprung erweisen: gelassen hinzunehmen, was nicht veränderbar ist, mit Mut die Dinge anzugehen, die veränderbar sind, und mit Klarblick das eine vom anderen unterscheiden zu lernen.[45] *Aus einem Buchensamen kann keine Eiche wachsen.* Und statt damit zu hadern, daß ich nicht bin, wie ich es gerne sein möchte (ein gnädiges Schicksal möge meine diesbezüglichen Gebete *nicht* erhören), würde es eine sehr befreiende Wirkung haben, aus dem, was ich nun einmal bin, das Beste zu machen. Zumal ich es in großen Anteilen ohne mein Zutun geworden bin.

Zu meinen schönsten und befriedigendsten Erfahrungen gehören jene Momente, in denen Menschen, die diesen bewußtseinsmäßigen Entwicklungsstand ungefähr erreicht haben (oder ihn zumindest anstreben), zusammenkommen und ihre Gegenwart miteinander teilen. Was für ein weiter Horizont tut sich auf, wenn Menschen mit liebevoll-selbstironischer Distanz auf ihre eigenen Fehler und Schwächen blicken, statt mit vordergründig-durchsichtigem Imponiergehabe einander beeindrucken zu wollen. Wieviel Heiterkeit liegt in der Luft und wieviel Konstruktivität entsteht, wieviele Reibungsverluste entfallen, wenn Menschen immer auch den eigenen Irrtum für möglich halten, und wenn sie ein Gespür für ihre eigenen Grenzen und Engführungen entwickelt haben. Wenn es den Begriff *Heimat* noch nicht gäbe, hierfür müßte er erfunden werden.

Möge sich die Anzahl derer vergrößern, die ihre geistige Heimat gesucht und gefunden haben!

45 Diese Gedanken stammen – leicht abgewandelt – ursprünglich von dem schwäbischen Pietisten *Oetinger* und erlangten durch die Selbsthilfegruppen, die nach den Prinzipien der *Anonymen Alkoholiker* arbeiten, weltweite Bekanntheit.

Hier wo man steht

Den Jünglingen, die zum erstenmal zu ihm kamen, pflegte Rabbi Bunam die Geschichte von Eisik Sohn Jekels in Krakau zu erzählen. Dem war nach Jahren schwerer Not, die sein Gottvertrauen nicht erschüttert hatten, im Traum befohlen worden, in Prag unter der Brücke, die zum Königsschloß führt, nach einem Schatz zu suchen. Als der Traum zum drittenmal wiederkehrte, machte sich Eisik auf und wanderte nach Prag. Aber an der Brücke standen Tag und Nacht Wachtposten, und er getraute sich nicht zu graben. Doch kam er an jedem Morgen zur Brücke und umkreiste sie bis zum Abend. Endlich fragte ihn der Hauptmann der Wache, auf sein Treiben aufmerksam geworden, freundlich, ob er hier etwas suche oder auf jemanden warte. Eisik erzählte, welcher Traum ihn aus fernem Land hergeführt habe. Der Hauptmann lachte: „Und da bist du armer Kerl mit deinen zerfetzten Sohlen einem Traum zu Gefallen hergepilgert! Ja, wer den Träumen traut! Da hätte ich mich ja auch auf die Beine machen müssen, als es mir einmal im Traum befahl, nach Krakau zu wandern und in der Stube eines Juden, Eisik Sohn Jekels sollte er heißen, unterm Ofen nach einem Schatz zu graben. Eisik Sohn Jekels! Ich kann's mir vorstellen, wie ich drüben, wo die eine Hälfte der Juden Eisik und die andre Jekel heißt, alle Häuser aufreiße!"
Und er lachte wieder. Eisik verneigte sich, wanderte heim, grub den Schatz aus und baute das Bethaus, das Reb Eisik Reb Jekels Schul heißt.
„Merke dir diese Geschichte", pflegte Rabbi Bunam hinzuzufügen, „und nimm auf, was sie dir sagt: daß es etwas gibt, was du nirgends in der Welt finden kannst, und daß es doch einen Ort gibt, wo du es finden kannst." (G59)

Möglichkeiten, das eigene Muster zu erkennen

Vorbemerkung

Auf den folgenden Seiten werden zu jedem Enneagramm-Muster zwanzig Fragen gestellt. Sie können helfen, eine erste Annäherung an das eigene Muster zu finden. Dies gelingt natürlich nur dann, wenn die Antworten *ehrlich* gegeben werden. Bei den Mustern, auf die die meisten Ja-Antworten entfallen, lohnt es sich, genauer hinzuschauen.

Aufgrund der vorher beschriebenen inneren Struktur und der Dynamik der Enneagramm-Ideen liegt es auf der Hand, daß dies *kein Test* im strengen Sinne sein kann: Zielen manche der Fragen doch auf Wesensmerkmale, die dem Antwortenden oft (noch) nicht bewußt sind. Sie liegen – definitionsgemäß – im Bereich des blinden Flecks. Deswegen kann es hilfreich sein, mich von einem Menschen, der mich gut kennt, zusätzlich beurteilen zu lassen. Denn der sieht – ebenfalls definitionsgemäß – klarer und deutlicher, was mir an mir selbst verborgen bleibt. Die Erfahrung zeigt, daß es Menschen, die bereits einige Zeit um ihr Enneagramm-Muster wissen, leichter fällt, fast alle Fragen ihres Musters mit Ja zu beantworten. Die Fragen wurden an ihnen gleichsam geeicht. Die bereits gehabte Zeit der Gewöhnung an bestimmte unangenehme Einsichten ermöglicht es ihnen unterdessen, auch solche Facetten ihres Wesens als zu ihnen gehörig anzuerkennen, die ihnen ihr „Stolz“ anfangs verweigert hatte, für sich als zutreffend akzeptieren zu können.

Aufgrund der komplexen inneren Dynamik der Muster ist es eher unwahrscheinlich, daß es auf Anhieb zu eindeutigen und zweifelsfreien Ergebnissen kommt. Häufiger ist es der Fall, daß auch die Facetten der Muster der *Verwicklungs-* und *Entwicklungspunkte* mit relativ vielen Ja-Antworten bedacht werden, weil zu ihnen ja ebenfalls eine innere Verwandtschaft besteht. (Diese Merkmale kommen einem auch irgendwie bekannt vor. Es scheint so zu sein, daß sich die unangenehmen Einsichten, die bei den Mustern meines Verwicklungs- oder Entwicklungspunktes auftreten, relativ leichter „schlucken“ lassen. Noch bildlicher gesprochen: daß es sich also bei ihnen um einen *Laubfrosch* handelt, während die Wahrheiten meines wirklichen Musters die Proportionen einer *Kröte* annehmen können.)

Eine andere Erfahrung lehrt, daß die Ahnung des eigenen Musters eher mit unangenehmen Begleitgefühlen verbunden ist. Im Umkehrschluß könnte das bedeuten, daß ein sofortiges, beschwerdefreies Sichzuhausefühlen in einem Muster als Hinweis darauf verstanden werden kann, daß sich die Zuordnung nach einiger Zeit noch präzisiert, was evtl. auch heißen kann, daß sie sich verändert.

Kurzum: *Betrachten Sie bitte das Ergebnis der Beschäftigung mit den nachfolgenden Fragen als einen Fingerzeig, der in der darauffolgenden Zeit genauer überprüft werden will.*

Fragen zum Muster EINS

1. Ist es dir wichtig, recht zu behalten?
2. Beschäftigt es dich, daß vieles nicht so ist, wie es sein sollte?
3. Kann dir ein kleiner Fehler oder Mangel alles verderben?
4. Fühlst du dich von innen heraus verpflichtet, ordentlich und korrekt zu sein?
5. Frustriert es dich, weil weder du noch andere so sind, wie sie eigentlich sein sollten?
6. Neigst du dazu, die Dinge in *richtig* oder *falsch* einzuordnen?
7. Fällt es dir schwer, dich zu entspannen und spielerischen Übermut zuzulassen?
8. Lebst du nach dem Motto: „Erst kommt die Arbeit, dann (vielleicht) das Vergnügen?"
9. Gestikulierst du beim Sprechen mit dem Zeigefinger?
10. Sagt man dir nach, daß du vieles im Leben übertrieben ernst nimmst?
11. Machst du dir oft Gedanken darüber, was noch alles verbessert werden könnte?
12. Legst du großen Wert darauf, eine Aufgabe korrekt zu erfüllen?
13. Erlebst du dich im Vergleich mit anderen manchmal eher als zwanghaft?
14. Macht es dich ärgerlich, wenn andere sich weniger anstrengen als du selbst?
15. Glaubst du, nur dann liebenswert zu sein, wenn du tadellos und fehlerfrei bist?
16. Hast du manchmal den Eindruck, daß dich ein *innerer Kritiker* kontrolliert?
17. Befindest du dich öfter in einem *gereizten* Zustand?
18. Kannst du eine gewisse Starrsinnigkeit entwickeln, wenn es darum geht, deinen Kopf durchzusetzen?
19. Legst du dich noch mehr ins Zeug, wenn du in Schwierigkeiten gerätst?
20. Fühlen sich andere manchmal vor den Kopf gestoßen, weil du zu barsch bist?

Fragen zum Muster ZWEI

1. Siehst du dich selbst als einen fürsorglichen Menschen an?
2. Brauchst du das Gefühl, für andere wichtig zu sein?
3. Bedeutet es dir viel, daß sich andere Menschen mit dir verbunden fühlen?
4. Fühlst du dich von innen heraus angetrieben, anderen Menschen zu helfen, auch wenn du eigentlich gar keine Lust dazu hast?
5. Fühlen sich Menschen, die Rat und Trost suchen, zu dir hingezogen?
6. Fühlst du dich manchmal dadurch überfordert, daß andere so abhängig von dir sind?
7. Hast du manchmal den Eindruck, daß du nicht genügend geschätzt wirst für das, was du für andere getan hast?
8. Legst du Wert darauf, selbst *nicht* bedürftig zu erscheinen?
9. Hast du das Gefühl, für andere etwas tun zu müssen, damit sie dich mögen?
10. Verdienst du es, im Leben anderer Menschen die wichtigste Person zu sein?
11. Sagst du spontan ja, wenn du um etwas gebeten wirst und erkennst oft erst hinterher die möglichen Folgen des Wunsches?
12. Bist du insgeheim stolz auf deine aufopfernde Haltung?
13. Ertappst du dich manchmal dabei, andere durch deine Hilfsbereitschaft zu manipulieren?
14. Machst du oft und gerne Komplimente?
15. Bist du bereit, im zwischenmenschlichen Bereich mehr für andere zu tun als sie für dich?
16. Wirst du manchmal emotional eine „leichte Beute“ für andere, weil du zu sehr aus dir herausgehst?
17. Meinst du, daß du im allgemeinen besser für andere sorgen kannst als sie für dich?
18. Fällt es dir leicht, andere dazu zu bringen, dir zu vertrauen?
19. Achtest du bei einem geselligen Beisammensein darauf, daß jeder alles hat, was er zum Wohlbefinden braucht?
20. Hilfst du anderen gern, aus Schwierigkeiten oder peinlichen Situationen herauszukommen?

Fragen zum Muster DREI

1. Würdest du sagen, daß Erfolg dir sehr viel bedeutet?
2. Beneiden dich andere, weil du soviel erreichst?
3. Bist du ein Organisationstalent?
4. Würdest du zustimmen, daß äußerer Eindruck, Auftreten und Erscheinungsbild sehr wichtig sind?
5. Liegt es dir mehr, Projekte zu initiieren, als sie bis zum Ende durchzutragen?
6. Kommst du so richtig in Schwung, wenn du mehrere Dinge gleichzeitig zu erledigen hast?
7. Hast du eine Vorliebe für Erfolgskurven, gute Noten und andere Auszeichnungen, an denen man ablesen kann, daß du vorankommst?
8. Kannst du gut für ein neues Projekt werben?
9. Bist du überwiegend zuversichtlich und unternehmungslustig?
10. Fällt es dir leicht, effiziente Entscheidungen zu treffen?
11. Tust du viel dafür, bewundert zu werden?
12. Beunruhigt es dich, daß du deine Möglichkeiten vielleicht nicht voll ausschöpfst?
13. Kennst du das Gefühl, daß die Welt eine Bühne ist und du hinter einer Maske spielst?
14. Fällt es dir manchmal schwer, zwischen dir und der Maske zu unterscheiden?
15. Macht es dir zu schaffen, wenn andere von dir denken, daß du nicht sehr fähig bist?
16. Befürchtest du, von anderen unterschätzt zu werden, wenn du dich nicht irgendwie hervortust?
17. Fällt es dir schwer, die Inkompetenz anderer zu tolerieren?
18. Täuschst du manchmal etwas vor, was nicht mit deiner Überzeugung übereinstimmt, um den Erfolg zu befördern?
19. Bist du in der Lage, mit fast jeder Situation zurechtzukommen?
20. Denkst du im stillen, daß du besser bist als die meisten Leute?

Fragen zum Muster VIER

1. Glaubst du, daß andere Menschen nicht so intensive Gefühle haben können wie du?
2. Liebst du es, Dinge auf besondere Art zu tun?
3. Würde es dich eher beleidigen, als Durchschnittsmensch angesehen zu werden?
4. Beneidest du manchmal andere, die sich natürlicher geben können als du?
5. Spürst du ein starkes Verlangen danach, extreme Gefühlserlebnisse zu haben?
6. Gehört eine gewisse Melancholie zu deinem Leben?
7. Nimmst du die Stimmungen und Gefühle anderer in dich auf?
8. Halten andere Menschen dich für reserviert und unnahbar?
9. Glaubst du, daß andere Menschen deine tiefen Gefühle mißverstehen?
10. Fühlst du dich normalerweise eher als Außenseiter?
11. Bist du stolz darauf, einzigartig zu sein?
12. Magst du es, dich in Symbolen auszudrücken?
13. Kannst du andere ihren eigenen Weg finden und sie ruhig Fehler machen lassen?
14. Denkst du im stillen, daß du mehr Fehler hast als die meisten anderen Leute?
15. Wirft man dir vor, launisch, selbstsüchtig und dramatisch zu sein?
16. Kannst du dich gut in die Rolle des tragischen Clowns hineinversetzen, der unter Tränen lächelt?
17. Spürst du manchmal eine tiefe Aggression gegen dich selbst?
18. Verbringst du viel Zeit damit, dich selbst zu ergründen?
19. Sind Stil und erlesener Geschmack für dich besonders wichtig?
20. Müßtest du es erst lernen, die gewöhnlichen Dinge des Lebens zu schätzen?

Fragen zum Muster FÜNF

1. Liebst du die Rolle des Beobachters?
2. Mußt du erst einen Gegenstand eingehend studieren, ehe du dir zutraust, etwas darüber zu sagen?
3. Brauchst du den Rückzug in deinen Privatraum, um die Wirklichkeit in den Griff zu bekommen?
4. Meinst du, daß es besser ist, erst alles ganz allein für dich zu durchdenken?
5. Ist es dir wichtig, mehr zu wissen als andere?
6. Fällt es dir schwer, in Gesellschaft eine lockere und belanglose Unterhaltung zu führen?
7. Würdest du am liebsten dazugehören, ohne deine Zurückhaltung aufgeben zu müssen?
8. Tust du dich schwer, andere um etwas zu bitten?
9. Macht es dir Spaß, eine verborgene Ordnung hinter verschiedenen Ideen zu entdecken?
10. Trifft es zu, daß du an dem festhälst, was du besitzt, und das sammelst, was du vielleicht einmal gebrauchen könntest?
11. Wirst du verlegen und suchst nach Worten, wenn es jemand genauer wissen will, wie du dich gerade fühlst?
12. Läßt du lieber andere die Initiative ergreifen?
13. Neigst du ein bißchen dazu, ein Einzelgänger zu sein?
14. Entspricht es dir eher, deine Probleme durch Nachdenken zu lösen?
15. Gehst du mit deiner Zeit und mit deinem Geld eher berechnend um?
16. Sind dir heftige Gefühle anderer eher unangenehm?
17. Wenn du dich mit anderen vergleichst: empfindest du dich als schweigsamer?
18. Verläßt du dich eher auf deinen Verstand als auf deine Intuition?
19. Mußt du jemanden sehr gut kennen, bevor du ihn an deinem Privatleben teilhaben läßt?
20. Sagen dir andere manchmal, du solltest nicht so lange zögern, sondern endlich etwas tun?

Fragen zum Muster SECHS

1. Hast du ein starkes Sicherheitsbedürfnis?
2. Witterst du Bedrohung und Gefahr früher als andere?
3. Denkst du im stillen, daß du verantwortungsbewußter bist als die meisten Leute?
4. Mußt du vorher alle Möglichkeiten gut abwägen, ehe du eine Entscheidung triffst?
5. Fällt es dir schwer, deinen Vorgesetzten zu widersprechen?
6. Trifft es zu, daß du nicht gerne gegen den Strom schwimmst?
7. Wirst du häufig von Zweifeln geplagt?
8. Hast du manchmal die Ahnung, daß die *Angst* der geheime Dirigent deines Lebens sein könnte?
9. Würdest du zustimmen, daß eines deiner Hauptprobleme deine Unsicherheit ist?
10. Mußt du dir einer Sache erst ganz sicher sein, ehe du zu Werke gehst?
11. Hast du eine feine Antenne für Widersprüche?
12. Ist *Vorsicht* für dich ein ganz wichtiger Wert?
13. Zweifelst du manchmal, ob du den nötigen Mut aufbringen wirst, um zu tun, was nun einmal getan werden muß?
14. Bedeutet es dir viel, die geheimen Motive hinter den Handlungen anderer zu ergründen?
15. Ertappst du dich manchmal dabei, wie du andere Menschen danach einstufst, ob sie bedrohlich für dich sind oder nicht?
16. Macht es dich wild, wenn andere gegen Regeln verstoßen und damit auch noch durchkommen?
17. Neigst du dazu, aus Pflicht- und Verantwortungsgefühl zu handeln?
18. Reagierst du eher hektisch, wenn du unter Druck stehst?
19. Brauchst du für deine Arbeit klare und eindeutige Richtlinien?
20. Setzt du dich voll und ganz für das ein, was von dir erwartet wird?

Fragen zum Muster SIEBEN

1. Sollte das Leben eher voller Freude und Vergnügen sein?
2. Schmiedest du gerne Pläne, die dir eine glückliche Zukunft in Aussicht stellen?
3. Fällt es dir schwer, auf das zu verzichten, was dir Vergnügen bereitet?
4. Würdest du dem Motto zustimmen: „Wenn etwas gut ist – ist mehr davon besser“?
5. Ertappst du dich manchmal dabei, daß du lieber neue Pläne schmiedest, anstatt die Verwirklichung alter Pläne anzugehen?
6. Glaubst du, daß sich letztlich alles zum Guten wendet?
7. Wünschst du dir öfter, andere Menschen würden das Leben nicht so schwer nehmen?
8. Verstehst du es, das Leben schön und angenehm zu gestalten?
9. Langweilen dich Tätigkeiten, die eher mit Pflicht als mit Neigung zu tun haben?
10. Heiterst du andere gerne auf?
11. Sagt man dir nach, daß du mehr Energie und Unternehmungslust hast als andere Menschen?
12. Macht es dir Spaß, ausführlich zu erzählen und Leute gut zu unterhalten?
13. Folgst du gewöhnlich deinen Gefühlen und Impulsen?
14. Kannst du dich schnell für etwas begeistern?
15. Schlägst du zum Ausgleich gerne mal über die Stränge, wenn dir etwas auf die Nerven geht?
16. Neigst du dazu, dich verschiedenen Vorhaben gleichzeitig zuzuwenden?
17. Magst du es, wenn andere in dir den fröhlichen Menschen sehen?
18. Kombinierst du gerne neue Ideen auf eine neue, interessante Weise?
19. Tust du öfter etwas, ohne über die Folgen nachzudenken?
20. Bist du eher spontan und zu Scherzen aufgelegt?

Fragen zum Muster ACHT

1. Siehst du dich als Kämpfer für alles, was deiner Meinung nach *gerecht* ist?
2. Findest du die Schwachpunkte anderer schnell heraus?
3. Ist es dir egal, ob andere dich mögen oder nicht, solange sie dich respektieren?
4. Macht es dir Vergnügen, Leute herunterzumachen, die ihre Überlegenheit herauskehren?
5. Übernimmst du bereitwillig die Führung, und fällt es dir leicht, Entscheidungen zu treffen?
6. Verachtest du insgeheim die Leute, die zaghafter und unentschlossener sind als du?
7. Demaskierst du gerne falschen Schein und Ungerechtigkeiten?
8. Ist das Leben in der Konfrontation mit anderen für dich befriedigender?
9. Bist du bereit, Macht und Einfluß auszuüben?
10. Glaubst du, daß das Leben ein Kampf ist, aber mit Mut sich etwas Großes schaffen läßt?
11. Äußerst du dich lautstark, wenn dir etwas nicht paßt?
12. Hast du Schwierigkeiten, deine zarte, deine *weibliche* Seite zuzulassen?
13. Wirst du unwirsch, wenn man dir sagt, du solltest dich anpassen?
14. Brichst du Regeln, wenn sie dir nicht passen?
15. Hast du das Bedürfnis, denen, die dir nahestehen, zu sagen, was mit ihnen nicht stimmt?
16. Handelst du sofort und vertraust darauf, daß du es schon schaffen wirst?
17. Trifft es zu, daß du dir aus Selbstbetrachtung und Selbstanalyse nicht allzuviel machst?
18. Gebrauchst du deine Ellenbogen, um deinen Willen durchzusetzen?
19. Hat man dir gesagt, daß du übermäßig aggressiv bist?
20. Fällt es dir schwer zu zeigen, daß du verletzlich bist?

Fragen zum Muster NEUN

1. Hältst du dich für einen gutmütigen Menschen, mit dem man leicht umgehen kann?
2. Stimmt es, daß die meisten Dinge im Leben keiner Aufregung wert sind?
3. Folgst du normalerweise dem Weg des geringsten Widerstandes?
4. Verlierst du dich manchmal in Details (wie z. B. die Ritzen zwischen den Badezimmerfliesen mit einer Zahnbürste sauberzumachen) und merkst dann plötzlich, daß Stunden vergangen sind?
5. Denkst du öfter, daß die eine Seite genauso viel für sich hat wie die andere?
6. Stimmt es, daß nichts so wichtig ist, als daß es nicht bis morgen warten könnte?
7. Neigst du dazu, die Dinge eher herunterzuspielen, um andere zu beruhigen?
8. Mußt du erst herausgefordert werden, ehe du einen Standpunkt beziehst?
9. Ist es dir wichtig, dich vor allem nicht aus der Fassung bringen zu lassen?
10. Brauchst du Anstöße und Anregungen von außen, um dich engagieren zu können?
11. Fühlst du dich hin und wieder fatalistisch, antriebslos und resigniert?
12. Versuchst du öfters herauszufinden, ob du ein Ziel nicht auch mit weniger Einsatz erreichen kannst?
13. Nimmst du dich selbst nicht so wichtig?
14. Willst du hauptsächlich zufrieden sein und deine Ruhe haben?
15. Schätzen dich andere, weil du ihnen ein Gefühl von Anerkennung und Sicherheit gibst?
16. Bist du es, der am Ende doch „den Eimer trägt"?
17. Sagt man dir nach, daß du zu entgegenkommend bist?
18. Obwohl du es vielleicht ungern zugibst: Läßt du kleinere Probleme auf sich beruhen, bis sie sich zu größeren ausgewachsen haben?
19. Findest du es richtiger, nicht so sehr auf das Schlechte im Leben zu achten, sondern mehr auf das Schöne, was es ja auch gibt?
20. Passiert es dir öfter, daß du zu spät zu Verabredungen kommst?

Vorschläge für den Umgang mit Enneagramm-Ideen
(Anregungen zu einer „Umweltverträglichkeitsprüfung“)

1) Niemandem macht es Vergnügen, unangenehme Einsichten über sich selbst gesagt zu bekommen. Wenn Du jemanden für diesen Weg der Selbsterkenntnis interessieren möchtest, dann teile ihm am besten etwas von Deinen eigenen Erfahrungen mit.
2) Jeder, der etwas auf sich hält, empfindet es als kränkend, die Illusion seiner Einmaligkeit zerstört zu bekommen. Vermeide deshalb den (ohnehin falschen) Anschein, jemand würde durch die Enneagramm-Ideen in eine von neun möglichen Kisten gezwängt.
3) Weil die Wahrheit über einen selbst weh tut, gehe mit großer Sorgfalt zu Werke. Achte auf einen günstigen Zeitpunkt und vor allem darauf, ob Dein Mitmensch auch tatsächlich die Fragen hat, auf die Du ihm Antworten geben willst. Oft ist schon mehr damit gewonnen, jemanden auf sich selbst neugierig zu machen.
4) Auch wenn Du von der Richtigkeit dieser Ideen noch so überzeugt sein magst: Erinnere Dich stets daran, wie lange Du selbst gebraucht hast, um gewisse Einsichten für Dich akzeptieren zu können. Gib anderen mindestens genausoviel Zeit.
5) Hüte Dich davor, einem Mitmenschen ein Enneagramm-Muster „anzuhängen". Gehe lieber den Weg, in einem Dialog mit ihm diejenigen Muster auszuscheiden, die wahrscheinlich nicht zutreffen. Übe Dich darin, offene Situationen auszuhalten. (Merke: Eine Behauptung schließt, eine Frage öffnet.)
6) Schärfe Deine Aufmerksamkeit für Signale des Zweifels, für Hinweise und Beobachtungen, die *nicht* in ein Muster passen wollen. Nimm sie lieber zu ernst, als sie zu ignorieren. Sehr oft enthalten diese Zweifel ganz wichtige Hinweise.
7) Niemand mag es – insbesondere nicht in der sehr verletzlichen Phase, solange die neuen Einsichten noch nicht integriert sind –, wenn Erkenntnisse über seine Person, die sich aus dem Muster ergeben, gegen ihn verwendet werden. Hüte also Deine Zunge!
8) Verabrede mit Deinem Mitmenschen ausdrücklich, ob, wie und wann Du ihn auf etwas aufmerksam machen kannst, das Dir im Zusammenhang mit seinem Enneagramm-Muster auffällt. Gegenseitigkeit ist hierbei ein Gebot der Fairneß.
9) Die Enneagramm-Muster sind geistig-seelische Fließgestalten und keine Webmuster, in denen es Fehler zu entdecken gibt. Übe Dich darin, die Welt aus dem Blickwinkel Deines Mitmenschen zu betrachten.
10) Entwicklung bedeutet, daß es (bis zum Tod) keinen Stillstand geben muß. Gestehe Dir selbst und Deinen Mitmenschen Wachstumsschmerzen zu.

Die Geschichte von der Sandwüste

Ein Strom floß von seinem Ursprung in fernen Gebirgen durch sehr verschiedene Landschaften und erreichte schließlich die Sandwüste. Genauso wie er alle anderen Hindernisse überwunden hatte, versuchte der Strom nun auch, die Wüste zu durchqueren. Aber er merkte, daß – so schnell er auch in den Sand fließen mochte – seine Wasser verschwanden.
Er war jedoch überzeugt davon, daß es seine Bestimmung sei, die Wüste zu durchqueren, auch wenn es keinen Weg gab. Da hörte er, wie eine verborgene Stimme, die aus der Wüste kam, ihm zuflüsterte: „Der Wind durchquert die Wüste, und der Strom kann es auch.“
Der Strom wandte ein, daß er sich doch gegen den Sand werfe, aber dabei nur aufgesogen würde; der Wind aber könne fliegen, und deshalb vermöge er, die Wüste zu überqueren.
„Wenn du dich auf die gewohnte Weise vorantreibst, wird es dir unmöglich sein, sie zu überqueren. Du wirst entweder verschwinden, oder du wirst ein Sumpf. Du mußt dem Wind erlauben, dich zu deinem Bestimmungsort hinüberzutragen.“
Aber wie sollte das zugehen? „Indem du dich von ihm aufnehmen läßt.“
Diese Vorstellung war für den Fluß unannehmbar. Schließlich war er noch nie zuvor aufgesogen worden. Er wollte keinesfalls seine Eigenart verlieren. Denn wenn man sich einmal verliert, wie kann man da wissen, ob man sich je wiedergewinnt.
„Der Wind erfüllt seine Aufgabe“, sagte der Sand. „Er nimmt das Wasser auf, trägt es über die Wüste und läßt es dann wieder fallen. Als Regen fällt es hernieder, und das Wasser wird wieder ein Fluß.“
„Woher kann ich wissen, ob das wirklich wahr ist?“
„Es ist so, und wenn du es nicht glaubst, kannst du eben nur ein Sumpf werden. Und auch das würde viele, viele Jahre dauern; und es ist bestimmt nicht dasselbe wie ein Fluß.“
„Aber kann ich nicht derselbe Fluß bleiben, der ich jetzt bin?“
„In keinem Fall kannst du bleiben, was du bist“, flüsterte die geheimnisvolle Stimme.

„Was wahrhaft wesentlich an dir ist, wird fortgetragen und bildet wieder einen Strom. Heute wirst du nach dem genannt, was du jetzt gerade bist, doch du weißt nicht, welcher Teil deines Selbst der Wesentliche ist."
Als der Strom dies alles hörte, stieg in seinem Innern langsam ein Widerhall auf. Dunkel erinnerte er sich an einen Zustand, in dem der Wind ihn – oder einen Teil von ihm? War es so? – auf seinen Schwingen getragen hatte. Er erinnerte sich auch daran, daß dieses, und nicht das jedermann Sichtbare, das Eigentliche war, was zu tun wäre – oder tat er es schon?
Und der Strom ließ seinen Dunst aufsteigen in die Arme des Windes, der ihn willkommen hieß, sachte und leicht aufwärts trug und ihn, sobald sie nach vielen, vielen Meilen den Gipfel des Gebirges erreicht hatten, wieder sanft herabfallen ließ. Und weil er voller Bedenken gewesen war, konnte der Strom nun in seinem Gemüte die Erfahrungen in allen Einzelheiten viel deutlicher festhalten und erinnern und davon berichten. Er erkannte: „Ja, jetzt bin ich wirklich ich selbst." Der Strom lernte.
Aber die Sandwüste flüsterte: „Wir wissen, weil wir sehen, wie es sich Tag für Tag ereignet: denn wir, die Sandwüste, sind immer dabei, das ganze Flußufer entlang bis hin zum Gebirge."

Und deshalb sagt man, daß der Weg, den der Strom des Lebens auf einer Reise einschlagen muß, in den Sand geschrieben ist. (G60)

9
1
3 2 5
4 8 6
7
E.H. 9/95

Weiterführende Literatur und Quellen

Verwendete Enneagrammliteratur

Bauer, Kurt/Bauer, Ingrid: Enneagramm. Stufen der Vollkommenheit. Einführung in das Sufi-Enneagramm und in die Kunst der Selbsterkenntnis. Neuhausen 1995.

Beesing, Maria/Nogosek, Robert/O'Leary, Patrick: Das wahre Selbst entdecken. Eine Einführung in das Enneagramm. Würzburg 1992.

Blake, Anthony G. E.: Das intelligente Enneagramm. Gurdjieffs Instrument der Wahrnehmung. Südergellersen 1993.

Böschemeyer, Uwe: Vom Typ zum Original. Die neun Gesichter der Seele und das eigene Gesicht. Ein Praxisbuch zum Enneagramm. Lahr 1994.

Ebert, Andreas/Rohr, Richard: Erfahrungen mit dem Enneagramm. Sich selbst und Gott begegnen. München 1991.

Frings Keyes, Margaret: Tranformiere deinen Schatten. Die Psychologie des Enneagramms. Reinbek bei Hamburg 1992.

Gallen, Marie-Anne/Neidhardt, Hans: Das Enneagramm unserer Beziehungen. Verwicklungen, Wechselwirkungen, Entwicklungen, Reinbek bei Hamburg 1994.

Hurley, Kathleen V./Dobson, Theodore E.: Wer bin ich? Persönlichkeitsfindung mit dem Enneagramm. Augsburg 1993.

Jaxon-Bear, Eli: Die neun Zahlen des Lebens. Das Enneagramm – Charakterfixierung und spirituelles Wachstum. München 1992.

Naranjo, Claudio: Ennea-type Structures. Self-analysis for the Seeker. Nevada City 19913.

Naranjo, Claudio: Character and Neurosis. An Integrative View. Nevada City 1994.

Naranjo, Claudio: Erkenne dich selbst im Enneagramm. Die 9 Typen der Persönlichkeit. München 1994.

Naranjo, Claudio: Gesänge der Erleuchtung. Die spirituelle Entschlüsselung großer Dichtungen. München 1996.

Palmer, Helen: Das Enneagramm. Sich selbst und andere verstehen lernen. München 1991.

Palmer, Helen: Das Enneagramm in Liebe und Arbeit, München 1995.

Riso, Don Richard: Die neun Typen der Persönlichkeit und das Enneagramm. München 1989.

Riso, Don Richard: Das Enneagramm-Handbuch. Mit ausführlichem Testteil. München 1993.

Rohr, Richard/Ebert, Andreas: Das Enneagramm. Die 9 Gesichter der Seele. München 1989.

Vollmar, Klausbernd: Das Enneagramm. Praktische Lebensbewältigung mit Gurdjieffs Typenlehre. München 1993.

Vollmar, Klausbernd: Das Arbeitsbuch zum Enneagramm. München 1994.

Quellen der Geschichten

Buber, Martin (1981[8]): Der Weg des Menschen nach der chassidischen Lehre. Heidelberg. (Verlag Lambert Schneider)

Buber, Martin (1992[12]): Die Erzählungen der Chassidim. Zürich. (Manesse Verlag)

Doderer, Heimito von (1995): Die Merowinger oder Die totale Familie. München. (© 1962 C.H. Beck'sche Verlagsbuchhandlung)

Hellinger, Bert (1996[3]): Ordnungen der Liebe. Heidelberg. (Carl-Auer-Systeme, Verlag und Verlagsbuchhandlung)

Kopp, Sheldon (1978): Triffst du Buddha unterwegs ... München. (Diederichs Verlag)

Manzoni, Carlo (1971): 100 x Signor Veneranda. München. (Langen Müller Verlag in der F. A. Herbig Verlagsbuchhandlung GmbH, München)

Ram Dass, Paul Gormann (1988): Wie kann ich helfen? - Segen und Prüfung menschlicher Zuwendung. Berlin. (Sadhana Verlag)

Rolfs, Rudolf (1987): „X" neue Stories. Frankfurt am Main. (Die Schmiere)

Shah, Idries (1982): Das Geheimnis der Derwische. Geschichten der Sufimeister. Freiburg im Breisgau. (Verlag Herder)

Shah, Idries (1983): Die Weisheit der Narren. Meistergeschichten der Sufis. Freiburg im Breisgau. (Verlag Herder)

Shah, Idries (1984): Die Hautprobe. Anleitung zum Sufi-Pfad. Freiburg im Breisgau. (Verlag Herder)

Shah, Idries (1986 a): Der glücklichste Mensch. Das große Buch der Sufi-Weisheit. Freiburg im Breisgau. (Verlag Herder)

Shah, Idries (1986 b): Das Zauberkloster. Alte und neue Sufi-Geschichten. Reinbek bei Hamburg. (Rowohlt Taschenbuch Verlag)

Sogyal Rinpoche (1993[5]): Das tibetische Buch vom Leben und vom Sterben. Ein Schlüssel zum tieferen Verständnis von Leben und Tod. München. (Otto Wilhelm Barth Verlag)

Weber, Gunthard (Hrsg.) (1997[9]): Zweierlei Glück. Die systemische Psychotherapie Bert Hellingers. Heidelberg. (Carl-Auer-Systeme, Verlag und Verlagsbuchhandlung)

Fundstellen der Geschichten

(G1): Shah 1986 b, S. 45
(G2): Shah 1986 b, S. 150
(G3): Shah 1986 b, S. 123
(G4): Shah 1986 a, S. 63
(G5): Shah 1982, S. 110 f.
(G6): Shah 1986 b, S. 96
(G7): Shah 1982, S. 53
(G8): Shah 1986 b, S. 85
(G9): Shah 1986 b, S. 99
(G10): Shah 1986 b, S. 99 f. (Titel hier: Wissenschaftlicher Fortschritt)
(G11): Doderer, S. 142 f.
(G12): Shah 1984, S. 112
(G13): Quelle unbekannt
(G14): Shah 1983, S. 51 (Titel hier: Die Kuh)
(G15): Shah 1982, S. 125 f.
(G16): Ram Dass, S. 32
(G17): Weber, S. 315 (hier ohne Titel)
(G18): Manzoni, S. 81 f.
(G19): Shah 1986 b, S. 37
(G20): Quelle unbekannt
(G21): Weber, S. 200
(G22): Shah 1986 b, S. 50 (Titel hier: Eitelkeit)
(G23): Shah 1986 b, S. 160 (Titel hier: Zwei Gelehrte und ein Sufi)
(G24): Buber 1981, S. 35
(G25): Buber 1992, S. 361
(G26): Shah 1986 b, S. 131 (Titel hier: Erfolg)
(G27): Shah 1986 b, S. 47
(G28): Shah 1986 b, S. 175
(G29): Shah 1986 b, S. 40
(G30): Shah 1986 b, S. 158
(G31): Shah 1986 a, S. 88
(G32): Shah 1986 b, S. 127
(G33): Rolfs, S. 96 f.
(G34): Shah 1986 b, S. 104
(G35): Shah 1986 a, S. 89
(G36): Shah 1982, S. 124 f.
(G37): Shah 1986 b, S. 60
(G38): Hellinger, S. 496 f. (Titel hier: Zweierlei Maß)
(G39): Shah 1986 b, S. 131
(G40): Shah 1986 b, S. 120
(G41): Shah 1986 b, S. 77
(G42): Shah 1986 b, S. 61 f. (Titel hier: Phantasie)
(G43): Shah 1986 a, S. 153
(G44): Shah 1986 b, S. 92
(G45): Shah 1986 a, S. 190 f. (gestraffte Fassung von mir)
(G46): Shah 1986 b, S. 29 f.
(G47): Weber, S. 143
(G48): Hellinger, S. 147 f.
(G49): Shah 1986 b, S. 88
(G50): Ram Dass, S. 97
(G51): Shah 1986 b, S. 139
(G52): Kopp, S. 16
(G53): Weber, S. 41 (von mir umformuliert)
(G54): Shah 1982, S. 34 f.
(G55): Jüdische Überlieferung. Quelle unbekannt.
(G56): Weber, S. 217
(G57): Sogyal, S. 49 f. (Autorin: Portia Nelson)
(G58): Ram Dass, S. 99
(G59): Buber 1981, S. 43
(G60): Shah 1982, S. 15 f.

Wir danken den Verlagen für die freundliche Erteilung der Nachdruckerlaubnis.